ŒUVRES COMPLÈTES
DE
EUGÈNE SCRIBE

DE L'ACADÉMIE FRANÇAISE

COMÉDIES

VAUDEVILLES

L'ÉTUDIANT ET LA GRANDE DAME
LE BOUT DE L'AN
CLERMONT — CICILY
LE VEAU D'OR

PARIS
E. DENTU, LIBRAIRE-ÉDITEUR
PALAIS-ROYAL, 15-17-19, GALERIE D'ORLÉANS

1883

21364
T. 29
Ex 1

Paris.—Soc. d'imp. PAUL DUPONT, 41, rue J.-J.-Rousseau.(Cl.)

ŒUVRES COMPLÈTES

DE

EUGÈNE SCRIBE

DE L'ACADÉMIE FRANÇAISE

RÉSERVE DE TOUS DROITS

DE PROPRIÉTÉ LITTÉRAIRE

En France et à l'Étranger

L'ÉTUDIANT
ET LA GRANDE DAME

COMÉDIE-VAUDEVILLE EN DEUX ACTES

EN SOCIÉTÉ AVEC M. MÉLESVILLE

THÉATRE DES VARIÉTÉS. — 30 Mars 1837.

PERSONNAGES. ACTEURS.

FERDINAND, étudiant en droit. . . . . MM. BRESSANT.
CORBINEAU, étudiant en médecine. . . . . ADRIEN.
DUPRÉ, riche tapissier. . . . . CAZOT.
UN COMMIS MARCHAND. . . . . ÉDOUARD.
JOHN, groom . . . . ADOLPHE.

LADY WILTON . . . . Mmes PAULINE.
LOUISE, fille de Dupré. . . . . BRESSANT.

MARCHANDS. — GARÇONS TAPISSIERS.

A Paris, dans la chambre de Ferdinand, au premier acte; à l'hôtel de lady Wilton, au deuxième acte.

L'ÉTUDIANT ET LA GRANDE DAME

ACTE PREMIER

L'intérieur d'une chambre d'étudiant. Meubles très-simples : tables, chaises, quelques livres épars. A droite du spectateur, une petite porte qui conduit à la chambre à coucher de Ferdinand. Au fond, la porte d'entrée donnant sur l'escalier principal. A gauche, une autre porte donnant sur un petit escalier qui descend directement près du magasin de M. Dupré.

SCÈNE PREMIÈRE.

FERDINAND, puis CORBINEAU.

(Au lever du rideau, Ferdinand est en manches de chemise et achève sa toilette. La porte du fond est ouverte.)

FERDINAND, cherche dans sa commode.

Que diable ai-je donc fait de mon habit noir? (Appelant au fond.) Corbineau!... Corbineau!...

CORBINEAU, en dehors.

Qu'est-ce que c'est?

FERDINAND.

Tu n'as pas vu mon habit noir?

CORBINEAU, en dehors.

Si fait!... Je vais te l'apporter...

FERDINAND, riant.

J'étais sûr que c'était lui...

CORBINEAU, entrant tout habillé avec une petite redingote et brossant l'habit noir qu'il tient à la main.

Le voilà, je l'avais pris hier pour passer mon examen de médecine légale : ■■■ très-bien.

FERDINAND.

Ton examen?...

CORBINEAU.

Non... ton habit!... qui m'a fait un honneur... Quant à l'examen, M. Adelon m'a dit que je n'étais pas très-fort!... c'est possible!... J'ai eu cinq boules noires...

FERDINAND.

Combien étaient-ils?...

CORBINEAU.

Eh bien! ils étaient cinq...

FERDINAND.

Là!... aussi tu ne fais rien... C'est une honte!... entouré de jeunes gens studieux, pleins d'ardeur, qui devraient te servir d'exemple... toi seul es toujours à perdre ton temps, à dépenser le peu d'argent que nous avons, à t'amuser!...

CORBINEAU, lui aidant à passer son habit.

Dame!... la vie est si courte! nous autres médecins, nous savons cela mieux que personne!... (Changeant de ton.) Dis donc, Ferdinand, as-tu un foulard?... Je ne sais ce que deviennent les miens.

FERDINAND, se brossant.

Regarde dans la commode.

CORBINEAU, prenant un mouchoir.

Ma foi, il n'y en a plus qu'un... je le prends. C'est charmant de loger comme ça sur le même palier... Deux amis... deux garçons... cette communauté de sentiments et... de mouchoirs de poche!... malgré ça... un habit noir à deux... ce n'est pas assez... aussi... j'en achèterai un sur le premier malade qui me tombera sous la main.

FERDINAND, gaiement.

Des malades!... toi! tu n'en trouveras jamais.

CORBINEAU, avec sang-froid.

J'en ferai.

FERDINAND.

Tu en es bien capable...

CORBINEAU.

Comme les autres!... (Avec gravité.) Du reste, je vous préviens, monsieur le jurisconsulte, que les plaisanteries sur les médecins sont de très-mauvais goût, maintenant!... c'est usé.

FERDINAND.

Tu as raison... il vaut mieux chercher quelque moyen de sortir d'embarras! Tu sais que notre propriétaire...

CORBINEAU, soupirant.

Oui, M. Dupré... ce riche et farouche tapissier, qui a toute la fierté du comptoir et l'aristocratie des franges de velours, se permet de nous renvoyer... C'est ta faute.

FERDINAND.

C'est la tienne, tu es toujours à le taquiner...

CORBINEAU.

Et toi, tu compromets sa maison...

FERDINAND.

Moi?...

CORBINEAU.

Oui... oui... avec ton petit air posé, tu n'as pas de mœurs... Hier encore... cette belle dame... ce chapeau à plumes roses que j'ai rencontré dans notre escalier, au cinquième!

AIR du vaudeville de l'Écu de six francs.

Ce n'est pas ici la coutume
De voir escalader si haut
Des dames en pareil costume,
De ces tournures comme il faut,
De ces tournures, en un mot,
Anglaises ou napolitaines...
En robe de velours, ma foi!
Ça ne pouvait être pour moi,
Je ne connais que des indiennes.

FERDINAND.

Je te jure...

CORBINEAU.

Ah! tu es discret... tu auras des femmes, toi.

FERDINAND.

Il se peut que j'aie une passion... mais ce n'est pas celle-là... c'est tout uniment une cliente... une dame, très-bonne, très-aimable, qui m'a été adressée par un ami commun, un M. d'Herbelot, à ce qu'elle m'a dit... Je ne me rappelle pas avoir eu d'ami de ce nom... mais c'est égal... il suffit de la voir, de l'entendre un seul instant, pour être pénétré pour elle d'une estime, d'un respect! Il s'agit d'un procès important, d'une affaire très-compliquée... car, malgré ses explications, je n'y ai rien compris... il est vrai qu'elle entremêlait tout cela de questions... sur moi, sur ma position... avec tant d'intérêt, de bonté... Tiens... (Montrant sur son bureau un bouquet et des gants de femme.) la pauvre femme en était si préoccupée... qu'elle a même oublié son bouquet et ses gants.

CORBINEAU, d'un air incrédule.

Oui... des gants et un bouquet!... et, c'est sans doute

pour mieux étudier son procès que je t'ai rencontré un moment après, avec elle, dans sa calèche ?

FERDINAND.

Dans sa calèche...

CORBINEAU.

Parbleu !... tu m'as éclaboussé, juste dans l'œil ! mais, de celui qui me restait... j'ai parfaitement remarqué... Bon genre... belle femme... voiture superbe... des yeux longs de ça... avec deux gris pommelés...

FERDINAND.

Mais c'est elle qui a voulu me conduire au Palais.

CORBINEAU.

Eh ! mon Dieu !... je ne t'en fais pas un crime, au contraire... c'est très-bien, mon cher, te voilà lancé.

FERDINAND.

Lancé...

CORBINEAU.

Sans doute... Vois-tu, on me disait toujours dans mon pays : A Paris, les femmes font la fortune des beaux garçons... J'y suis venu !... et j'attends... j'attends ce que tu as déjà trouvé.

FERDINAND.

Moi ?...

CORBINEAU.

Qu'est-ce qu'il faut à des jeunes gens aimables qui n'ont pas le sou ? Une femme riche, sensible, qui les tire de la foule et se charge de leur avenir... Tu en as rencontré une, encore jeune et jolie ; ça ne gâte rien...

FERDINAND.

Veux-tu bien te taire !... si l'on t'entendait, tu me ferais une belle réputation.

CORBINEAU.

AIR : Il n'est pas temps de nous quitter. (*Voltaire chez Ninon.*)

Eh ! pourquoi donc ?

FERDINAND.
Y penses-tu?
Qui? moi, recevoir d'une femme...

CORBINEAU.
Oui, c'était un état perdu,
Voilà qu'il revient...

FERDINAND.
C'est infâme!
Le monde encor pardonne aux étourdis
Qui se ruinent pour les belles,
Mais il flétrit de son mépris
Celui qui s'enrichit par elles!

CORBINEAU.
Oh!... voilà les vieilles idées... les têtes à perruques... L'amour ennoblit tout, monsieur, et ce qui vient d'une main chérie ne peut jamais blesser... En amour, celui qui donne n'est-il pas le plus heureux? pourquoi donc être égoïste et priver l'objet aimé... du plus grand bonheur qui existe? C'est ce que je disais dernièrement à la marchande de nouveautés, ici en face, cette veuve, la belle Dorothée... une blonde assez agréable à qui j'ai lancé quelques œillades.

FERDINAND, riant.
Mais elle n'est pas jolie.

CORBINEAU.
L'amour ne s'arrête pas à ces misères-là... et puis elle rachète cela par tant de qualités... Un magasin magnifique... au beau milieu du faubourg Saint-Martin... un train de princesse. Je ne serais pas étonné qu'elle m'eût compris, qu'elle m'envoyât quelques présents... d'abord, j'ai soigné sa cuisinière, qui avait une esquinancie, que j'ai prise pour une gastrite... C'est peut-être pour cela que je l'ai guérie... Je voyais clairement que sa maîtresse venait s'informer des nouvelles de sa bonne, pour causer avec moi... et comme elle m'avait souvent reproché de me tromper d'heure :

AIR : Restez, restez, troupe jolie. (*Les Gardes-marine.*)

J'ai, profitant de la rencontre,
Dit quelques mots, par ci par là,
Sur Bréguet et sur une montre...

FERDINAND, riant.

Et tu crois qu'elle arrivera?

CORBINEAU.

Ah ! j'en suis certain et déjà
Son cœur, qui par la bonté brille,
A commandé chez l'horloger
La montre dont l'heureuse aiguille
Me dira l'heure du berger!

FERDINAND.

Je te conseille d'y compter...

CORBINEAU.

Et plus tard un petit cabriolet pour mes visites.

FERDINAND.

Oui dà... en attendant tu vas avoir la bonté d'aller à pied chercher un appartement pour nous deux... quelque chose de simple... de modeste... et dépêche-toi, car c'est aujourd'hui qu'il faut quitter celui-ci.

CORBINEAU.

Aujourd'hui! oh! diable, nous n'avons pas de grâce à espérer!... avec ça que M. Dupré a un redoublement d'humeur.

FERDINAND.

Pourquoi donc?

CORBINEAU.

Parce que sa fille est malade.

FERDINAND, vivement.

Mademoiselle Louise?

CORBINEAU.

Qu'est-ce qui te prend donc?... comme te voilà troublé

FERDINAND.

Ah! mon Dieu! j'ignorais, je cours m'informer...

(La porte du fond s'ouvre, Dupré paraît.)

CORBINEAU, bas.

Chut! c'est lui! c'est notre féroce propriétaire qui vient nous mettre à la porte.

SCÈNE II.

LES MÊMES; DUPRÉ.

FERDINAND, avec embarras.

Monsieur Dupré, j'ai bien l'honneur...

CORBINEAU.

Entrez donc, monsieur Dupré, faites co̶̶̶̶̶̶̶̶ chez vous.

DUPRÉ, brusquement.

Bonjour, messieurs, bonjour.

FERDINAND.

Mademoiselle Louise, sa santé?

DUPRÉ, sèchement.

Beaucoup mieux... grand merci.

CORBINEAU, à part.

Comme il est aimable! (Haut.) J'allais me présenter...

DUPRÉ, de même.

On vous en dispense, monsieur... je ne suis pas monté pour faire assaut de politesses avec vous... c'est à M. Ferdinand que je désire parler en particulier.

(Ferdinand s'incline.)

CORBINEAU.

Ça se trouve au mieux... J'allais sortir. (Élevant la voix d'un air important.) Je vais voir des appartements, car décidément celui-ci est trop petit. (Bas à Ferdinand qui le pousse.) C'est pour le vexer.

FERDINAND, bas.

Mais, malheureux, tu oublies que nous lui devons deux termes.

CORBINEAU, à part.

Oh! quelle bêtise! (Haut.) C'est-à-dire, l'appartement est bien en lui-même, mais un peu haut... un peu loin de mes malades.

DUPRÉ, haussant les épaules.

De vos malades...

CORBINEAU.

Vous avez l'air de rire, monsieur Dupré? Eh bien! j'en ai... des maladies sérieuses. (Avec intention.) Des maladies du cœur... (Bas à Ferdinand.) Je vais faire un tour du côté de Dorothée... tâche qu'il ne retienne pas notre mobilier. C'est peu de chose; mais ça serait désagréable! (Haut.) Ah çà! je vous laisse, messieurs... vous avez à causer de bail, d'états de lieux... ça regarde l'avocat. (Frappant amicalement sur l'épaule de Dupré.) Allons, papa Dupré... ne soyez pas trop méchant! que diable! Quand vous me rencontrerez dans mon cabriolet, vous vous repentirez. (A Ferdinand.) Dis donc, le temps n'est pas sûr, je vais prendre ton parapluie.

FERDINAND, à Corbineau.

C'est le neuf, prends garde...

CORBINEAU, avec le parapluie.

AIR du vaudeville de la Famille de l'Apothicaire.

O tilbury des gens à pié,
Voiture commode et légère,
L'étudiant ou l'employé
Vit sous sa tente hospitalière!
Ami fidèle, ami nouveau...
Qui, contre l'ordinaire usage,
Reste à l'écart quand il fait beau
Et se montre les jours d'orage!

(Il sort.)

SCÈNE III.

DUPRÉ, FERDINAND.

DUPRÉ, avec humeur.

Il s'en va... c'est heureux!... vous ne vous doutez guère du sujet qui m'amène.

FERDINAND, à part.

C'est pour son argent... il va être furieux quand il saura que nous ne pouvons pas le payer... (Haut et lui approchant une chaise.) Asseyez-vous donc, monsieur Dupré.

DUPRÉ.

C'est inutile... je n'ai pas un assez grand plaisir à vous voir. (Plus brusquement.) Puisqu'il faut vous le dire, monsieur, je vous en veux, je vous en veux beaucoup... avec votre air doux et poli... vous m'avez porté un coup... parlez-moi de M. Corbineau... c'est un fou, un brise-raison, un mauvais sujet...

FERDINAND, étonné.

Mais, monsieur, la conduite de mon ami ne me regarde pas, et je ne suis pas responsable...

DUPRÉ.

Je le sais bien... pourquoi ne lui ressemblez-vous pas?

FERDINAND, étonné.

Comment?

DUPRÉ, toujours avec humeur.

Pourquoi êtes-vous sage, rangé, prévenant, un modèle d'ordre, de modestie, de bonne conduite?

FERDINAND.

Vous vous en plaignez?

DUPRÉ.

Certainement, c'est une horreur. Il n'y a peut-être au

monde qu'un jeune homme doux, studieux... qui ne joue pas, qui n'a pas de maîtresse, il faut que ça soit pour moi !

FERDINAND.

Je ne puis comprendre... c'est une ironie sans doute... et je ne sais comment j'ai mérité...

DUPRÉ, avec colère.

Eh ! non, monsieur, vous êtes un excellent sujet... c'est ce qui m'enrage. (Grommelant.) Sans cela, je ne vous aurais pas logé chez moi, je ne vous aurais pas laissé donner des leçons d'italien à ma fille, vous ne vous seriez jamais vus... Louise, qui a le cœur bien placé, n'aurait point fait attention à vous.

FERDINAND, vivement.

Mademoiselle Louise... ô ciel ! que dites-vous ?

DUPRÉ.

Qu'elle est malade, monsieur, qu'elle ne fait que pleurer, gémir... une fille unique, une enfant que j'adore, que j'ai fait élever dans un pensionnat à huit cents francs, sans compter les maîtres d'agrément, ce qui fait... enfin, tout à l'heure... quand j'ai été lui parler des conditions d'un mariage que j'avais presque conclu pour elle... ne s'est-elle pas mise à fondre en larmes... et moi aussi... sans savoir pourquoi ; ne s'est-elle pas jetée dans mes bras, en m'avouant que c'était vous seul qu'elle aimait !

FERDINAND.

Moi ?

DUPRÉ.

Vous seul qui pouviez assurer son bonheur.

FERDINAND.

Il serait possible !

DUPRÉ.

Qu'elle mourrait plutôt que d'être à un autre... voyez un peu où j'en suis ! Je ne veux pas laisser mourir mon enfant de chagrin et me voilà obligé de vous la faire épouser... Vous sentez comme c'est désagréable pour moi.

FERDINAND, avec joie.

Vous êtes donc bien sûr qu'elle m'aime?

DUPRÉ, soupirant.

Que trop pour mon malheur! car enfin, mon cher monsieur Ferdinand, je ne suis pas fier, je ne veux pas vous humilier par des distinctions de rang... je sais que ça n'existe plus... nous sommes tous égaux... la noblesse n'est rien, mais l'argent est encore quelque chose... et mettez-vous un moment à ma place... moi, un des plus riches tapissiers de Paris... la tête du haut commerce... qui ne meuble que des hôtels et des palais... dans ce moment encore, l'ambassade de Portugal et l'hôtel de lady Wilton... rue de Richelieu, une grande dame... une pairesse, je crois, que l'on attend... et qui fait une dépense... salon velours nacarat, un autre bleu et or, boudoir ventre de biche. Mais ça n'y fait rien! moi, monsieur, qui ai exposé à l'industrie, obtenu deux médailles, et manqué encore, l'année dernière, d'être du tribunal de commerce; moi, enfin, qui allais avoir pour gendre une notabilité de la Chambre... je ne suis pas fier... mais vous comprenez quel avantage... et il est bien dur, maintenant, d'être forcé de tout rompre et de donner sa fille à un jeune homme... (Il hésite.) fort aimable, je n'en doute pas... honnête, j'en suis persuadé, mais un jeune homme qui n'a rien... un orphelin, sans fortune, sans consistance.

FERDINAND, souriant.

Oh! pour cela, je ne veux pas vous tromper, monsieur Dupré, c'est vrai... Je n'ai ni famille, ni héritage, ni titres à espérer... mais qu'importe? l'avenir m'appartient.

DUPRÉ, haussant les épaules.

Oui l'avenir!... un joli patrimoine, que l'on mange tous les jours... Élevez donc des filles uniques, amassez donc de belles dots! pour les sacrifier comme ça!

FERDINAND, choqué.

Monsieur!...

DUPRÉ, sans s'en apercevoir, et avec effort.

Enfin, puisqu'il le faut, je vous la donne.

FERDINAND, choqué.

Un instant, monsieur!... qui vous dit que j'accepte?...

DUPRÉ, inquiet.

Comment, quoi? que voulez-vous dire? Est-ce que vous en aimeriez une autre? Est-ce que vous ne l'aimez pas? elle, ma fille! par exemple... Ne me faites donc pas des peurs comme ça... mais vous l'aimez, que diable! Vous en êtes fou, vous venez de me l'avouer, vous ne pouvez pas vous en dédire.

FERDINAND, avec noblesse.

Oui, monsieur, je l'aime plus que ma vie, mais mon honneur m'est plus cher encore, et si ce consentement ne vous est arraché que par la crainte, l'inquiétude... si l'on doit me reprocher un jour d'être entré de force dans votre famille...

DUPRÉ.

Qui vous parle de ça!... c'est le premier moment... que diable! mon cher ami, il faut avoir égard à ma situation.

AIR du vaudeville de *Partie et Revanche*.

Ayez pitié d'un père honnête
A qui le ciel, en son courroux,
Fait tomber un' tuil' sur la tête...
   (Se reprenant.)
Je ne dis pas cela pour vous ;
Ma fille vous veut pour époux.

FERDINAND.

Mais si cela vous contrarie...

DUPRÉ.

Beaucoup!... N'importe, épousez-la..

Ne faut-il pas qu'à genoux je vous prie
De me faire ce chagrin-là!

FERDINAND.

Ah! monsieur...

DUPRÉ, le caressant.

Eh bien ! je m'y mettrais... là... parce qu'au fond... c'est vrai, vous êtes un bon sujet, un aimable garçon, plein d'esprit, que je finirai par aimer avec le temps... Qu'est-ce qui appelle ?

LOUISE, appelant au dehors.

Mon père!... mon père!

FERDINAND.

C'est la voix de Louise...

DUPRÉ, à part.

Allons, depuis qu'elle sait que je dois le voir, elle ne tient plus en place. (Élevant la voix.) Je suis ici, ma bonne! (A Ferdinand.) Ah çà! dites-lui bien que vous l'aimez, que vous n'aimez qu'elle seule... (Élevant encore la voix.) Chez M. Ferdinand, mon enfant!

SCÈNE IV.

Les mêmes; LOUISE.

(Elle s'arrête toute confuse sur le seuil de la porte du fond.)

LOUISE.

Ah! pardon!

FERDINAND.

Mademoiselle...

LOUISE.

Monsieur Ferdinand... j'ignorais, je ne savais pas...

DUPRÉ, à part.

Elle ne savait pas!... c'est elle qui m'a envoyé. (Haut.) Eh bien ! qu'est-ce que tu me veux?

LOUISE, regardant Ferdinand.

Moi, mon papa... je venais... je voulais vous dire... qu'on vous demande en bas.

DUPRÉ.

Qui donc?

LOUISE, de même.

Je ne me rappelle plus.

DUPRÉ, à part.

C'est ça! un prétexte. (A Louise.) Allons, entre! pardi! au point où nous en sommes... (A part.) Comme c'est gai!... (A sa fille.) Donne-lui la main. (A Ferdinand.) Embrasse-la. (A lui-même.) Comme c'est amusant!

FERDINAND.

Quoi! monsieur?

LOUISE, émue.

Que voulez-vous dire?

DUPRÉ.

Eh! parbleu!... que tout est arrangé, qu'il t'aime, qu'il t'adore, et que nous signons le contrat aujourd'hui même.

FERDINAND.

Aujourd'hui?

DUPRÉ, regardant Louise.

C'est clair, la santé avant tout!

LOUISE, très-émue.

Ah! mon père, ne me trompez-vous pas?

DUPRÉ.

Allons, la voilà qui pâlit... elle va être malade de joie à présent... Dieu! que les enfants sont terribles!

LOUISE, avec un sourire.

Non, non, cela va mieux... cela va tout-à-fait bien; mais la surprise, la crainte...

DUPRÉ.

Qu'il le dise lui-même. (A Ferdinand.) Allons, toi, parle-lui donc... tu es là à la regarder... je ne peux pas tout faire ; est-ce que tu ne l'aimais pas depuis longtemps en secret, comme un fou ? dis-le donc. (A Louise.) Il va te le dire.

FERDINAND.

Si je vous aime !... moi !...

DUPRÉ.

Tu vois ! je ne le lui fais pas dire.

FERDINAND, avec feu à Louise.

Ah ! depuis que je vous connais, que de fois j'eusse rompu le silence, sans cette fortune qui me désespérait, et qui est encore mon seul chagrin !...

DUPRÉ.

Cette bêtise ! comme si la fortune gâtait jamais rien !

FERDINAND.

Quel plaisir, si vous n'aviez dû qu'à moi seul cette aisance, cette richesse que je ne voulais acquérir que pour vous !

LOUISE, tendrement.

Eh bien ! le grand mal ! si nous vous apportons la fortune... je vous devrai le bonheur... l'un vaut bien l'autre.

FERDINAND, lui baisant la main.

Chère Louise !

LOUISE.

Si vous saviez comme j'étais malheureuse !...

FERDINAND.

Et moi donc !

LOUISE.

Je vous avais deviné... oh ! oui, vos regards, cet air triste, rêveur... je me disais : Jamais il n'osera se déclarer à mon père, car c'est l'honneur... la délicatesse même ; (Timi dement.) alors j'ai pensé, puisque nous étions les plus riches, que c'était à moi à faire les premiers pas. (D'un air confus.) C'était bien mal... n'est-ce pas ?... ça ne s'est jamais vu... mais aussi, je puis vous l'avouer maintenant... si je m'étais trompée, j'en serais morte.

FERDINAND, ému.

Louise !

DUPRÉ, alarmé.

Allons, il n'est pas question de cela.

LOUISE, souriant.

Oh ! non... Dieu merci.... car je suis bien heureuse... et vous aussi, mon père !

DUPRÉ, d'un air bougon.

Certainement... je ne demande pas mieux.

LOUISE, s'approchant de lui d'un côté.

Nous ne vous quitterons pas.

FERDINAND, de même.

Toujours là près de vous.

LOUISE.

Entouré de vos enfants... qui disputeront de soins...

FERDINAND.

De tendresse.

DUPRÉ, un peu adouci.

Le fait est que ce tableau...

LOUISE, bas, à son père.

Vous ne l'avez pas encore embrassé.

DUPRÉ, bas à sa fille.

Ça te ferait donc bien plaisir ?

LOUISE.

Oh ! oui.

DUPRÉ, ouvrant ses bras à Ferdinand qui s'y jette.

Allons donc, mon gendre, mon cher fils !...

FERDINAND.

Ah ! monsieur !

LOUISE.

Mon bon père !

DUPRÉ.

Elle finira par me le faire aimer à la folie... quand ces petites filles se sont mis quelque chose dans la tête... (S'essuyant les yeux.) Ah çà ! mes enfants, nous voilà bien contents, bien d'accord; mais moi, quand j'ai pris mon parti, j'aime que les affaires s'expédient promptement. (A Ferdinand.) Je vais te conduire chez mon notaire ; de là à la mairie, pour la publication des bans ; tu as tes papiers ? ton acte de naissance ?

FERDINAND.

Ils sont à l'École de droit, au secrétariat.

DUPRÉ.

Va les chercher.

FERDINAND, prenant son chapeau.

Sur-le-champ.

LOUISE.

Ne vous amusez pas en chemin.

FERDINAND.

Soyez tranquille.

AIR du vaudeville des Blouses.

Pour qu'au plus tôt ce doux hymen s'achève,
Je vais tout voir, je vais tout surveiller.
 (A part.)
Oui, mon bonheur me semble encore un rêve,
A chaque instant je crains de m'éveiller !
 (Prêt à sortir, il revient près de Dupré.)
Je veux encor de joie et d'espérance
Vous embrasser.

DUPRÉ.

C'est assez comme ça.

FERDINAND.

Pour votre fille...

DUPRÉ, se laissant embrasser. A part, regardant Louise.

Ah ! ce n'est qu'une avance,
Car avant peu j' pari' qu'ell' lui rendra !

LOUISE et DUPRÉ.

Pour que bientôt notre projet s'achève,
Allez tout voir, allez tout surveiller.
Oui, son bonheur lui semble encore un rêve,
A chaque instant il craint de s'éveiller !

FERDINAND.

Pour que bientôt notre projet s'achève,
Je vais tout voir, je vais tout surveiller,
Oui, mon bonheur me semble encore un rêve
A chaque instant je crains de m'éveiller !

(Ferdinand sort en courant.)

SCÈNE V.

DUPRÉ, LOUISE.

(Après un petit silence, Louise vient à côté de son père, et le regarde avec tendresse.)

DUPRÉ.

Eh bien ! tu es contente de ton petit père ?

LOUISE.

Oui ! et vous aussi, vous êtes content, n'est-ce pas ?

DUPRÉ.

Mon Dieu, pourvu qu'il soit honnête, bon mari... qu'il te rende heureuse... oh ! là-dessus, par exemple, je n'entends pas raison...

LOUISE.

Ah ! je ne crains rien, il est si bon, si délicat ; et puis de l'esprit, des talents! vous verrez... Allez... c'est un jeune homme qui arrivera à tout.

DUPRÉ, secouant la tête.

Oh! à tout... il ne deviendra pas député.

LOUISE.

Pourquoi donc?...

DUPRÉ.

Tu crois?... un avocat!...

LOUISE.

Avec du talent... de la loyauté.

DUPRÉ.

Et quelques amis, il faut ça... Eh bien! ça me ferait plaisir... je ne suis pas fier, mais j'ai toujours désiré avoir un député dans ma famille... ça meuble bien; c'est comme un lustre dans un salon. (Regardant autour de lui.) A propos de lustre, voilà une chambre qui en est un peu dépourvue... à peine de quoi s'asseoir.

LOUISE.

Ça prouve qu'il avait de l'ordre, et qu'il n'achetait pas de tout côté comme les jeunes gens d'aujourd'hui, sans savoir comment payer.

DUPRÉ, avec ironie.

Oh! maintenant, il n'y a plus moyen d'y toucher, c'est l'arche sainte. (On frappe en dehors.) Qui est là?... entrez...

SCÈNE VI.

Les mêmes; UN MARCHAND, suivi de PLUSIEURS JEUNES GENS de magasin.

LE MARCHAND, à Dupré.

Pardon, monsieur... c'est bien ici que demeure un jeune étudiant ?

LOUISE.

M. Ferdinand?...

LE MARCHAND.

Je ne me rappelle pas bien le nom... un joli garçon?

LOUISE.

C'est cela ; il n'y est pas.

DUPRÉ.

C'est égal, qu'est-ce qu'il y a pour votre service?...

LE MARCHAND.

Oh! presque rien. (Aux garçons.) Venez, messieurs.

DUPRÉ, à sa fille.

Est-ce qu'on voudrait saisir ses meubles?

LOUISE.

Quelle idée!

LE MARCHAND.

Il s'agit de quelques bagatelles que nous sommes chargés de déposer ici. (A un homme qui porte une pendule.) Sur la cheminée.

DUPRÉ, ouvrant de grands yeux.

Qu'est-ce que c'est?

LOUISE.

Oh! la jolie pendule!

LE MARCHAND, aux autres.

Les vases à côté; ici le nécessaire en vermeil, l'écritoire de chez Vervelles; près de la glace, la montre de Kellner avec la chaîne de Janisset.

DUPRÉ, plus étonné.

Ah çà! c'est un trousseau complet.

LOUISE.

Mais il ne peut pas avoir commandé tout cela pour le mariage depuis qu'il est parti!

DUPRÉ, bas.

Parbleu!... cela prouve que ce jeune homme si sage, si rangé, achète à crédit.

LOUISE, de même.

Ah! mon papa... il avait peut-être des économies.

DUPRÉ de même.

Des économies!... un étudiant en droit!... laisse-moi donc tranquille, est-ce que ça s'est jamais vu?... puisqu'il me disait encore, il n'y a qu'un instant, qu'il n'avait rien, qu'il ne possédait rien. (Élevant la voix.) Tu vas voir... d'ailleurs, que ces messieurs vont nous laisser leurs mémoires.

LE MARCHAND.

Non, monsieur, ils sont acquittés, tout est payé.

(Les garçons sortent par le fond.)

DUPRÉ, stupéfait.

Tout est payé!

LOUISE.

Là! voyez-vous.

DUPRÉ.

C'est singulier! (Au marchand.) Et par qui donc?

LE MARCHAND, à Dupré d'un air d'intelligence.

Par une jeune dame.

DUPRÉ, lui faisant un signe pour que sa fille n'entende pas.

Chut! chut!

LE MARCHAND, continuant.

Sa sœur, sa femme, peut-être... vous comprenez.

DUPRÉ, de même.

Taisez-vous! taisez-vous donc! (A part.) C'est bien plus inquiétant. (Écoutant à la porte à gauche.) Hein! qu'est-ce que c'est? Moquette qui m'appelle?

LOUISE, frappée d'un souvenir.

J'y pense maintenant... un monsieur qui porte un sac

d'argent, qui vous attend au magasin... c'est pour cela que j'étais venue vous chercher tout à l'heure.

DUPRÉ, vivement.

De l'argent?... et tu ne me le dis pas! (Criant de la petite porte.) Je descends. (A part.) Ça me paraît très-louche, et moi qui viens de lui donner ma fille! il est bien temps que j'aille aux informations. (Au fournisseur.) Passez devant moi, monsieur; cet escalier donne près de mon magasin, il est un peu obscur, mais très-commode, très-facile. (On entend le marchand tomber dans l'escalier.) Bon!... Prenez donc la rampe, la rampe est à gauche. Viens-tu, Louise?

(Il sort.)

SCÈNE VII.

LOUISE, seule, apercevant le bouquet.

Oui, mon père!... Dieu! qu'ai-je vu? un bouquet, des gants; il reçoit donc des dames?

AIR du Bouquet de bal.

Mais quels soupçons troublent mon âme!
Quand bien même on viendrait le voir,
Pourquoi supposer qu'une femme
Oublîrait ainsi son devoir?...
Non, ce serait lui faire injure,
Et celle-ci, j'en suis bien sûre,
N'a rien oublié...

(Regardant le bouquet.)
Malgré ça,
Son bouquet était resté là...

(La porte du fond s'ouvre, lady Wilton paraît.)

Que vois-je? Ah! c'est bien pis que le bouquet!

SCÈNE VIII.

LOUISE, LADY WILTON.

LADY WILTON, à elle-même.

Une jeune fille chez lui!

LOUISE, à part avec dépit.

Une dame, et elle est jolie encore!...

LADY WILTON.

Je me suis trompée sans doute, mademoiselle... je croyais être chez M. Ferdinand.

LOUISE, froidement et l'examinant.

Non, madame, non... vous ne vous êtes pas trompée... c'est bien ici.

LADY WILTON, à part, en regardant la pendule et les autres objets.

En effet, je vois que l'on a exécuté mes ordres.

LOUISE.

Mais il n'y est pas, M. Ferdinand, il est sorti.

LADY WILTON, s'asseyant de côté.

C'est fâcheux, je l'attendrai.

LOUISE, qui croyait qu'elle allait sortir, à part.

Eh bien! la voilà qui s'établit ici... comme c'est mauvais ton! (Haut.) C'est qu'il ne rentrera pas de longtemps, de très-longtemps.

LADY WILTON.

N'importe! je ne suis pas pressée!

LOUISE, appuyant.

Il est allé à l'École de droit chercher des papiers... parce qu'il parait qu'il va se marier.

LADY WILTON, vivement.

Se marier...

LOUISE, à part.

Elle a tressailli!... Par exemple! qu'est-ce que ça lui fait ?

LADY WILTON, émue.

Se marier... lui, Ferdinand...

LOUISE, choquée, à part.

Ferdinand! je dis bien monsieur, moi.

LADY WILTON, se levant.

Mon enfant, je vois que vous êtes de la maison... sans doute une jeune voisine... dites-moi, êtes-vous certaine que ce projet?... parlez! je veux savoir quel est ce mariage... quelle est cette future, qui a arrangé cela, qui s'en est mêlé? Pourquoi ne m'en a-t-il rien dit? (Avec vivacité.) Mais répondez-moi donc!

LOUISE, interdite.

Mon Dieu! quelle chaleur!

LADY WILTON, comme à elle-même.

Probablement quelque amourette sans importance... des parents qui se seront emparés de lui... ces pauvres jeunes gens sont si faciles à tromper!

LOUISE, à part et vivement.

Quelle indignité! (Haut et très-émue.) Non, madame, non!... le père n'a pas cherché à s'emparer de lui... c'est le propriétaire de cette maison... M. Dupré... un honnête homme... un négociant estimable... un marchand... si vous voulez... mais que sa position, son caractère et sa fortune mettent au-dessus de tout soupçon!... Quant à sa fille, elle pouvait choisir entre vingt partis plus brillants, plus avantageux que M. Ferdinand; elle l'a préféré, lui, quoique sans biens... parce qu'elle l'a vu seul... malheureux... abandonné de tout le monde. Elle n'est pas d'une beauté remarquable... (Avec intention.) elle ne porte ni plumes, ni diamants... mais jamais elle ne s'est éloignée de ses devoirs... jamais elle n'a hasardé de démarches équivoques, et ne s'est jamais trouvée seule et sans guide où elle ne devait pas être.

LADY WILTON, à part.

C'est elle!... le trait est vif... (Haut et en souriant.) Vous croyez, mademoiselle, qu'elle ne s'est jamais trouvée seule, chez un garçon, par exemple?...

LOUISE, un peu confuse et regardant autour d'elle.

Ah! c'est-à-dire... ça dépend des circonstances. (Avec résolution.) Mais après tout, pourquoi toutes ces questions, ces interrogatoires, et qu'est-ce que cela peut faire à madame?...

LADY WILTON, se rasseyant.

Oh!... c'est que je m'y intéresse beaucoup.

LOUISE.

A M. Ferdinand?

LADY WILTON, froidement.

A M. Ferdinand.

LOUISE, vivement.

Madame est de ses parentes?

LADY WILTON.

Non!

LOUISE.

De ses amies?

LADY WILTON.

Oui!

LOUISE à part.

De ses amies... c'est bien vague, et je veux absolument savoir...

(Elle s'approche de lady Wilton.)

UNE VOIX, au bas du petit escalier.

Mam'zelle Louise! mam'zelle Louise!...

LOUISE, à part.

Ah! mon Dieu! c'est au magasin, où il n'y a personne.

LADY WILTON.

Eh mais ! mademoiselle, on vous appelle, je crois.

LOUISE.

Mon Dieu ! c'est que je ne voudrais pas vous quitter.

LADY WILTON.

C'est trop de bonté !

(Les cris recommencent.)

LOUISE.

On y va ! on y va !... (A part.) Ah ! mon Dieu !.. c'est terrible... mais je vais revenir !...

(Elle sort.)

SCÈNE IX.

LADY WILTON, seule.

C'est elle, j'en suis certaine ! son dépit, sa petite colère... Mais ce mariage ne se fera pas... oh ! non... renverser mes projets... toutes mes espérances !... je saurai bien l'en empêcher... et, pour commencer, il faut d'abord éloigner Ferdinand de cette maison !... son ami cherche un appartement... j'ai chargé un de mes gens de le suivre... de lui indiquer mon hôtel. Ce sera beaucoup mieux... car ici, dans ce quartier retiré, dans cette maison de chétive apparence... lorsque j'y viens, je tremble toujours d'être reconnue... J'ai beau laisser ma voiture à quelques pas... et m'envelopper de mon voile... il ne faudrait qu'un hasard... qu'une rencontre imprévue... et alors quelle excuse... quels motifs donner ?... et le voir, maintenant, c'est ma vie... mon existence... (Écoutant à la porte.) C'est lui, je reconnais sa voix. (Écoutant toujours.) Eh mais !... il n'est pas seul... (Regardant en entr'ouvrant la porte.) un inconnu qui lui parle vivement... ils viennent... ah ! mon Dieu ! moi qui tremblais d'être surprise... où me réfugier, où me cacher ? (Voyant la porte à droite.) Ah! cette porte!... attendons que cet homme soit parti.

(Elle entre vivement dans le cabinet dont elle referme la porte. Au même moment, Dupré et Ferdinand entrent par le fond.)

SCÈNE X.

DUPRÉ, FERDINAND.

DUPRÉ.

Oui, monsieur, il faut nous expliquer franchement.

FERDINAND.

Tout ce que vous voudrez, monsieur Dupré... je suis si heureux... Tenez, voilà mes papiers... mon acte de naissance, le certificat...

DUPRÉ.

Il est bien question de cela, monsieur!... des certificats... on en a tant qu'on veut... c'est comme les cuisinières qui sont toujours des modèles de fidélité... et qui font danser... (Gravement.) Écoutez-moi, monsieur, et répondez sans rougir.

FERDINAND, souriant.

Quel préambule!

DUPRÉ.

J'ai été jeune comme un autre et je sais parfaitement... c'est-à-dire je savais autrefois, mais aujourd'hui c'est différent...

FERDINAND.

Eh bien! monsieur?

DUPRÉ.

Eh bien! monsieur, j'ai des soupçons que j'ai cachés à Louise... parce que la pauvre enfant est encore si faible, et si elle devait être sacrifiée...

FERDINAND.

Que voulez-vous dire?

DUPRÉ, appuyant.

Vous avez des maîtresses, jeune homme !

FERDINAND.

Moi, monsieur !

DUPRÉ, appuyant.

Vous avez des maîtresses !... vous en avez une... au moins.

FERDINAND.

Je puis vous jurer...

DUPRÉ.

Je ne m'en fâche pas... je ne vous en fais pas de reproches... mais il faut me l'avouer, il faut me donner des preuves, car je n'ai encore que des indices.

FERDINAND.

Monsieur, je ne sais si c'est une épreuve, une plaisanterie... mais j'affirme sur l'honneur !...

DUPRÉ.

Prenez garde, jeune homme... Vous me deviez deux termes...

FERDINAND.

C'est vrai... quel rapport ?...

DUPRÉ.

Je ne vous les demandais pas...

FERDINAND.

Eh bien ?

DUPRÉ.

Eh bien ! monsieur, ils sont payés.

FERDINAND.

Payés... et par qui ?

DUPRÉ.

Par un inconnu... un homme qui m'attendait en bas et qui m'a abordé très-poliment, le chapeau à la main... mais, malgré le soin qu'il avait pris de se déguiser en homme comme il faut... j'ai parfaitement reçonnu un valet de chambre de bonne maison... j'ai une telle habitude du grand monde!...

FERDINAND.

De quelle part venait-il?

DUPRÉ.

Il n'a pas voulu le dire.

FERDINAND.

Et il voulait payer mes loyers?

DUPRÉ.

Il m'a forcé de les recevoir!

FERDINAND.

C'est un malentendu.

DUPRÉ.

P'cht... et cette pendule, cette écritoire, cette montre, que l'on a apportées en votre absence... est-ce aussi un malentendu?

FERDINAND, plus étonné.

Que vois-je? et qui a envoyé cela?

DUPRÉ.

Qui? qui?... c'est moi qui vous le demande, puisque je n'en sais rien.

FERDINAND.

Mais ni moi non plus.

DUPRÉ, avec colère.

Laissez donc!... ces cadeaux cachent quelque mystère galant, quelque liaison criminelle... et s'il était vrai...

FERDINAND.

Vous oseriez supposer!

SCÈNE XI.

Les mêmes; LOUISE, entrant par le fond.

LOUISE, accourant essoufflée et le cœur gros.

Mon papa ! mon papa !

DUPRÉ, bas à Ferdinand.

Chut ! c'est Louise... nous en reparlerons quand elle ne sera plus là.

LOUISE, apercevant Ferdinand et d'un air froid.

Ah ! vous voilà, monsieur ! c'est heureux. (Regardant autour d'elle.) Vous étiez seul ici ?

FERDINAND.

J'arrive avec monsieur votre père.

LOUISE, de même.

C'est bien ! (A part.) Elle est partie ! (Bas à Ferdinand.) Plus tard, quand mon père n'y sera pas, nous nous expliquerons là-dessus.

FERDINAND, plus étonné.

Comment ?

LOUISE, appuyant.

Et sur d'autres choses que j'ai vues ici...

FERDINAND, suivant ses regards et voyant les gants sur le bureau.

D'autres choses ?... ah ! je devine... ces gants que vous avez trouvés...

LOUISE, soupirant, à elle-même.

Si je n'avais trouvé que ça...

FERDINAND.

C'est une cliente qui est venue...

LOUISE.

C'est possible !... les clientes, c'est très-commode pour les avocats...

DUPRÉ.

Oui... c'est comme les malades pour les médecins.

LOUISE, d'un air composé.

Mais vous en avez qui prennent un bien vif intérêt à tout ce qui vous touche, monsieur... qui sont fort curieuses, fort indiscrètes !

DUPRÉ.

Bah !

FERDINAND.

Que voulez-vous dire ?

LOUISE, à son père.

Que tout à l'heure cet homme qui vous a apporté de l'argent, vous n'avez pas eu le dos tourné qu'il s'est approché de M. Moquette.

DUPRÉ, à Ferdinand.

Mon premier commis, un garçon intelligent.

LOUISE.

Et lui a fait des questions sur notre jeune locataire du cinquième.

FERDINAND.

Sur moi ?

LOUISE.

S'il sortait souvent ? s'il rentrait tard ? s'il recevait beaucoup de visites ? Quelles personnes il fréquentait ?

FERDINAND.

Par exemple !

DUPRÉ.

Qu'est-ce que ça lui fait ?

LOUISE.

M. Moquette a cru que c'était un espion.

DUPRÉ.

Cela en a tout l'air.

LOUISE.

Il l'avait déjà saisi au collet et allait lui faire un mauvais parti...

DUPRÉ, à Ferdinand.

C'est qu'il est fort comme un Turc, Moquette !

LOUISE.

Lorsque cet homme lui a avoué que c'était sa maîtresse qui l'avait chargé de prendre ces renseignements.

FERDINAND.

Sa maîtresse !

DUPRÉ, se récriant.

Sa maîtresse !

LOUISE, toute en larmes, à Ferdinand.

Oui, une grande dame !

DUPRÉ, à part.

Là ! je l'avais deviné.

LOUISE, pleurant plus fort.

C'est elle qui a fait payer vos loyers, c'est elle qui vous a envoyé tous ces cadeaux, c'est elle qui vous a fait suivre, surveiller en secret.

FERDINAND.

Mais...

LOUISE, vivement.

Ne le niez pas... j'étais là... j'ai tout entendu.

DUPRÉ, à part.

C'est quelque vieille femme qui se ruine pour lui... et qui en est jalouse !... une marquise italienne... elles n'en font jamais d'autres.

LOUISE, s'essuyant les yeux.

Et maintenant, monsieur, parlez... justifiez-vous si vous pouvez. Quelle est cette dame ? d'où la connaissez-vous ? Je veux tout savoir, d'abord !

FERDINAND, hors de lui.

J'en deviendrai fou... c'est un complot! une infâme calomnie pour me perdre, pour m'enlever Louise! mais je saurai confondre... (Comme frappé d'une idée subite.) Ah! attendez! quel trait de lumière!... (Courant à Louise.) Cet homme a-t-il affirmé qu'il venait pour M. Ferdinand? m'a-t-il nommé?

LOUISE.

Non! il a dit le jeune homme du cinquième.

FERDINAND, vivement.

Je l'aurais parié... c'est pour Corbineau.

DUPRÉ.

Pour Corbineau?

LOUISE.

Pour M. Corbineau?

FERDINAND.

J'en suis sûr, maintenant. (A part.) Cette blonde dont il me parlait ce matin, cette folle qu'il a ensorcelée. (Haut.) C'est Corbineau, vous dis-je, et les questions, les loyers, les cadeaux, tout est pour lui.

LOUISE.

Il serait vrai?

DUPRÉ.

Ça n'est pas possible.

SCÈNE XII.

LES MÊMES; CORBINEAU, entrant en chantant.

CORBINEAU.

Quand on sait aimer et plaire, etc.

FERDINAND, à Corbineau qui entre.

Hé! arrive donc...

DUPRÉ, regardant Corbineau, et à lui-même.

Je ne croirai jamais qu'un physique pareil puisse valoir ce prix-là! c'est exorbitant.

CORBINEAU.

Tu étais impatient! sois tranquille, nous ne coucherons pas dans la rue. (Narguant Dupré.) Nous avons un appartement, mon cher.

FERDINAND.

Il ne s'agit pas...

CORBINEAU.

Et un appartement un peu soigné! pas au cinquième! pas de mansardes! un hôtel magnifique, où nous aurons un entresol charmant.

FERDINAND.

Il faut d'abord...

CORBINEAU.

C'est un monsieur très-obligeant qui me l'a indiqué... cent cinquante francs de loyer.

FERDINAND.

Mais...

CORBINEAU.

Salon, salle à manger, deux chambres à coucher, cabinet avec des dégagements, office, salle de bain...

FERDINAND.

Es-tu fou?... cent cinquante francs!

CORBINEAU.

Oui... mais il sera meublé! on est en train.

DUPRÉ, se récriant.

Oh!

CORBINEAU, le regardant avec malice.

Il paraît que les loyers tombent beaucoup.

FERDINAND, impatienté.

Va-t'en au diable!

CORBINEAU.

Je l'ai arrêté.

FERDINAND, en colère.

Je n'en veux pas.

CORBINEAU.

Eh bien ! je le garde pour moi.

FERDINAND, avec ironie.

Oui... ça ira bien avec le reste.

CORBINEAU, étonné.

Quoi donc ?... quel reste ?

FERDINAND.

Eh parbleu !... tout ce que l'on t'a apporté, et ce qui depuis un quart d'heure me fait tourner la tête, ce nécessaire-ci, une pendule, une montre, que sais-je ?

CORBINEAU, avec joie.

Comment ? une montre ! elle s'y est donc mise, Dorothée ! Hein !... quand je te le disais... Voilà ce que j'appelle une femme !

LOUISE, à son père.

Vous l'entendez ?...

FERDINAND, à Dupré.

Là !...

DUPRÉ, étonné.

Je ne peux pas en revenir.

CORBINEAU, courant d'un objet à l'autre.

Tu ne voulais pas me croire ! les blondes sont très-sensibles. Pauvre femme !... Dieu ! quelle richesse, quelle élégance !... Créature céleste !... et cette montre, (La mettant.) toujours là sur mon sein... une chaîne d'or : je porterai toujours les tiennes... enchanteresse...

FERDINAND, à Dupré.

J'espère que vous ne doutez plus...

LOUISE, avec joie, à son père.

Vous voyez que ce n'est pas pour lui, qu'il était innocent...

DUPRÉ.

Je suis pétrifié.

CORBINEAU, se carrant et mettant les mains aux entournures de son gilet.

Voilà, mon cher Dupré, voilà, ce que c'est que d'être aimable! (A Ferdinand.) Tu verras que le cabriolet viendra aussi, et alors tu ne m'éclabousseras plus dans ta calèche...

DUPRÉ et LOUISE.

Sa calèche!...

CORBINEAU.

Ou celle de sa maîtresse... c'est la même chose... une femme charmante qui l'adore!...

DUPRÉ et LOUISE.

Sa maîtresse!

FERDINAND, à demi-voix à Corbineau.

Te tairas-tu?... devant mon beau-père et ma prétendue?

CORBINEAU, à part.

Sa prétendue!

FERDINAND, regardant Louise.

Dieu!... elle pâlit!

DUPRÉ, effrayé.

Elle va se trouver mal, il ne manquait plus que ça!...

CORBINEAU, à part, la soutenant.

Sa prétendue! il fallait donc m'en prévenir. (A Dupré.) Ce que j'en disais, c'était pour le vanter, pour le faire valoir... parce que cette autre dame... la calèche. (Bas à Ferdinand.) Je vais la prendre sur mon compte, qu'est-ce que ça me fait? (Haut.) La calèche... C'est moi qu'elle aime...

DUPRÉ.

Celle-là aussi...

CORBINEAU.

Comme une folle. (A Louise.) Oui, mademoiselle Louise, c'est une passion qui est à moi seul, qui m'appartient, je vous le prouverai... (Aux autres.) Cela lui fait du bien... elle revient... (A Dupré.) Un peu d'eau de Cologne, là, dans cette chambre...

DUPRÉ.

J'y cours...

(Il va pour entrer ; lady Wilton paraît.)

SCÈNE XIII.

Les mêmes; LADY WILTON.

DUPRÉ, surpris, jette un cri.

Ah!

FINALE.

Ensemble.

AIR : Fragment de *Fra-Diavolo.*

LOUISE.

Ah! grand Dieu! c'est elle
Qui se dérobait à nos yeux!
O douleur mortelle !
Cette femme en ces lieux!

DUPRÉ.

Surprise nouvelle !
Il l'avait cachée à nos yeux !
Surprise nouvelle !
Une femme en ces lieux !

FERDINAND.

Ah! grand Dieu! c'est elle!
Je n'ose en croire mes yeux!
Ah! grand Dieu! c'est elle!
Elle était en ces lieux!

CORBINEAU.
Ah ! grand Dieu ! c'est elle !
Je n'ose en croire mes yeux !
Ah ! grand Dieu ! c'est elle !
Une femme en ces lieux !
(La musique continue piano pendant ce qui suit.)

CORBINEAU, à part.

L'imbécile... qui ne me prévient pas !

LADY WILTON, avec douceur.

Je suis fâchée de vous déranger, monsieur Ferdinand... mais je vous attendais depuis longtemps.

FERDINAND, embarrassé.

Madame !...

CORBINEAU, à part.

Bien... il n'y a plus moyen de dire que c'est pour moi... aussi, il en a trop ! ça amène des scènes très-pénibles.

DUPRÉ, à Ferdinand.

Vous comprenez maintenant, monsieur, qu'il n'y a plus de mariage, et que tout est rompu.

Ensemble.

DUPRÉ, à Louise.
Pour moi quel outrage !
Plus de mariage !
Oublie un homme affreux,
Et sortons de ces lieux !

LOUISE, à son père.
Un pareil outrage
De lui me dégage...
Je brise tous nos nœuds,
Ah ! fuyons de ces lieux !

LADY WILTON, à Ferdinand.
D'un tel mariage,
Oui, je vous dégage ;
Vous devez à leurs vœux
Obéir, je le veux !

CORBINEAU.

Quel bruit, quel tapage !
Mais c'est leur usage,
Quand un amant heureux
Au lieu d'une en a deux.

FERDINAND, au désespoir, à Lady Wilton.

Plus de mariage,
Et c'est votre ouvrage !
Ah ! fuyez de ces lieux,
Otez-vous de mes yeux !

(Ferdinand veut arrêter Dupré et Louise; lady Wilton s'approche de lui pour le calmer, ainsi que Corbineau; Dupré entraîne sa fille.)

ACTE DEUXIÈME

Un boudoir élégant; porte au fond, deux portes latérales.

SCÈNE PREMIÈRE.
DUPRÉ, LOUISE.

(Dupré achevant de poser une draperie ; Louise assise à droite et achevant de coudre un rideau de mousseline.)

DUPRÉ, regardant ce qu'il vient de faire.

Si on ne donnait pas soi-même le coup d'œil du maître, ces gens-là n'ont rien d'artiste... ça ne fera jamais que des tapissiers et pas autre chose. (S'approchant de Louise.) Eh bien ! qu'est-ce que tu fais là ?... tu pleures !

LOUISE.

Non, mon père.

DUPRÉ.

Parbleu ! je le vois bien... et ce n'est pas pour cela que je t'ai amenée avec moi...

AIR : De sommeiller encor, ma chère. (*Arlequin-Joseph.*)

C'est pour travailler sans relâche,
C'est le remède en pareil cas !
Par amour, j'ai doublé la tâche ;
Car c'est le travail ici-bas
Qui nous fait oublier, ma chère,
Nos ennuis, nos chagrins, nos maux.

(Avec un soupir.)

Aussi, va! du temps de ta mère,
Je n'ai pas pris un instant de repos.

Je travaillais!... ah! c'est elle qui est cause de ma fortune. (Regardant l'ouvrage que tient Louise.) Eh bien! ce rideau n'est pas même commencé?

LOUISE.

C'est que vous avez beau dire, mon père, je suis sûre qu'il m'aime.

DUPRÉ.

Et qui donc?

LOUISE.

M. Ferdinand.

DUPRÉ.

Encore lui!... Je ne veux plus y penser.

LOUISE.

Ni moi non plus... mais si cependant il n'était pas coupable?

DUPRÉ.

Pas coupable... quand on trouve une femme enfermée chez lui!

LOUISE.

Mais alors convenez que c'est bien mal... que c'est indigne!

DUPRÉ.

Je suis de ton avis.

LOUISE.

Et qu'après un trait pareil il faut détester tous les hommes.

DUPRÉ.

Certainement... excepté ton père, et le mari que je te destine.

LOUISE.

Quoi! vous pouvez déjà penser à un nouveau gendre?

DUPRÉ.

Dis donc à l'ancien... Comme, par bonheur, je n'avais pas retiré ma parole... il est inutile de lui dire maintenant qu'il y a eu un laps dans notre fidélité ; j'irai le voir aujourd'hui en sortant de cet hôtel. (Regardant autour de lui.) Voilà l'entresol terminé, sauf les petits rideaux à mettre dans ce boudoir... cela te regarde ; je monte au premier, surveiller mes commis, parce qu'il y a là, un salon à se faire une réputation... une tenture en velours blanc.

LOUISE.

Quel est donc le propriétaire de ce bel hôtel?

DUPRÉ.

Une milady, qui est arrivée depuis hier de sa campagne d'Auteuil... une grande dame... une parente de l'ambassadeur d'Angleterre.

LOUISE.

Est-elle jolie?

DUPRÉ.

Je ne l'ai pas encore vue, mais je l'ai entendue, car elle sonnait ce matin à briser tous mes cordons, qui sont beaux, mais pas trop solides... elle attendait une lettre qui n'arrivait pas. Du reste, je n'ai eu affaire qu'à son intendant, un galant homme qui aime le grandiose, et je tâcherai que tout soit dans ses goûts !... tout, jusqu'au mémoire.

LOUISE.

Est-ce que milady habite ce côté de l'hôtel?

DUPRÉ.

Du tout, il est préparé pour des amis à qui elle l'a loué et qui doivent même l'occuper dès ce soir ; ainsi dépêche-toi.

AIR : Hardi coureur. (*Le Lorgnon.*)

Va, mon enfant !
Et dans l'instant
Reprends l'ouvrage
Avec courage.

3.

LOUISE.

Je ne saurais....
A mes regrets
Comment m'arracher désormais !
(Pleurant.)
Je ne pourrai supporter mon malheur.

DUPRÉ.

Dans le commerce il faut qu'on se retranche
Et les tourments, et les peines du cœur ;
Car pour pleurer on n'a que le dimanche.

Ensemble.

DUPRÉ.

Va, mon enfant !
Et dans l'instant
Reprends l'ouvrage
Avec courage.
Plus de regrets !
Je ne saurais
Te les pardonner désormais.

LOUISE.

Que de tourments !
Ah ! je le sens,
Je perds l'espoir et le courage ;
A mes regrets
Je ne saurais
Hélas ! m'arracher désormais !

(Elle entre dans le cabinet à gauche.)

DUPRE, lui parlant toujours.

Et pense à ce que tu fais ; on a bien vite perdu une aune de mousseline à douze francs, qu'il faut faire payer vingt-quatre, pour s'y retrouver, et ça ne m'arrange pas, car je n'y gagne rien. (Prenant des papiers sur la table.) Voyons où sont mes dessins et mes échantillons !

SCÈNE II.

DUPRÉ, CORBINEAU, entrant par le fond.

CORBINEAU.
Ça n'est pas mal du tout, et je suis satisfait.

DUPRÉ, à part.
Que vois-je? M. Corbineau! je ne pourrai pas m'en débarrasser.

CORBINEAU.
Monsieur Dupré! notre ancien et cher propriétaire! que diable faites-vous ici?

DUPRÉ.
J'y suis de mon état, monsieur, je viens de donner la dernière main à ce petit salon.

CORBINEAU.
Tant pis, parce que d'ordinaire vous n'êtes pas bon marché! mais ça m'est égal, ça ne me regarde pas, ça regarde la propriétaire; j'ai loué meublé.

DUPRÉ.
Qu'est-ce que vous me dites là? vous avez loué?

CORBINEAU.
Ce petit entresol.

DUPRÉ.
Vous seriez ici...

CORBINEAU, s'asseyant.
Chez moi! donnez-vous donc la peine de vous asseoir.

DUPRÉ.
Monsieur, je n'ai pas envie de rire.

CORBINEAU, assis.
Je le crois aisément, car vous voyez bien maintenant que vous avez perdu en moi un excellent locataire; mais c'est votre faute, vous êtes trop cher! Comparez seulement ce

logement-ci au vôtre, et dites-moi franchement si pour cinquante francs de plus...

DUPRÉ.

Vous louez ceci cent cinquante livres?

CORBINEAU.

Meublé! et ça pourrait être mieux, car voilà un fauteuil qui est dur; vous me direz, à cela, que c'est neuf. (A un domestique qui entre, portant deux valises.) Mettez nos effets dans la chambre à coucher. Où est-elle?

DUPRÉ, à part.

C'est d'une impudence!...

CORBINEAU, qui a ouvert la porte à droite.

Par ici, bon style : tendu en satin, deux lits de maîtres, commode en palissandre, avec incrustations. (A Dupré.) Ça, c'est différent, je rends justice! (Au domestique.) Défaites ma valise, ça ne sera pas long, et puis celle de mon ami Ferdinand que j'ai apportée malgré lui.

DUPRÉ.

M. Ferdinand loge avec vous?

CORBINEAU.

AIR de Masaniello.

Vous l'aviez chassé, je l'accueille,
Pour mon cœur quel devoir plus doux?
(Appuyant avec importance.)
Chez moi, monsieur, je le recueille,
Car tout est commun entre nous!
Et quand par son propriétaire
Oreste, hélas! était banni,
Pylade avec lui d'ordinaire
Partageait son hôtel garni.

Et le voilà ce cher Oreste!

SCÈNE III.

DUPRÉ, CORBINEAU, FERDINAND, UN DOMESTIQUE.

FERDINAND, entrant en regardant derrière lui.

Ah çà! Corbineau, qu'est-ce que ça signifie? Où suis-je?

CORBINEAU.

Chez nous, mon cher ami.

FERDINAND.

Du tout! je n'entends pas rester ici; je ne veux pas que tu y restes toi-même. Un hôtel d'ambassadeur, une cour magnifique, un suisse; j'ai cru m'être trompé de numéro.

CORBINEAU.

Du tout, le 87.

FERDINAND.

Je demande M. Corbineau, on me dit : à gauche dans la cour, à l'entresol! Un escalier en pierre, porte en acajou, antichambre, salle à manger, premier salon, et j'arrive jusqu'ici.

CORBINEAU.

Tu n'as rien vu encore, une chambre délicieuse décorée par monsieur.

FERDINAND.

Monsieur Dupré?

CORBINEAU.

N'aie pas peur, ce n'est pas nous qui paierons le mémoire.

FERDINAND.

Et tu ne rougis pas de honte!

CORBINEAU.

Pourquoi cela?

FERDINAND.

Mais c'est la même main qui t'a déjà envoyé cette pendule, cette chaîne, et s'il y a au monde, ce que je ne pouvais croire, une femme assez absurde, assez folle pour se ruiner pour toi...

CORBINEAU.

Quoi ! cette pauvre Dorothée ! tu la soupçonnerais ? eh bien ! franchement, moi aussi.

FERDINAND.

Elle ou une autre ; tu me suivras car je t'emmène à l'instant, sans vouloir même savoir chez qui nous sommes !

DUPRÉ, qui a repris son travail.

Parbleu ! vous êtes chez une parente de l'ambassadeur d'Angleterre, chez milady Wilton.

CORBINEAU.

Oh ciel ! ce ne serait pas Dorothée, c'en serait une autre, une milady !... conviens que je suis un heureux coquin : je n'y pensais pas, je n'en voulais à personne, et en voilà déjà deux !

DUPRÉ, travaillant à la croisée, à part.

Ce carabin me déplaît souverainement ; si je n'avais pas ces embrasses à poser...

CORBINEAU.

Ce n'est pas ma faute, si la beauté veut faire ma fortune.

FERDINAND.

Et quand il serait vrai, tu ne devrais pas le souffrir.

CORBINEAU.

Est-ce que je pouvais le deviner ? elle y a mis tant de grâce, tant de délicatesse, elle n'y avait paru en rien, et cet homme d'affaires, cet intendant, qui m'a loué cela, y a mis une bonhomie...

DUPRÉ, quittant sa fenêtre.

Quoi ! c'est l'intendant... M. Williams ?

CORBINEAU.

M. Williams, c'est cela même, un Anglais, qui me dit

(Baragouinant.) « Mon gentleman, vous cherchez un appartement ? » C'est vrai, j'étais dans la rue, le nez en l'air, regardant tous les écriteaux. (Baragouinant.) « Je avoir une jolie petite appartement meublée de garçon, que je pouvais vous louer pour cent cinquante livres. »

DUPRÉ.

Il vous a dit cent cinquante livres ?

CORBINEAU.

En toutes lettres.

DUPRÉ.

Parbleu ! je le crois bien, des livres sterling, les Anglais n'en connaissent pas d'autres.

CORBINEAU.

Hein ! que dites-vous ?

DUPRÉ.

Que vous avez loué cent cinquante guinées, c'est-à-dire à peu près trois mille six cents francs ; ce qui n'est certainement pas cher.

CORBINEAU.

Ah ! mon Dieu ! et moi qui ai consenti en sous-seing privé, pour Ferdinand et pour moi, un bail de douze ans !

FERDINAND.

Qu'as-tu fait là ?

CORBINEAU.

A cause du bon marché.

FERDINAND.

Mais, malheureux, tu nous ruines, nous voilà débiteurs d'une quarantaine de mille francs !

CORBINEAU.

Nous n'emportons pas les meubles, nous n'emportons pas la maison ! le bail est nul, faute de paiement.

FERDINAND.

Et que dira-t-on de nous ? pour qui allons-nous passer ?... pour des intrigants, des chevaliers d'industrie.

DUPRÉ.

Ça se pourrait bien, sans compter l'indemnité qu'on est en droit de vous demander.

CORBINEAU.

Si ce n'est que cela... ça ne m'embarrasse pas, j'écrirai à Dorothée... « Je reviens à toi, ma Dorothée... » et tu vois bien, toi qui me blâmais tout à l'heure, nous serons trop heureux de la retrouver ; pauvre Dorothée, va !

LE DOMESTIQUE, entrant et annonçant.

Milady Wilton.

DUPRÉ.

La propriétaire !

FERDINAND.

Ah ! mon Dieu !

LE DOMESTIQUE.

Qui désirerait parler à ces messieurs.

FERDINAND, à Corbineau.

Cela te regarde, arrange-toi.

AIR : Bacchanale des *Nonnes.* (*Robert-le-Diable.*)

A l'instant je veux
Sortir de ces lieux,
L'honneur me le commande !
Je te le demande,
Et soudain je vais
Faire nos deux paquets !

CORBINEAU, troublé.

Fais ton paquet ! oui, c'est fort bien !
Et moi, je vais avoir le mien.

Ensemble.

FERDINAND.
A l'instant je veux, etc.

CORBINEAU.
Non pas, moi je veux,
Rester en ces lieux,
L'amour me le commande !
Je te le demande !
Et tu vas exprès
Renverser mes projets.

DUPRÉ, à Corbineau.
Au gré de ses vœux
Sortez de ces lieux.
L'honneur vous le commande !
(Montrant Ferdinand.)
Et puisqu'il s'amende,
A l'instant je vais
Seconder ses projets !
(Ferdinand entre dans la chambre à droite.)

SCÈNE IV.

CORBINEAU, DUPRÉ.

CORBINEAU.
Mais attends donc ! tu ne peux pas me laisser ainsi en gage.

DUPRÉ.
D'autant qu'un pareil gage serait loin de répondre des loyers.

CORBINEAU.
Maître Dupré, je suis encore chez moi, attendu que j'ai loué, et je vous prie de sortir à l'instant par cette porte si vous n'aimez mieux par cette croisée que vous avez décorée vous-même.

DUPRÉ, d'un air railleur.

Ne vous fâchez pas, monsieur le locataire. Je retourne au salon du premier, que vous pourrez peut-être prendre, si vous quittez celui-ci avant le terme.

CORBINEAU, lui montrant la porte.

Raison de plus pour se hâter d'en jouir. (Avec majesté.) Sortez ! (Dupré sort en lui faisant une salutation ironique.) Et allons donc !... Il n'y a rien d'ironique et de gouailleur comme le petit commerce ! surtout la tapisserie, ça se drape avec une fierté !... mais je lui rendrai cela d'un jour à l'autre, grâce à Dorothée... Ah ! mon Dieu ! voici milady.

SCÈNE V.

CORBINEAU, LADY WILTON, LE DOMESTIQUE.

CORBINEAU, faisant plusieurs salutations très-profondes.

Quoi ! milady, vous daignez !... c'est moi certainement qui aurais dû... et j'allais avoir l'honneur de me rendre... (Levant les yeux.) Ah ! mon Dieu ! que vois-je ?...

LADY WILTON.

Votre propriétaire.

CORBINEAU, à part.

L'inconnue de ce matin !... La cliente de Ferdinand serait une milady !

LADY WILTON.

Je venais savoir par moi-même... si vous vous trouviez bien dans votre appartement.

CORBINEAU, avec hésitation.

C'est petit, mais c'est charmant ! flatterie à part, c'est très-bien ! trop bien peut-être pour un jeune médecin comme moi, et un avocat comme mon ami, un avocat qui commence ; nous craignons que cela n'éloigne les clients.

LADY WILTON.

Comment cela ?

CORBINEAU.

Le local pourrait les effrayer pour les honoraires, parce que l'on paie toujours en raison, non pas du mérite, mais de l'appartement.

LADY WILTON.

S'il en est ainsi, il faudrait prendre un logement encore plus cher, ne fût-ce que par spéculation.

CORBINEAU.

C'est ce que font beaucoup de nos confrères... mais mon ami et moi, nous ne spéculons pas, nous ne tenons pas aux richesses, et nous réfléchissions à ce bail que j'ai signé à votre intendant, ce bail de douze ans.

LADY WILTON, souriant.

Un engagement aussi long vous effraie ?

CORBINEAU, vivement.

Non pas avec vous, milady, (Avec embarras.) mais avec votre intendant; car, s'il faut vous l'avouer, ce prix de cent cinquante livres...

LADY WILTON.

Trouvez-vous que ce soit trop cher?

CORBINEAU.

En français, non! parce que cent cinquante livres, c'est très-bien, c'est dans nos mœurs, dans nos habitudes; chaque pays a les siennes; mais ce qui est dans vos usages et ce qui n'est pas dans les nôtres, à mon ami et à moi, ce sont les sterling.

LADY WILTON.

Que voulez-vous dire ?

CORBINEAU.

Qu'il y a eu de ma part une petite erreur.

LADY WILTON.

Dont je ne veux pas profiter ! et ce sera comme vous l'avez entendu, vous et votre ami.

CORBINEAU, avec joie.

En français ?

LADY WILTON.

Certainement ! je l'exige.

CORBINEAU.

Ah ! milady...

LADY WILTON.

Ne m'en remerciez pas, car, à un moindre prix encore, vous me rendriez grand service.

CORBINEAU.

Que dites-vous ?

LADY WILTON.

Je vais m'absenter, je pars pour Strasbourg, et j'étais fort inquiète de laisser ainsi cet hôtel seul et abandonné ; mais, habité par vous et votre ami, me voilà tranquille.

CORBINEAU.

Ah ! madame...

LADY WILTON.

Vous acceptez ?

CORBINEAU.

Le moyen de vous rien refuser !

LADY WILTON.

Je vous en remercie, et vous m'enhardissez.

CORBINEAU.

Comment ?

LADY WILTON.

Je pousserai encore plus loin l'exigence. Je laisse ici un mobilier considérable, des chevaux, des domestiques qui n'auraient rien à faire, des voitures qui se perdraient sous la remise, et je vous prierai en grâce, dans mon intérêt, de vouloir bien vous en servir vous et votre ami, le plus souvent possible.

CORBINEAU, à part.

Allons, voilà les voitures à présent ! (Haut.) En honneur, madame, je suis confus.

LADY WILTON.

Du service que vous me rendez ?... c'est être trop généreux. Mais croyez que de mon côté je ne serai pas ingrate, et si dans le monde où je suis répandue je peux vous être utile, à vous et à votre ami...

CORBINEAU, à part.

Toujours le même refrain ! c'est drôle ! je ne puis pas marcher sans mon ami.

LADY WILTON.

AIR de *Céline*.

Par mes protecteurs et mon zèle
Si je puis vous servir tous deux,
Augmenter votre clientèle...

CORBINEAU.

Ah ! pour moi c'est trop généreux.
(A part.)
Dans ces bienfaits un dessein secret perce,
Et je commence à soupçonner qu'ici
   Je sers de chemin de traverse
   Pour arriver à mon ami !

(Haut.) Ma clientèle ! Certainement, je ne demande pas mieux ; non pas que je n'en aie déjà une assez nombreuse...

LADY WILTON.

Je le crois.

CORBINEAU.

Et surtout assez élevée. J'ai des malades en haut du faubourg Saint-Jacques, du faubourg Saint-Martin, dans tous les faubourgs ; je n'ai pas un moment de libre. (Regardant sa montre.) Ah ! mon Dieu ! deux heures ! (A part.) Et Dorothée !... je suis sûr qu'elle compte sur moi.

LADY WILTON.

Qu'est-ce donc ? une visite ?

CORBINEAU.

Une visite très-pressée.

LADY WILTON.

Un malade ?

CORBINEAU.

Au faubourg Saint-Martin. Oui, une personne qui souffre beaucoup, et que ma présence seule peut calmer.

LADY WILTON.

A deux heures ? vous n'y serez jamais.

CORBINEAU.

C'est vrai ! elles vont sonner dans l'instant ; mais en courant un peu vite...

LADY WILTON.

De la rue de Richelieu au faubourg Saint-Martin !... je ne le souffrirai pas. (Elle sonne ; au domestique qui entre.) John, un cheval au tilbury.

CORBINEAU.

Quoi ! vous voulez ?...

LADY WILTON.

Vous vous essaierez à me remplacer.

CORBINEAU, à part.

Au fait ! ça fera très-bien, ça haussera les actions.

LADY WILTON, au domestique.

John ! rien encore ? pas de lettres de Strasbourg ?

JOHN.

Non, milady !

LADY WILTON, à part.

Oh ! mon Dieu ! chaque instant accroît mon impatience.

CORBINEAU.
Le jockey vient-il aussi ?

LADY WILTON.
Sans doute !

CORBINEAU, à part.
Un jockey en livrée ! pauvre Dorothée, la voilà obligée de me donner un cocher... (Se retournant vers lady Wilton.) Ah ! madame, Ferdinand avait bien raison de dire que vous étiez la meilleure, la plus aimable des femmes.

LADY WILTON, avec émotion.
Ah ! il vous a dit cela ? s'il le pense et vous aussi, c'est tout ce que je demande.

CORBINEAU, vivement.
Je le jure.

LADY WILTON.
Prouvez-le-moi, en tenant votre parole et en restant ici tous les deux... Adieu, mon cher locataire, adieu !

(Elle sort.)

SCÈNE VI.

CORBINEAU, puis FERDINAND, LE DOMESTIQUE.

CORBINEAU, seul.
Elle est adorable ! et Dorothée elle-même n'en approche pas... (Se frottant les mains.) Gouaille à présent, vieillard ironique, gouaille tant que tu voudras, je reste à l'entresol, et j'irai au premier quand ça me conviendra.

FERDINAND, sortant de la chambre à droite avec deux valises sur l'épaule.
Tous nos paquets sont faits.

CORBINEAU.
Eh bien ! où vas-tu donc ?

FERDINAND.

Je m'en vais.

CORBINEAU.

Ce n'est pas la peine ! c'est arrangé, tu peux rester.

FERDINAND.

C'est arrangé ?

CORBINEAU.

Oui, mon ami, il y avait erreur, et comme erreur n'est pas compte, tout est rectifié et convenu entre moi et lady Wilton, le loyer sera de cent cinquante livres de France, pour cet appartement.

FERDINAND, étonné.

Corbineau !

CORBINEAU.

AIR : Adieu, je vous fuis, bois charmant. (*Sophie.*)

La jouissance du jardin
Dans notre loyer est comprise.

FERDINAND, parlé.

Corbineau !

CORBINEAU, chanté.

Et, mon cher, nous avons enfin
Et l'écurie et la remise.

FERDINAND, haussant les épaules.

C'est fort heureux !...

CORBINEAU.

Oui, car cela
Me décide à prendre équipage.

FERDINAND, parlé.

Toi ?

CORBINEAU, achevant l'air.

Mon Dieu ! quand l'écurie est là,
Il n'en coûte pas davantage !

FERDINAND, jetant les valises et lui prenant le bras.

Corbineau, tu m'inquiètes, et je crains que tu ne sois pas dans ton bon sens.

CORBINEAU.

Ah! tu crois cela?

LE DOMESTIQUE, rentrant.

Le tilbury est prêt, monsieur.

FERDINAND, étonné.

Hein?

CORBINEAU.

John! est-ce le gris pommelé?

LE DOMESTIQUE.

Non, monsieur, l'alezan.

CORBINEAU, avec aplomb.

L'alezan? c'est bien, je descends.

(Le domestique, sur un signe de Corbineau, rentre les deux valises dans la chambre à droite.)

FERDINAND.

Toi, en tilbury?

CORBINEAU.

Pour faire mes visites, mon cher, pour voir mes malades... et autres, car il est impossible que maintenant la clientèle n'augmente pas chaque jour.

FERDINAND, avec impatience.

Ah çà! m'expliqueras-tu?...

CORBINEAU.

Je n'ai pas le temps, mais j'ai promis que nous resterions ici, et tu auras beau dire, nous y resterons... Que diable! mon ami, il faut se résigner et se laisser faire, c'est tout ce qu'on te demande.

FERDINAND.

Que veux-tu dire?

CORBINEAU, s'appuyant sur son épaule.

Que nous sommes nés tous les deux sous une heureuse étoile; mais tu croyais être chez moi, et j'ai idée maintenant que c'est moi qui suis chez toi... adieu !

FERDINAND, voulant le retenir.

Corbineau !

CORBINEAU.

Adieu, adieu !... Mon tilbury est en bas... je n'ai pas un moment à moi.

(Il sort avec le domestique.)

SCÈNE VII.

FERDINAND, puis LOUISE.

FERDINAND, seul.

Il est fou, ma parole d'honneur, et il fait bien de monter en tilbury, si c'est pour aller à Charenton, il y arrivera plus vite ! Allons, allons, moi du moins, je ne dois pas rester ici un instant de plus... (Au moment où il va sortir, Louise paraît à la porte à gauche.) Que vois-je ?

LOUISE.

Monsieur Ferdinand !...

FERDINAND.

Louise... (La retenant.) Ah ! restez de grâce !... moi qui ne voulais, qui ne cherchais qu'une occasion pour vous voir et me justifier.

LOUISE.

Laissez-moi, je retourne près de mon père.

FERDINAND.

Ce n'est pas votre père qu'il m'importe de convaincre, c'est vous !... et quoique les apparences soient contre moi, il me sera si aisé de vous prouver que je ne suis pas coupable...

LOUISE.

Je sais, monsieur, que les avocats prouvent tout ce qu'ils veulent, mais pour nier ce que j'ai vu de mes propres yeux, il faudrait bien du talent.

FERDINAND.

Je n'en ai pas besoin ! il me suffira de la vérité ; et si j'avais aimé la personne que l'on suppose, pourquoi aurais-je accepté votre main? pourquoi aurais-je été si joyeux de l'obtenir, et dans ce moment encore, où notre mariage est rompu, où je pourrais profiter de ma liberté, où je pourrais vivre auprès d'une autre, qu'est-ce qui me ramène à vos pieds, qui me force à vous implorer? si ce n'est l'amour que j'ai toujours pour vous !... Parlez, répondez-moi, de grâce.

LOUISE.

Il y a bien quelque chose de raisonnable dans ce que vous dites là !... mais cette dame si belle et si élégante qui était chez vous...

FERDINAND.

Je l'ignorais, je vous le jure.

LOUISE.

Qui s'y trouvait cachée?

FERDINAND.

Voilà ce que je ne puis comprendre ; car je la connais à peine, et la preuve c'est que si vous daigniez me rendre votre tendresse, et votre père son consentement... aujourd'hui même, à l'instant, malgré toutes les menaces que je brave et que je défie, je serais trop heureux de vous épouser.

LOUISE.

Bien vrai !... vous ne connaissiez pas cette femme ?

FERDINAND.

Ce n'était pour moi qu'une cliente.

LOUISE.

Eh bien! vous n'en aurez plus de ce genre-là, vous ne plaiderez plus que pour moi, comme vous l'avez fait tout-à-l'heure, c'était très-bien.

FERDINAND.

Surtout, si je gagne ma cause, si vous me pardonnez.

LOUISE, émue.

Moi, monsieur!

FERDINAND, tendrement.

AIR : Lève-toi, ma belle amie. (ALBERT GRISAR.)

N'imitez point votre père,
Quittez ce regard sévère
Qui me glace de terreur!
Et qu'un tendre et doux sourire
A l'instant vienne me dire :
Ami, je te rends mon cœur !
Ah! cette grâce promise,
Que je l'entende en ce jour,
   Ma Louise! ma Louise,
     Mon amour!

LOUISE, timidement.

Eh quoi! mon cœur?... vous le rendre!...
Eh mais! s'il faut vous l'apprendre,
Je n'ai pas pu vous l'ôter.

FERDINAND, vivement.

Oui, mais cette main chérie,
Mon bien, mon trésor, ma vie?

LOUISE, baissant les yeux.

Faut-il pas vous la porter?

FERDINAND, à ses pieds et lui baisant la main. Parlé.

Oh! non, c'est à genoux que je dois là recevoir

LOUISE, achevant l'air.

Cette main t'est bien acquise,
Mais n'oublie pas un seul jour

Ta Louise! ta Louise,
Ton amour!

Ensemble.

LOUISE.

Ta Louise! ta Louise,
Ton amour!

FERDINAND.

Ma Louise! ma Louise,
Mon amour!

SCÈNE VIII.

Les mêmes; DUPRÉ.

DUPRÉ, entrant par le fond.

C'est une horreur!

LOUISE.

Dieu! mon père!

DUPRÉ, apercevant Ferdinand qui est encore à genoux.

Et lui aussi! en voici bien d'une autre! tous les deux me narguer à la fois!

LOUISE, courant à lui.

Moi! vous pourriez supposer?...

DUPRÉ.

Il ne s'agit pas de toi.

LOUISE.

Et de qui donc?

DUPRÉ.

De l'autre, de son ami!... Au moment où je descendais dans la cour, je manque d'être écrasé, par qui? par M. Corbineau qui partait en tilbury, et qui a l'audace de me crier : « Gare! gare les meubles! gare le tapissier! »

4.

LOUISE.

Est-il possible !

DUPRÉ.

Un carabin, en voiture ! un cheval alezan ! un laquais, une livrée magnifique, et il me crie du haut de son char : « Décidément je garde l'entresol, mon cher ! que tout soit prêt à mon retour. »

FERDINAND.

C'est-à-dire, monsieur, que je suis aussi étonné que vous, aussi confus.

DUPRÉ.

Oh ! vous ! ne parlez pas, c'est encore pis. (A Louise.) Car tu ne sais rien encore ; imagine-toi qu'en rentrant dans le salon je trouve M. Williams, l'intendant, qui parlait, chapeau bas, à la maîtresse de cet hôtel.

LOUISE.

A lady Wilton, cette grande dame ?

DUPRÉ.

Que je n'avais pas encore vue ; je lève les yeux et je reconnais...

LOUISE.

Qui donc ?

DUPRÉ.

La passion de M. Ferdinand ! cette beauté mystérieuse que nous avons rencontrée ce matin chez lui, au cinquième étage.

FERDINAND, surpris.

Comment ?...

DUPRÉ.

Faites donc l'étonné !

LOUISE, vivement.

Oui, mon père, il n'est pas coupable, il s'est justifié.

DUPRÉ.

Vraiment !

LOUISE.

Il m'a promis de ne plus la revoir.

DUPRÉ.

C'est donc cela qu'il loge chez elle ?

LOUISE.

Chez elle !

DUPRÉ.

Oui, mon enfant, ici, dans cet appartement que j'ai tendu de mes propres mains... vieillard stupide ! et toi-même, fille crédule ! ce boudoir où tu viens de faire poser des patères et des rideaux de mousseline, c'est le sien.

LOUISE, d'un air de reproche.

Quoi, monsieur ?

FERDINAND.

Eh ! non, c'est Corbineau, ou c'est le diable lui-même qui se mêle de mes affaires ! car je ne peux plus m'y reconnaître...

DUPRÉ.

C'est cependant bien aisé à comprendre : quand une grande dame reçoit et loge chez elle gratis, ou à peu près, un beau jeune homme qui n'a rien...

FERDINAND.

Monsieur, n'achevez pas ! c'est une infâme calomnie : vous pourriez supposer que lady Wilton...

DUPRÉ.

Je ne suppose rien qui puisse l'offenser ! car je sais, au dire même de ses gens, que milady a toujours joui d'une réputation irréprochable, qu'elle est d'une grande famille, d'une grande naissance ; mais elle est veuve, dit-on ; elle est maîtresse de sa main, rien ne peut l'empêcher d'en disposer en faveur d'un jeune homme qui lui plaît.

LOUISE.

O ciel !

DUPRÉ.

Ce n'est pas à elle que j'en veux, c'est au jeune homme qui, prêt à contracter une pareille alliance, cherche encore à séduire la fille d'un honnête industriel.

FERDINAND.

La séduire... c'en est trop ! Quelle que soit cette lady Wilton que jusqu'ici j'honorais et je respectais, je veux lui demander compte des bienfaits dont elle m'accable à mon insu, et que je repousse.

LOUISE.

Quoi, monsieur, ce mariage, s'il était vrai, vous le refuseriez ?

FERDINAND.

A l'instant même.

DUPRÉ.

Laissez donc, on ne renonce pas à une perspective comme celle-là !

FERDINAND.

Vous le verrez ! et puisqu'il vous fallait des preuves de mon amour, je serai ravi de déclarer devant vous à lady Wilton que je ne veux plus ni la voir, ni entendre parler d'elle.

LOUISE, l'approuvant.

C'est cela !

FERDINAND, s'échauffant.

Il est aussi trop fort qu'on ne puisse pas se soustraire à une telle persécution.

LOUISE, de même.

C'est vrai !

FERDINAND.

Qu'un jeune homme tranquille et inoffensif soit exposé à des soupçons...

LOUISE.

Qui peuvent faire tort à son honneur.

FERDINAND.

C'est juste.

LOUISE.

Et à son établissement.

FERDINAND.

C'est cela même.

DUPRÉ.

La voici.

FERDINAND.

Nous allons voir!... ne me quittez pas!...

SCÈNE IX.

Les mêmes; LADY WILTON.

LOUISE, bas à Ferdinand.

Du courage, et traitez-la comme elle le mérite.

FERDINAND, avec hauteur.

Je voulais vous demander, madame...

(Il la regarde et s'arrête.)

LADY WILTON, avec douceur.

Eh! quoi donc, monsieur?

FERDINAND, d'un air plus respectueux.

Un instant d'entretien.

LADY WILTON, d'un air gracieux.

J'allais vous adresser la même prière, et si dans ce moment cela ne vous gêne, ni ne vous contrarie...

FERDINAND.

Comment donc? je serai trop heureux.

LOUISE, bas.

A quoi bon? dites-lui tout de suite que vous ne voulez pas d'elle.

FERDINAND, bas.

Certainement; mais c'est que je n'ose pas, elle a un air qui m'impose...

LOUISE.

Eh bien! moi qui n'ai pas peur, je vais lui dire. (Passant et haut.) Madame...

LADY WILTON, avec douceur.

Ma chère enfant, laissez-nous un instant, je vous prie.

DUPRÉ, à part, s'enhardissant.

Qu'est-ce qu'ils ont donc? je vais lui parler, moi. (Haut.) Madame...

LADY WILTON.

Et vous aussi, monsieur Dupré.

LOUISE, cherchant à s'enhardir.

Mais c'est que...

LADY WILTON, avec dignité.

Vous m'avez entendue.?

LOUISE, subjuguée et faisant la révérence.

Oui, madame. (A part.) C'est singulier, elle a un regard! (A Ferdinand.) N'allez pas fléchir, au moins, ni vous laisser séduire!

FERDINAND.

Soyez donc tranquille.

DUPRÉ, bas à Louise.

Retourne à ton ouvrage, ma bonne.

Ensemble.

LOUISE et DUPRÉ, à demi-voix en regardant lady Wilton.

AIR : Mais silence, on peut nous entendre. (*La Lectrice.*)

Éloignons-nous puisqu'on l'ordonne,
Il faut céder à son désir,
Je ne sais pourquoi, mais personne
N'oserait lui désobéir !

FERDINAND, de même.

Éloignez-vous puisqu'on l'ordonne,
Il faut céder à son désir,
Je ne sais pourquoi, mais personne
N'oserait lui désobéir !

DUPRÉ, à sa fille.

Il deviendra pair d'Angleterre !
En tout cas, s'il est juste et bon...
Il nous conservera, j'espère,
La pratique de la maison !

(Louise hausse les épaules avec dépit.)

LOUISE et DUPRÉ.

Éloignons-nous puisqu'on l'ordonne, etc.

FERDINAND.

Éloignez-vous puisqu'on l'ordonne, etc.

(Louise et Dupré sortent par le fond.)

SCÈNE X.

FERDINAND, LADY WILTON.

LADY WILTON.

Eh bien ! monsieur, que vouliez-vous me dire ?

FERDINAND.

Que j'ignorais, madame, par quelle étourderie, quelle inconséquence de mon ami Corbineau je me trouvais logé dans votre hôtel... mais je ne puis y rester.

LADY WILTON.

Et pourquoi donc?

FERDINAND, avec embarras.

Mais il me semble que pour vous-même, madame... qui êtes seule, deux jeunes gens ici... près de vous.

LADY WILTON.

Près de moi? M. Corbineau ne vous a donc pas dit que je partais?

FERDINAND, étonné.

Vous partez?

LADY WILTON.

Aujourd'hui même, pour Strasbourg. Une affaire d'où dépend non seulement mon sort... mais peut-être aussi celui d'un autre.

FERDINAND, avec embarras.

C'est différent, je ne m'y attendais pas... mais il n'est pas moins vrai,... qu'un appartement semblable, pour un prix aussi modique...

LADY WILTON.

Est une fort bonne affaire pour moi... car en mon absence... je voulais payer pour rester dans cet hôtel une personne de confiance. Je n'ai pas osé proposer des honoraires à M. Corbineau, votre ami... mais si cependant vous le jugez convenable...

FERDINAND, vivement.

Non pas, madame... (Avec hésitation.) Et nous voilà tout de suite si loin des idées que j'avais... surtout de celles qu'on vous supposait, que je ne sais plus comment vous expliquer les motifs qui m'empêchent de rester chez vous.

LADY WILTON.

Et pourquoi donc? s'ils sont justes et raisonnables, je suis prête à m'y rendre. Parlez...

FERDINAND, hésitant.

C'est très-difficile... car plus je vous vois et plus ce qu'on m'a dit me semble impossible à croire...

LADY WILTON.

Que vous a-t-on dit, monsieur ?...

FERDINAND, de même.

Que vous aviez le projet, l'intention de vous remarier.

LADY WILTON, froidement.

On vous a trompé, monsieur... jamais je ne me remarierai.

FERDINAND, étonné, troublé.

Ah !... quoi ? vraiment, vous ne vouliez pas ?...

LADY WILTON.

Je n'y ai jamais pensé !... mais, quand même cela eût été... je ne vois pas là pour vous une cause de départ.

FERDINAND, avec embarras.

C'est que je me suis mal expliqué.

LADY WILTON, souriant.

Ce n'est pas ma faute !...

FERDINAND.

C'est la mienne !... et s'il faut vous parler avec franchise, les bontés dont vous avez daigné m'honorer... moi, jeune homme pauvre et inconnu... et vous, dame noble et opulente... ont pu donner à mes amis... non pas à moi, des idées... que votre honneur même... m'ordonnait de repousser.

LADY WILTON, avec un mouvement pénible.

Ah ! je vous comprends enfin ! et je suis fâchée pour vous, monsieur, qu'une pareille crainte ait pu vous venir à l'esprit... je l'aurais peut-être pardonnée à M. Corbineau, votre ami... mais vous...

FERDINAND.

Ah ! madame...

LADY WILTON.

AIR : Soldat français, né d'obscurs laboureurs.

Je croyais être au-dessus du soupçon ;
Mais jusqu'à moi puisqu'il faut qu'il parvienne,
Puisqu'il me faut repousser ce poison...
(Avec dignité.)
Regardez-moi, votre main dans la mienne.
(Elle lui prend la main.)
Si je formais d'aussi coupables vœux,
Et, redoutant le jugement des autres,
Si j'éprouvais un sentiment honteux,
Ma main tremblerait...
(Le regardant avec calme.)
Et mes yeux
Se baisseraient devant les vôtres !

FERDINAND.

Ah ! je vous l'atteste... ce n'est pas moi, ce sont mes amis, qui vous voyant ce matin chez moi, ont supposé...

LADY WILTON, souriant.

Que l'amour me faisait agir... et pourquoi pas l'amitié ! Ne donne-t-elle pas aussi des droits !... et si j'avais été envoyée près de vous par votre meilleur ami... ce vieux et honnête Bernard...

FERDINAND.

Celui qui m'avait élevé... mon précepteur, mon second père.

LADY WILTON.

Qui, il y a deux ans, m'avait écrit en mourant pour me recommander son élève, son enfant, qu'il laissait seul et sans guide !... il me suppliait de veiller sur lui et sur son avenir... Je le lui ai promis et je voulais tenir ma parole. Me suis-je justifiée, monsieur, et vous reste-t-il encore des soupçons ?

FERDINAND, ému.

Ah ! je ne puis vous dire ce que je ressens, ce que

j'éprouve... tant de bontés pour moi, qui le mérite si peu !
LADY WILTON.
Et pourquoi donc?... Il vous est si aisé de vous acquitter!... Tout ce que je vous demande, c'est votre estime... me la refuserez-vous?
FERDINAND.
Non... elle vous appartient... vous l'avez tout entière... vous êtes ce que j'honore, ce que je respecte le plus au monde...
LADY WILTON, souriant.
Prenez garde... vous allez tomber dans l'excès opposé! votre respect sera tel qu'il ne laissera plus de place à l'amitié, et je tiens avant tout à la vôtre, je la réclame!...
FERDINAND.
Et comment ne l'auriez-vous pas? je me sens attiré vers vous par un attrait que je ne puis rendre, par un charme si puissant et si doux, qu'il ne peut même venir à l'idée de le craindre ou d'y résister.
LADY WILTON.
Ah! vous voilà pour moi tel que je le voulais. Parlez... parlez vite.
FERDINAND.
Eh bien! s'il faut vous ouvrir mon âme tout entière... j'aime Louise... j'en suis aimé; et ce mariage qui assurait mon bonheur...
LADY WILTON, lui prenant la main avec douceur.
Y pensez-vous! si jeune encore, ayant votre état à faire, une réputation à acquérir?
FERDINAND.
Mais je ne vois pas qu'un intérieur heureux... une femme... des enfants puissent nuire à mon état et à mes travaux; au contraire, et puis, s'il faut vous le dire, cette pauvre Louise compte sur moi, sur mon amour... et si je la trahissais, si je l'abandonnais... ce serait pour moi un remords éternel,

un remords qui empoisonnerait toute ma vie... et il ne me serait plus possible d'être heureux.

LADY WILTON, gravement.

En êtes-vous bien sûr?

FERDINAND.

Oui, je ne pourrais vivre sans elle.

LADY WILTON.

S'il en est ainsi, et quoi qu'il puisse en arriver, vous sentez bien que moi, qui ne veux que votre bonheur, me voilà presque obligée d'être de votre avis...

FERDINAND, avec joie.

Vous consentiriez?...

LADY WILTON.

A une condition.

FERDINAND.

Je l'accepte d'avance.

LADY WILTON.

C'est que vous différerez ce mariage de quelques jours seulement!

FERDINAND.

Et pourquoi?

LADY WILTON.

Le temps de consulter une personne... de qui votre sort dépend.

FERDINAND.

O ciel!... et cette personne?

LADY WILTON.

N'est pas ici...

FERDINAND.

O mon Dieu!... mais elle viendra donc?

LADY WILTON.

Je l'espère.

FERDINAND.

Ah!... ne me laissez pas dans cette incertitude... achevez, de grâce...

SCÈNE XI.

LOUISE, FERDINAND, LADY WILTON.

LOUISE.

Eh bien! monsieur? encore ici!...

LADY WILTON.

C'est vous? qu'est-ce qui vous amène?

FERDINAND, avec un peu d'impatience.

Sans doute, Louise, qu'est-ce qui vous amène?

LOUISE, à part.

Et lui aussi!... c'est honnête! (Haut.) Ce qui m'amène, monsieur, c'est qu'il était arrivé pour vous chez mon père, à votre ancien logement, une lettre timbrée de Strasbourg... que M. Moquette vient de me donner.

LADY WILTON, avec émotion.

Une lettre... de Strasbourg?

LOUISE, donnant la lettre à Ferdinand.

Et je suis bien fâchée en vous l'apportant de vous déranger. (A demi-voix et pendant qu'il ouvre la lettre.) Mais j'avais cependant à vous dire que dans ce moment, mon père est à causer avec son autre gendre, qu'ils ont l'air d'être d'accord, et que si vous tardez plus longtemps, je pourrais bien être mariée.

FERDINAND, qui a jeté les yeux sur la lettre.

O ciel!...

LOUISE.

Ah! ça vous fait quelque chose? c'est heureux! (A demi-voix.) Et si vous ne sortez à l'instant de cette maison...

FERDINAND, vivement.

Impossible! impossible!

LOUISE.

Qu'est-ce que cela veut dire?

LADY WILTON, à part.

Comme il est agité!

FERDINAND, avec trouble.

Louise!... Louise... vous saurez tout, mais si vous m'aimez... cette lettre, il faut que j'éclaircisse... laissez-moi, laissez-moi, je vous en supplie!

LOUISE.

Le laisser encore avec elle! ah! c'en est trop, et cette fois je vais dire à mon père...

LADY WILTON, à demi-voix.

Non... non, mon enfant, revenez avec lui, et j'ai idée que maintenant vous serez contente de moi.

LOUISE, étonnée.

Quoi, madame!

LADY WILTON.

Allez, allez.

LOUISE, avec hésitation.

Oui... certainement... je reviendrai... (Regardant Ferdinand.) mais pour lui dire que je ne l'aime plus! que je l'abandonne... (En sanglotant.) et que j'épouse l'autre.

(Elle sort.)

SCÈNE XII.

FERDINAND, LADY WILTON.

LADY WILTON.

Eh bien! vous voilà tout tremblant; qui donc vous écrit de Strasbourg? et comment cette lettre peut-elle vous causer une pareille émotion?

FERDINAND.

Jugez-en! (Lisant.) « Mon fils!... »

LADY WILTON.

C'est de votre père?

FERDINAND.

Oui, madame... « Mon fils, toi que je n'ai jamais pu pres-
« ser contre mon cœur!... je viens de toucher le sol de la
« France... »

LADY WILTON, avec joie.

Ah! (A elle-même.) Enfin!...

FERDINAND, continuant.

« Dans quelques heures je serai dans tes bras! mais je
« ne veux pas que ton premier regard soit, pour tes parents,
« un reproche; je ne veux paraître à tes yeux que justifié de
« notre abandon et de notre absence... et lady Wilton qui
« dans ce moment doit être auprès de toi... lady Wilton
« se chargera de notre défense; écoute ses paroles, mon
« fils. »

LADY WILTON, émue.

Il a dit cela?

FERDINAND.

Voyez plutôt. (Avec respect.) Je vous écoute, madame.

LADY WILTON, après un silence.

Quand je vous disais tout-à-l'heure que vous ne pouviez
vous marier sans le consentement ou la présence de vos parents... vous voyez que j'avais raison; j'espérais un retour
dont malgré mes soins et mes démarches je doutais encore;
mais votre père revient enfin, et dans quelques heures, il
vous l'apprend, il sera ici... dans vos bras.

FERDINAND, avec émotion.

Seul!

LADY WILTON.

Probablement...

FERDINAND.

Et ma mère!... ma mère!... madame, vous ne m'en parlez pas! vous qui connaissez si bien et mon sort et mes parents, je ne vous demande qu'une chose.

LADY WILTON.

Laquelle?

FERDINAND.

Dites-moi si ma mère existe encore.

LADY WILTON, très-émue.

Elle existe...

FERDINAND.

Oh ciel! ce vieux précepteur dont vous me parliez ce matin m'avait dit qu'elle n'était plus... Tout ce qu'il m'avait appris d'elle, c'est qu'elle était créole, c'est qu'elle m'avait envoyé avec lui, dans ce pays... Et pourquoi m'exiler ainsi? pourquoi me priver de sa vue, de sa tendresse... elle ne tenait donc point à l'amour de son fils?

LADY WILTON, vivement.

Si! mais elle tenait encore plus à son estime!... elle était décidée à renoncer à lui plutôt que de rougir à ses yeux.

FERDINAND.

Rougir devant moi... et comment cela?

LADY WILTON.

Si une famille noble, riche et bien cruelle l'avait empêchée de donner sa main à celui à qui elle avait donné son cœur!... si, libre enfin par la mort de ses parents, et maîtresse de sa fortune, elle était accourue en France pour s'unir à celui qu'elle aimait, au père de son enfant!... et qu'elle eût appris alors, que fidèle à l'honneur, il avait succombé les armes à la main, sous les drapeaux de son empereur, pouvait-elle se présenter devant ce fils qu'elle ne pouvait plus avouer? pouvait-elle, en baissant les yeux de honte, lui dire : Je t'ai donné la vie, mais je ne peux te donner ni un père, ni un nom!... Ah! plutôt mourir, ou ce qui était plus cruel encore, plutôt vivre loin de son enfant!

FERDINAND.

Grand Dieu !

LADY WILTON.

Mais, si le ciel avait eu enfin pitié de sa douleur... si ces déserts de la Russie, qui ensevelirent tant de braves, avaient consenti par miracle à rendre une de leurs victimes... si elle allait enfin revoir celui dont la présence lui rend l'honneur, (Levant les yeux sur Ferdinand.) n'aurait-elle pas le droit alors de lever les yeux sur son enfant?...

FERDINAND.

Oh ciel !

LADY WILTON, avec tendresse.

Et de lui dire, comme je le fais en ce moment : mon fils !...

FERDINAND, se précipitant dans ses bras qu'elle vient de lui ouvrir.

Ma mère !... ma mère !... c'est vous !... Ah ! que je suis heureux !...

LADY WILTON, l'embrassant et le serrant sur son cœur.

Et moi donc !...

SCÈNE XIII.

Les mêmes ; DUPRÉ, LOUISE, puis CORBINEAU.

DUPRÉ, entrant par le fond avec sa fille, les apercevant.

Là !... tu le vois !... que te disais-je ?

LOUISE.

Dans ses bras !

LADY WILTON.

Louise !...

DUPRÉ, remontant le théâtre.

C'est à n'y pas tenir... Je ne souffrirai pas que ma fille reste un instant de plus dans cette maison. (A la cantonade.) Un fiacre ! qu'on me fasse venir un fiacre...

5.

LOUISE, que Ferdinand tient par la main.

Ah! madame, c'est affreux!... c'est indigne!... vous, qui tout à l'heure encore me disiez: Vous serez contente de moi, je vous le promets.

LADY WILTON.

Et je tiendrai ma promesse... (A Ferdinand.) Mon ami, dis à ta femme de venir embrasser sa mère.

LOUISE, éperdue et courant embrasser lady Wilton.

Oh ciel!

FERDINAND.

AIR: Plus d'amis, de maîtresses. (*Le Lorgnon.*)

Oui, vraiment, c'est ma mère!
Quel moment pour mon cœur!
Voilà donc ce mystère...
Qui causa mon erreur!...

LADY WILTON.

Oui, vraiment, c'est sa mère!
Quel moment pour mon cœur!
Oui, voilà ce mystère
Qui causa son erreur...

LOUISE et DUPRÉ.

Quoi, vraiment, c'est sa mère?
Quel moment pour son cœur!
Voilà donc ce mystère
Qui causa mon erreur!...

(Corbineau entre pendant l'ensemble.)

TOUS, le regardant.

Corbineau!

FERDINAND, le voyant crotté des pieds à la tête.

Ah! mon Dieu, dans quel état!

DUPRÉ.

Crotté des pieds à la tête!

CORBINEAU, embarrassé.

Ne faites pas attention... c'est que je descends de voiture.

FERDINAND, riant.

On ne s'en douterait pas.

CORBINEAU.

Des événements horribles !... (Bas à Ferdinand.) D'abord Dorothée ne veut plus me voir et me ferme sa porte. (Haut.) Et puis tout à l'heure, en arrivant à l'hôtel, une maudite chaise de poste...

LADY WILTON et FERDINAND.

Une chaise de poste !... Eh bien ?

CORBINEAU.

Eh bien ! (A part.) elle va être furieuse... (Haut.) nous a jetés, le tilbury et moi, dans le ruisseau, en tournant pour entrer dans la cour.

LADY WILTON, regardant par la fenêtre.

Ah ! quel bonheur !

CORBINEAU.

Comment ? quel bonheur !

LADY WILTON, courant à son fils.

Ferdinand ! mon ami !... c'est lui !

FERDINAND, avec un cri de joie.

Mon père !

TOUS.

Son père !

LADY WILTON et FERDINAND.

Ah ! courons !

LE BOUT DE L'AN

ou

LES DEUX CÉRÉMONIES

COMÉDIE-VAUDEVILLE EN UN ACTE

EN SOCIÉTÉ AVEC M. VARNER

Théatre du Palais-Royal. — 2 Juin 1837.

PERSONNAGES.   ACTEURS.

M. CHAPOTIN, marchand fourreur. . . . . . MM. Alcide-Tousez.
M. FOMBONNE. . . . .   Sainville.
ISIDORE, son neveu . . . .   Germain.
CAUCHOIS, portier de la maison. . . . . . . Boutin.
UN MAITRE DES CÉRÉMONIES . . . .

CAROLINE, fiancée d'Isidore . . . . Mmes Dupuis.
JUSTINE, femme de chambre de Caroline . . . Weiss.
     Invités.

A Paris.

LE BOUT DE L'AN
ou
LES DEUX CÉRÉMONIES

Une pièce servant de vestibule, et communiquant à plusieurs appartements. Portes, à droite et à gauche; au fond une porte par laquelle on aperçoit l'escalier.

SCÈNE PREMIÈRE.

JUSTINE, sortant de la porte à gauche ; CAUCHOIS, montant par l'escalier et entrant par la porte du fond.

JUSTINE, l'apercevant.

C'est M. Cauchois ! Vous voilà donc de retour ?

CAUCHOIS.

Oui, mam'selle Justine. Je suis allé passer huit jours dans ma famille où l'on m'avait demandé pour être parrain.

JUSTINE.

C'est donc ça qu'on n'entendait plus de bruit dans la maison... vous êtes si bavard !

CAUCHOIS.

Je suis portier... obligé de répondre à tout le monde... et, ici, Dieu sait si l'on manque de demandes.

JUSTINE.

Et de réponses!

CAUCHOIS.

C'est tout naturel... une maison qui a deux entrées, l'une sur le boulevard et l'autre sur la rue Meslay...

JUSTINE.

Ça doit vous donner bien du mal.

CAUCHOIS.

Je ne me plains pas.

AIR du vaudeville du Piège.

Je dis, moi qui n'suis point ingrat,
Qu'c'est un bon métier que le nôtre;
Y a concurrenc' dans notr' état
Encore moins que dans tout autre.
N'y a qu'un portier par chaque grand' maison;
Dans maint hôtel où l'pouvoir les attire,
J'vois bien des gens qui d'mandent le cordon...
Je n'en vois qu'un seul qui le tire!

JUSTINE.

Et pendant huit jours vous abandonnez votre poste?

CAUCHOIS.

Je m'étais fait remplacer à la loge par mon fils Julien, un petit bonhomme de la plus belle espérance... un autre moi-même.

JUSTINE.

Qui ne demande jamais où l'on va.

CAUCHOIS.

C'est mon système... De bons portiers ne doivent jamais être indiscrets... Avec moi, on entre, on sort... on ne rentre pas, ça m'est égal... Il faut que tout le monde soit libre.

JUSTINE.

Le portier d'abord.

CAUCHOIS.

C'est juste... qu'il puisse vaquer à ses devoirs sociaux

à ses plaisirs!... Laisser faire et laisser passer, voilà ma devise... c'est ce que ne voulait jamais entendre l'ancien propriétaire, un général de Napoléon... qui ne comprenait rien à la liberté... et, pendant qu'il était aux Tuileries, il voulait toujours que je fusse à ma loge... Ça a été un temps bien dur que celui de l'empire!

AIR du *Pot de fleurs*.

> Ma présence était exigée;
> De mon carreau, comme d'un tribunal,
> Chaque personne était interrogée :
> C'était l'ordre du général.
> Lui qui naguèr', chose digne d'éloge,
> Dans tout' l'Espagne, avec Napoléon,
> Etait allé détruir' l'inquisition,
> La rétablissait dans ma loge!

Heureusement qu'il y a un an notre propriétaire est mort... vous savez comment?

JUSTINE.

Eh! non vraiment.

CAUCHOIS.

Je vous conterai cela... la première fois que vous viendrez à la loge... En attendant voilà un an que la succession est ouverte... et je n'ai pas encore vu un héritier... On dit qu'il n'y en a pas et que malgré lui c'est sa veuve qui héritera... une petite veuve bien éveillée... qui habite l'autre corps de logis... et qui ne se laisse pas mourir de chagrin.

JUSTINE, d'un air curieux.

En vérité!...

CAUCHOIS, souriant.

En vérité; je vous dirai ça. Mais, vous, mam'selle Justine, que se passe-t-il chez votre maîtresse?... car elle est veuve aussi... mais dans un autre genre... une veuve irréprochable...

(On sonne.)

JUSTINE.

Ça n'empêche pas... et aujourd'hui même...

CAUCHOIS.

Quoi donc?

(On sonne encore.)

JUSTINE.

Ah! dame... vous avez tant parlé qu'on n'a eu le temps de vous rien dire!... Ma maîtresse m'appelle, et aujourd'hui... un jour comme celui-ci...

CAUCHOIS.

Quoi donc?

JUSTINE.

Ce sera pour plus tard.

(Elle sort par la porte à gauche.)

SCÈNE II.

CAUCHOIS, puis M. FOMBONNE.

CAUCHOIS.

On ne peut jamais rien savoir avec elle... Quel est ce monsieur?

FOMBONNE.

Dieu merci, j'arrive à temps, malgré la diligence de Brie-Comte-Robert qui a mis six heures à faire huit lieues...

AIR : Ces Postillons sont d'une maladresse.

Ces fiers coursiers qui, sur la même route,
Montraient jadis leur zèle et leur ardeur,
Auront appris qu'on veut, coûte que coûte,
Les remplacer bientôt par la vapeur,
Et je conçois qu'ils en ont de l'humeur;
De tous côtés les chaudières s'allument...

CAUCHOIS, à part.

Sans leur vapeur on n'pourra faire un pas...

En attendant, v'là les chevaux qui fument,
Et qui ne marchent pas.

(Observent Fombonne.) Est-ce que ce serait un nouveau locataire ?

FOMBONNE.

On m'a dit au premier... mais à quelle porte frapper ? (A Cauchois.) Mon ami, êtes-vous de la maison ?

CAUCHOIS.

Je suis le portier... rien que cela !

FOMBONNE.

Je ne pouvais pas mieux tomber... Où se réunit-on pour la noce ?

CAUCHOIS, avec étonnement.

Pour la noce !

FOMBONNE.

Oui !

CAUCHOIS.

Est-il possible !... Et mon fils qui ne me dit rien, qui ne me rend pas compte... (S'approchant d'une fenêtre qu'il ouvre, et criant du haut en bas.) Julien !... il y a donc une noce aujourd'hui dans la maison ?... (Écoutant.) Hein ?... j'entends... c'est au troisième... ce petit rentier qui a toujours un habit vert... cinquante-huit ans... Il fait bien de se presser.

FOMBONNE.

Eh ! non... c'est ici au premier... Madame Duplanty.

CAUCHOIS.

Cette jeune veuve !... ça devait être... et je m'en doutais... Une femme si intéressante... une jolie fortune... donnant beaucoup au portier... quoiqu'elle n'en ait pas besoin... car c'est la conduite la plus réservée et la plus exemplaire... Il venait souvent chez elle un jeune homme charmant !... un joli blond...

FOMBONNE.

M. Isidore Fombonne... mon neveu.. qui l'a épousée

hier soir à la municipalité, et va se marier aujourd'hui
l'église.

CAUCHOIS.

J'en étais sûr... ça ne pouvait pas manquer; ça va fai
un bien beau couple... Et monsieur vient pour la noce?...

FOMBONNE.

C'est pour cela que, ce matin, j'ai quitté ma propriété
Brie-Comte-Robert... une propriété superbe, où j'ai natur
lisé la canne à sucre, à l'aide de la betterave.

CAUCHOIS.

Ah! monsieur fabrique la denrée coloniale?... Je l'en fél
cite.

FOMBONNE.

C'est bien!... Y a-t-il déjà du monde d'arrivé... mon neve
y est-il?

CAUCHOIS.

J'allais vous le demander.

FOMBONNE.

Il ne sait donc rien! ce portier-là!

CAUCHOIS.

Pardon! j'ai été occupé ce matin... Mais, voilà mad
moiselle Justine, la femme de chambre.

SCÈNE III.

JUSTINE, FOMBONNE, CAUCHOIS.

JUSTINE, tenant un carton et parlant à la cantonade.

Oui, madame, je lui dirai qu'il la faut pour ce soir... (s
luant.) Ah! monsieur Fombonne!... votre neveu, M. Isidor
s'inquiétait de ne pas vous voir.

FOMBONNE.

Il est donc là?

JUSTINE.

Depuis longtemps... de grand matin... et c'est bien heureux... il m'a aidée à consoler madame de l'accident qui nous arrive...

FOMBONNE.

Et lequel?

JUSTINE.

Le plus grand de tous... notre robe de mariée...

FOMBONNE, riant.

Qui n'est pas arrivée?...

JUSTINE.

Si, vraiment! (Montrant le carton.) La voici... une robe charmante... délicieuse!...

CAUCHOIS.

La robe blanche et le bouquet?

JUSTINE.

Eh! non... à une veuve!... la robe rose garnie de dentelles... qui devait produire un effet...

FOMBONNE.

Eh bien! cette robe?

JUSTINE.

Tout à fait manquée... une taille affreuse...

FOMBONNE.

Mais, c'est une trahison!

JUSTINE.

Et comment faire?... Dans deux heures on va à l'église... Par bonheur madame avait sa robe d'hier, pour la municipalité... une robe noire... qui lui va à merveille...

FOMBONNE.

Oui... mais le noir... c'est un peu triste...

JUSTINE.

Pas pour madame, qui est très-blanche... et je suis sûre que cette idée-là l'aura consolée; car elle n'est pas très-fâchée et elle m'a dit : « Tâche seulement que ma robe so[it] prête pour le dîner et la soirée. » Je cours chez la coutu[-]rière... et il faudra bien, quand elle devrait y mettre dix ou[-]vrières... Mais, entrez donc, monsieur, on vous attend.

FOMBONNE, entrant.

Oui, mon enfant...

JUSTINE.

Il y a déjà beaucoup de dames arrivées.

CAUCHOIS.

Arrivées?... je ne les ai pas vues monter...

JUSTINE.

Elles sont entrées par l'escalier du boulevard... Vous n[e] voyez rien, vous !... et c'est là-dessus que je voulais vo[us] parler... ainsi que sur le marié... qui a un air triste... soucieux... je ne sais ce qu'il a, mais... je n'ai pas le temps. car j'ai encore des bouquets à commander pour les gens d[e] la noce...

CAUCHOIS.

Y en aura-t-il pour moi?

JUSTINE.

Certainement! n'êtes-vous pas de la maison?... et voi[là] le mien.

(Elle le lui donne.)

CAUCHOIS, le prenant.

Ah! mam'selle Justine...

JUSTINE.

Taisez-vous donc, voilà du monde... Adieu, monsie[ur] Cauchois.

(Elle sort par la porte du fond.)

SCÈNE IV.

CAUCHOIS, CHAPOTIN, qui est entré pendant la fin de la scène précédente ; il est en grand deuil et tient à la main un papier.

CHAPOTIN, lisant.

« Il est donc mort, ce parent, cet ami que nous regret-
« tons tous !... Bon fils, bon époux, bon citoyen, les lauriers
« qu'il a cueillis s'unissent aux cyprès sur son front sexagé-
« naire !... » Il me semble que voilà une phrase suffisamment empreinte de douleur et d'éloge. Nous tâcherons de mouiller ces paroles-là avec des larmes... pourvu que ma sensibilité veuille s'y prêter, et que je puisse trouver dans le coin de l'œil quelques larmes de complaisance... C'est que moi qui ne connaissais pas le défunt, et qui hérite, je n'ai pas du tout envie de pleurer... C'est égal... on fera semblant... la cérémonie le veut ainsi. (A Cauchois.) Dites-moi ?...

CAUCHOIS.

Monsieur...

CHAPOTIN.

Où se réunit-on pour la cérémonie funèbre ?

CAUCHOIS, étonné.

Comment ? et mon fils qui ne m'en ouvre pas la bouche... (Allant à la fenêtre.) Julien, il y a donc une autre cérémonie dans la maison ?... (Écoutant.) Ah ! oui... j'y suis maintenant... (Se retournant du côté de Chapotin.) Un service de bout de l'an...

CHAPOTIN.

Pour le repos de l'âme de feu le baron d'Erfurt...

CAUCHOIS.

Notre propriétaire... c'est juste ! il y a un an qu'il est déménagé de ce monde... C'était huit jours avant le terme d'octobre... il avait même préparé toutes ses quittances... c'était un propriétaire si exact !

CHAPOTIN.

Vous pourrez peut-être me donner quelques renseignements?...

CAUCHOIS.

Sur ses vertus?...

CHAPOTIN.

AIR du vaudeville des Maris ont tort.

Il en avait, c'est très-probable;
Quand on meurt, on en a toujours.
Je vois la tombe impitoyable
Chez nous engloutir tous les jours,
Du moins, si j'en crois les discours,
« Intégrité, grand caractère,
« Talents, vertus...» et c'est, hélas!
Depuis qu'on en met tant sous terre
Que dessus il n'en reste pas!

CAUCHOIS, à Chapotin.

Vous étiez son ami?

CHAPOTIN.

Au contraire... c'est-à-dire, j'étais son parent.

CAUCHOIS.

C'est singulier! je n'ai jamais vu venir ici personne de sa famille.

CHAPOTIN.

Je crois bien. Nous ne savions pas ce qu'il était devenu; il avait quitté Pénaurum, en Bretagne, dès sa plus tendre jeunesse, à peine au sortir de l'enfance... Il était venu chercher fortune à Paris. Il avait embrassé la carrière des armes.

CAUCHOIS.

Et vous?

CHAPOTIN.

Celle de la fourrure... où je ne tardai pas à me distinguer.

AIR : Voilà ce que nous n'voulons plus.

A mes efforts la route était ouverte :
Je surpassai bientôt mes devanciers,
Me signalant par une découverte
Qui trahissait mes penchants tout guerriers,
Car j'étais né pour cueillir des lauriers...
J'inventai donc, moi, citadin paisible,
Le bonnet d'ours qui, mieux que le chapeau,
Aux grenadiers donnant un air terrible,
Les garantit des rhumes de cerveau !

CAUCHOIS.

Et vous avez dû faire de bonnes affaires dans la fourrure ?

CHAPOTIN.

Du tout... Depuis la révolution, l'hiver est supprimé... tout le monde s'en plaint... il n'y a plus d'hiver... J'étais allé en Russie pour en avoir des nouvelles, et pour une pacotille de pelleteries... j'y suis resté un an, et à mon retour à Pénaurum, j'ai trouvé une lettre du notaire du défunt.

CAUCHOIS.

C'était peut-être pressé ?

CHAPOTIN.

Je crois bien... elle m'attendait depuis six mois ; le notaire m'invitait à passer sur-le-champ à son étude, pour prendre connaissance de la mort du baron et communication du testament.

CAUCHOIS.

Diable !... c'était fort intéressant.

CHAPOTIN.

D'autant plus que le baron, qui n'avait jamais remis le pied en Bretagne, ignorait ce qu'il lui restait de famille... Il a tout laissé à ses cousins... et comme, grâce au ciel, il y a eu beaucoup de fièvres pernicieuses dans notre endroit... et une grande mortalité sur les bestiaux, la population de Pénaurum a beaucoup souffert ; et je ne connais, jusqu'à présent, que moi de parent... et si ça continue, je suis menacé d'avoir toute la fortune de mon pauvre cousin !

CAUCHOIS.

Pauvre cher homme !

CHAPOTIN.

Personne plus que moi ne rend justice à ses qualités. (Regardant son papier.) « Bon fils, bon époux, bon citoyen, les « lauriers qu'il a cueillis s'unissent aux cyprès sur son front « sexagénaire. »

CAUCHOIS.

Qu'est-ce que vous dites donc ? Il avait à peine quarante-cinq ans.

CHAPOTIN.

Vraiment !

CAUCHOIS.

Il est mort des suites d'une blessure qu'il avait reçue en duel.

CHAPOTIN, à part.

C'est bon à savoir... Enlevons le front sexagénaire et rendons-lui ses quarante-cinq ans... « Il est mort à la fleur « de son âge, victime d'un préjugé barbare !... »

CAUCHOIS.

Très-bien !

CHAPOTIN, à part.

Cet imbécile qui se permet d'avoir un avis... comme s[i] dans sa position inférieure... Il est vrai que pour m'apprécier, il ne faut que des oreilles... et, chez lui, ça doit être l[a] partie saillante.

CAUCHOIS.

Ah ! çà, monsieur, et sa veuve ?... est-ce que le défunt n[e] lui a rien laissé ?

CHAPOTIN.

Si fait... Tout ce qu'il ne pouvait pas lui ôter... les ci[

quante mille francs de sa dot qui sont hypothéqués sur cette maison qu'il faudra vendre.

CAUCHOIS.

Ce serait dommage... à moins qu'on ne conserve les portiers.

CHAPOTIN.

Le fait est que si je pouvais tout garder...

CAUCHOIS.

Vous le pouvez... en épousant la veuve.

CHAPOTIN.

C'est une idée... Est-elle jolie, la femme de mon cousin ?

CAUCHOIS.

Oui, monsieur, très-jolie et très-spirituelle.

CHAPOTIN.

Nous serions très-bien assortis... Nous verrons, ça pourra s'arranger : ça simplifierait les affaires de la succession.

CAUCHOIS.

Permettez-moi, en attendant, d'offrir un bouquet au propriétaire de la maison.

(Il présente celui qu'il tient de la femme de chambre.)

CHAPOTIN, le prenant.

Que le ciel vous le rende !

CAUCHOIS.

Vous êtes bien bon !... J'espère que monsieur me conservera ainsi que mon fils ? Il aura en nous des portiers vigilants et attentifs.

CHAPOTIN.

Nous reparlerons de cela dans un moment moins pénible... quand je ne serai plus tout entier à ma douleur... Allez me faire la liste des locataires qui pourraient être augmentés.

CAUCHOIS.

Oui, monsieur. (A part en s'en allant.) Je vais en conférer avec mon petit bonhomme.

SCÈNE V.

CHAPOTIN, puis FOMBONNE.

CHAPOTIN.

Je suis là à perdre mon éloquence dans une conversation fastidieuse avec cet être grossier... tandis que le défunt est là qui attend... il est vrai que comme il attend depuis un an, ce ne sont pas quelques minutes de plus ou de moins... il n'y perdra rien... j'ai là son affaire. Voyons d'abord s'il m'a laissé une maison un peu convenable...

(Il sort par le fond, et regarde en dehors du vestibule.)

FOMBONNE, entrant par la porte à gauche.

C'est à n'y pas tenir... je n'ai jamais vu de noce aussi triste ; mon neveu a l'air inquiet ; sa future l'observe et ne dit mot ; les témoins n'en disent pas davantage... J'ai essayé de lancer quelques plaisanteries... personne n'a ri ; on n'a pas eu l'air de comprendre... c'est bien la peine de faire de l'esprit !

CHAPOTIN, à part, en rentrant et se frottant les mains.

Cinq étages, sans compter l'entresol ! C'est assez gai.

(Il rit tout bas.)

FOMBONNE, à part.

A la bonne heure ! en voilà un qui paraît bien disposé.

CHAPOTIN, de même.

Nous tirerons bon parti de tout cela. (Il rit.) Et aussitôt que la cérémonie sera terminée...

FOMBONNE.

Je vois que monsieur est des nôtres ?

CHAPOTIN.

Si monsieur est de la cérémonie?

FOMBONNE.

Sans doute, et je suis bien aise de rencontrer un visage riant. (Montrant la porte à gauche.) Il sont là dedans d'un lugubre!...

CHAPOTIN.

Il y en a donc aussi de ce côté-là?

FOMBONNE.

Comme vous dites.

CHAPOTIN.

C'est que l'appartement fait tout le tour.

FOMBONNE.

C'est possible!... Ah! çà, il faut nous entendre pour que ce ne soit pas triste comme un enterrement!

CHAPOTIN.

Vous avez raison! parce qu'au fait ça n'en est pas un!...

FOMBONNE, riant.

N'est ce pas?

CHAPOTIN.

Et pourvu que les choses se passent décemment...

FOMBONNE.

Oui, décemment, mais gaîment... vous êtes comme moi... vous n'avez pas envie de pleurer?

CHAPOTIN.

Ma foi non... je suis philosophe.

FOMBONNE.

Et moi aussi... Nous ferons à table plus ample connaissance.

CHAPOTIN.

Après la cérémonie, volontiers... Je n'ai jamais refusé une invitation.

(Il se met à écrire sur son carnet.).

6.

FOMBONNE, le regardant.

Est-ce que vous vous proposez de nous dire quelque chose ?

CHAPOTIN, affirmativement et d'un air capable.

Mais, oui.

FOMBONNE.

Des vers, peut-être ?

CHAPOTIN.

Non, de la prose... de la simple prose... la langue de Racine.

FOMBONNE.

Vous avez raison... les vers, c'est trop commun... tout le monde en fait... tandis que la prose...

CHAPOTIN.

On n'en fait plus... surtout comme celle-là.

FOMBONNE.

Je suis sûr que ce sera gentil.

CHAPOTIN.

Oh ! ce sera de circonstance.

FOMBONNE.

J'adore les impromptus.

CHAPOTIN.

C'est mon fort... (Rayant plusieurs mots.) J'ai le travail extrêmement facile.

FOMBONNE.

Vous m'avez l'air d'un bon vivant.

CHAPOTIN.

Et vous d'un franc épicurien.

FOMBONNE.

Donnez-moi la main, et vive la joie !

CHAPOTIN.

Vive la joie !

FOMBONNE.

AIR : Au clair de la lune.

Chanter, rire et boire
Pour charmer le temps,
Voilà mon histoire
Depuis quarante ans.

La mort inflexible
Peut venir demain,
Je l'attends paisible,
Le verre à la main ;
Et de sa menace,
Loin de m'attrister,
Je lui veux en face
Gaîment répéter :

Ensemble.

FOMBONNE.

Chanter, rire et boire, etc.

CHAPOTIN.

Chanter, rire et boire, etc.

UN MAITRE DES CÉRÉMONIES, sortant par la porte à droite.
On demande les parents.

FOMBONNE, sans se retourner.
J'y vais !

(Il va pour faire quelques pas.)

CHAPOTIN, le retenant.
Comment ! est-ce que vous seriez de la famille ?

FOMBONNE.
Je suis l'oncle ; rien que cela !

CHAPOTIN, à part.
Oh ciel ! un oncle, un scélérat d'oncle qui passe avant moi dans le partage !

SCÈNE VI.

Les mêmes; ISIDORE.

ISIDORE, entrant vivement.

Ah ! çà, que devenez-vous donc, mon oncle ?

CHAPOTIN.

Qu'entends-je ? monsieur serait un neveu ?

FOMBONNE.

Eh ! oui !

CHAPOTIN.

C'est-à-dire un de nos cousins ?

ISIDORE.

Je vois que monsieur est aussi de la famille ?

CHAPOTIN, avec un profond soupir.

Hélas !

ISIDORE.

Un jour comme celui-ci ils viennent tous.

FOMBONNE.

Sans doute.

CHAPOTIN, avec crainte.

Est-ce qu'il y en a déjà beaucoup ?

ISIDORE.

Déjà cinq ou six qui sont dans le salon.

CHAPOTIN, à part.

Miséricorde !

ISIDORE.

Mais il en viendra d'autres...

CHAPOTIN, à part.

Ah ! ma pauvre succession !... ils vont s'arracher les morceaux de la maison... ils ne me laisseront pas une pierre pour reposer ma tête !

FOMBONNE, à Isidore.

Comme tu parais agité !

ISIDORE.

C'est que je meurs d'impatience, et si vous saviez pourquoi !...

FOMBONNE.

Qu'est-ce donc ?

ISIDORE.

Je ne puis vous l'expliquer en ce moment... la cérémonie nous presse... Voyez, je vous prie, si on a l'expédition de l'état civil.

FOMBONNE, prenant son chapeau.

Tout de suite, mon ami.

ISIDORE.

Je vais m'occuper de l'église.

CHAPOTIN.

J'y vais avec vous... il faut veiller à ce que tout soit fait convenablement... les tentures... les cierges.

(Fombonne sort.)

ISIDORE.

Ne vous donnez pas cette peine... je m'en charge.

CHAPOTIN, à part.

Il s'en charge !... il va peut-être faire trop bien les choses... et quand on est déjà une douzaine à partager...

ISIDORE, à Chapotin.

Pardon, si je vous quitte... un devoir impérieux... au surplus, je ne vous laisse pas seul... voici votre cousine qui va vous tenir compagnie.

(Il sort.)

SCÈNE VII.

CHAPOTIN, CAROLINE, en robe noire très-élégante.

CHAPOTIN, à part.

Ma cousine! c'est la veuve! la femme du défunt.

CAROLINE, à part.

Je ne puis rester en place... je suis inquiète, tourmentée... je ne conçois rien à la tristesse d'Isidore... j'ai surpris des larmes dans ses yeux... il me cache quelque chose...

CHAPOTIN, à part.

Elle est fort bien, la petite veuve.

CAROLINE, de même.

Je ne puis devant mes parents affecter une gaieté qui est loin de mon âme... je suis poursuivie de sinistres pensées, d'images lugubres.

CHAPOTIN, s'approchant.

Madame...

CAROLINE, à part.

Oh ciel! quelle figure!

CHAPOTIN, à part.

Elle est émue, c'est bon signe. (Haut.) Je vois, madame, à la tristesse qui règne sur votre front...

CAROLINE, cherchant à se remettre.

Daignez me la pardonner.

CHAPOTIN.

Comment donc! elle est bien naturelle. Ce jour a rouvert une plaie qui saigne encore.

CAROLINE.

Que voulez-vous dire?

CHAPOTIN.

Qu'on ne perd point impunément la moitié de soi-même...

vous en êtes aux regrets, c'est dans l'ordre... (Changeant de ton.) J'étais l'ami, le parent de feu votre mari...

CAROLINE, à part.

Dieu! quelle rencontre!

CHAPOTIN.

C'était un bien digne homme!... bon fils, bon époux, bon citoyen... il m'appartient surtout de faire son éloge.

CAROLINE.

C'est possible... mais le moment est-il bien choisi pour cela?

CHAPOTIN.

Serait-ce la crainte de renouveler vos douleurs?

CAROLINE.

Monsieur...

CHAPOTIN.

J'entends : vous ne viviez peut-être pas dans la tendresse la plus vive...

CAROLINE.

Non, monsieur; l'âge et les infirmités avaient aigri son caractère.

CHAPOTIN.

Il était vieux et infirme! Que me disait donc le portier qu'il avait quarante-cinq ans!

CAROLINE.

Soixante, monsieur!

CHAPOTIN.

Je rétablirai les faits, madame, je les rétablirai avec plaisir. (Changeant de ton.) Vous avez rempli vos devoirs de veuve en conscience. Vous avez pleuré votre époux pendant un an : c'est beaucoup.

CAROLINE.

Monsieur!...

CHAPOTIN.

C'est tout ce que l'on peut demander à une veuve inconsolable... Deux beaux yeux ne sont pas faits pour pleurer toujours... ils ont dans la société d'autres devoirs à remplir. Vous ne pouvez vous condamner à l'isolement et à la retraite.

CAROLINE, timidement.

C'était... l'opinion de ma famille...

CHAPOTIN.

Et votre famille a raison.

CAROLINE.

Je suis charmée, monsieur, que les parents de mon mari pensent comme les miens... car, je dois l'avouer, leurs instances seules m'ont décidée à songer à de nouveaux nœuds

CHAPOTIN, à part.

Réellement? vous songeriez à faire un choix?

CAROLINE, étonnée.

Il est déjà fait, monsieur...

CHAPOTIN.

Ah! mon Dieu!... Quand je disais qu'il fallait se presser...

CAROLINE.

Quoi! vous l'ignoriez?

CHAPOTIN.

Certainement... et la preuve... c'est que je connaissais quelqu'un... un parent de votre mari... un homme très-estimable, héritier pour une part dans sa succession... et qui aurait eu des intentions extrêmement sérieuses...

CAROLINE, à part.

Quel original! (Haut.) Et c'est aujourd'hui que vous m'en parlez?

CHAPOTIN.

Il s'y est pris trop tard.

AIR : Comme il m'aimait! (*M. Sans-Gêne.*)

N'en parlons plus ! (*Bis.*)
Mais sachez qu'il est frais et leste,
Qu'il a des talents reconnus
Et de l'esprit jusqu'à l'abus,
Qu'il a les yeux d'un bleu céleste,
Qu'il est franc... et surtout modeste...
N'en parlons plus !... (*Bis.*)

CAROLINE.

Je suis très-fâchée...

CHAPOTIN.

Et pourrait-on au moins savoir le nom de ce nouveau mari ?

CAROLINE.

Ce n'est point un mystère... M. Fombonne...

CHAPOTIN, cherchant.

M. Fombonne ?... attendez donc! Je connais ce nom-là... il me semble qu'il y a quelque chose... M. Fombonne!...

CAROLINE.

Plaît-il ?

CHAPOTIN, se frappant la tête.

Oui... une lettre pour lui... une lettre cachetée de noir... et que j'ai promis de remettre en main propre...

CAROLINE.

C'est donc important?... Il y a donc quelque mystère ?

CHAPOTIN.

Je ne puis pas vous dire... mais j'aurai le temps avant la cérémonie... Il y sera sans doute...

CAROLINE.

Belle demande!

CHAPOTIN.

Je cours chez moi... Pardon, belle dame. (A Fombonne qui entre.) Pardon, cousin, si on voulait partir sans moi, priez d'attendre un instant... je demeure à deux pas, et je ne fais qu'un saut.

(Il sort en courant.)

SCÈNE VIII.

CAROLINE, FOMBONNE.

FOMBONNE.

Voilà un singulier original !

CAROLINE.

Moins singulier encore que les discours qu'il m'a tenus. C'est un parent de mon premier mari... il m'a parlé, je ne sais à quel propos, de quelqu'un qui aurait des prétentions à ma main.

FOMBONNE.

Bah ! serait-ce lui par hasard ?

CAROLINE.

Peu importe... ce n'est pas là ce qui me tourmente, c'est votre neveu...

FOMBONNE.

Eh bien ! s'il faut vous l'avouer, il y a en lui quelque chose qui me paraît inconcevable ! surtout un jour comme celui-ci.

CAROLINE.

N'est-il pas vrai ?

FOMBONNE.

Je ne sais que penser de l'inquiétude où je vois Isidore.

CAROLINE.

Je n'osais vous en parler ; mais tout le monde a remarqué ainsi que moi sa tristesse.

FOMBONNE.

J'ai déjà voulu l'interroger là-dessus.

CAROLINE.

Est-ce qu'il ne m'aimerait plus?

FOMBONNE.

Allons donc!

CAROLINE.

Si je le croyais, je m'éloignerais à l'instant même.

FOMBONNE.

Est-ce que cela se peut? N'êtes-vous pas déjà mariés?... Et puis ce ne peut être ce que vous supposez.

CAROLINE.

Dieu le veuille! (Montrant Isidore qui entre.) Le voici!... Quel air soucieux!

FOMBONNE.

Laissez-nous... Je vais profiter du moment... Je saurai la vérité.

CAROLINE, en s'en allant.

Il ne m'a pas seulement aperçue.

(Elle sort.)

SCÈNE IX.

FOMBONNE, ISIDORE.

FOMBONNE.

Arrive donc!... on n'attend plus que toi...

ISIDORE.

Personne, en mon absence, n'est venu me demander?

FOMBONNE.

Personne!

ISIDORE.

Tant mieux... car je craignais...

FOMBONNE.

Quoi donc? qu'est-ce que cela signifie? Tu devrais être

joyeux, aimable, tout à ton bonheur; et, au lieu de cela, je te trouve sombre, préoccupé... Tu as je ne sais quelle pensée qui te tourmente.

ISIDORE.

Eh bien ! oui, mon oncle, je n'ai pas dormi de la nuit.

FOMBONNE.

Ce n'est pas étonnant : marié hier soir à la municipalité, cela donne des idées pour le lendemain.

ISIDORE.

Si ce n'était que cela !... (A demi-voix.) mais j'ai peur que ce mariage ne s'achève pas.

FOMBONNE.

Allons donc !

ISIDORE.

Il peut survenir un obstacle.

FOMBONNE.

Maintenant?... Tu as perdu la tête.

ISIDORE.

Je le voudrais... je serais moins à plaindre.

FOMBONNE.

Alors, explique-toi : car tout cela est une énigme.

ISIDORE.

Oui... je n'y tiens plus... (Regardant de tous côtés.) Et, puisque nous sommes seuls, vous saurez tout!... Aussi bien je n'aurais pas longtemps à vous cacher un secret qui me pèse.

FOMBONNE.

Tu commences à m'effrayer.

ISIDORE.

Vous vous souvenez que, bien jeune encore, ma famille me fit voyager dans le Midi... j'étais sans expérience... Je fis la rencontre d'une coquette, et lui adressai mes hommages... On la disait veuve, je le crus, et me trouvais son amant, quand le mari arriva.

FOMBONNE.

Etait-ce un philosophe?

ISIDORE.

C'était un original d'une tournure assez grotesque, se souciant peu de sa femme, mais fort chatouilleux sur le point d'honneur... Il vint me trouver... je ne sais pourquoi il me donna la préférence. Je n'étais pas plus coupable que cinq ou six... peut-être plus... que la clameur publique devait lui désigner... mais il m'avait choisi : je me rendis sur le terrain.

FOMBONNE.

Voilà comme nous sommes dans la famille!

ISIDORE.

On m'avait prévenu qu'il passait sa vie au tir de Lepage et qu'il était de première force au pistolet... je choisis l'épée.

FOMBONNE.

C'était bien vu...

ISIDORE.

Mais, ce fut inutile! Dès les premières bottes, j'eus le bras droit percé de part en part...

FOMBONNE.

C'était fort heureux : cela mit fin au combat.

ISIDORE.

Du tout... j'avais pour adversaire un enragé... « Vous savez que c'est à mort, me dit-il; je vous donne trois mois pour vous rétablir. » J'étais guéri au bout de six semaines : j'employai bien le temps qui me restait, et me vouai tout entier à l'escrime, jusqu'au moment où il fallut de nouveau mettre l'épée à la main.

FOMBONNE.

Et, cette fois?...

ISIDORE.

« Vous avez fait quelques progrès, me dit-il d'un ton railleur; » et pendant plusieurs minutes il se contenta de parer... puis tout-à-coup me porta un vigoureux coup de pointe qui me traversa la poitrine... Je tombai sans connaissance.

FOMBONNE.

Pauvre garçon!...

ISIDORE.

On me crut mort, je n'étais que blessé... mais ma convalescence fut très-longue. J'étais dans mon lit, quand je reçus un nouveau billet de mon adversaire, il était ainsi conçu : « Je croyais que tout était fini; mais c'est à recommen- « cer... Il est juste de vous donner le temps de vous réta- « blir : je viendrai vous prendre dans quinze mois, jour « pour jour, de midi à quatre heures... Je serai exact. »

FOMBONNE.

Mais cet homme-là est donc insatiable!

ISIDORE.

C'est un entêté qui veut absolument que l'un de nous deux reste sur le carreau. Je l'avais oublié, je ne pensais plus à lui, et tout entier à mon bonheur et à mon mariage, j'étais d'une sécurité parfaite; lorsqu'hier, en cherchant des papiers qui me sont nécessaires, la lettre de mon adversaire m'est tombée entre les mains, et j'ai vu que c'était aujourd'hui même qu'expirait le délai fatal.

FOMBONNE.

Bah! tu te seras peut-être trompé!

ISIDORE.

Non, mon oncle... et comme je connais son exactitude, je m'attends à chaque instant à le voir entrer.

FOMBONNE.

Comment veux-tu qu'il connaisse ton adresse?

ISIDORE.

Les journaux n'ont-ils pas annoncé mon mariage? J'en ai lu la nouvelle dans le *Courrier français*, et je sais qu'il y était abonné.

FOMBONNE.

Mais, depuis le temps...

ISIDORE.

N'importe... je le connais; il viendra, et c'est ce qui me tourmente. Certes, je ne suis point un poltron; je l'ai prouvé, je le prouverai encore. Mais vous conviendrez qu'au moment où un mariage comble tous mes vœux, lorsque je ne demanderais qu'à vivre et à être heureux, il est cruel d'avoir à risquer ses jours contre le fer d'un spadassin pour une vieille querelle qui a déjà fait deux fois couler mon sang.

AIR du *Verre*.

Et cela lorsqu'un tendre espoir
Agitait doucement mon âme...
Enfin, lorsque j'allais ce soir
Etre le mari de ma femme!
Ce soir l'amour et le plaisir
M'offraient si douce perspective!...
Il est désolant de partir
A l'heure où le bonheur arrive!

FOMBONNE.

Paix! voici Caroline.

ISIDORE.

Je compte sur votre prudence pour lui rendre le coup moins sensible.

SCÈNE X.

Les mêmes; CAROLINE.

CAROLINE, à demi-voix, à Fombonne.

Eh bien ! savez-vous enfin ?...

FOMBONNE, de même.

Oui, des chimères, des idées de jalousie sur vous.

CAROLINE, de même.

Sur moi ?

FOMBONNE, de même.

Ne lui en parlez même pas; il en est honteux... (Bas à Isidore.) Dis-lui donc quelque chose.

ISIDORE, à Caroline, avec embarras.

J'espère que Caroline m'excusera...

CAROLINE.

Du moment que vous reconnaissez votre erreur...

FOMBONNE.

N'y pensons plus, et que rien ne s'oppose à la joyeuse solennité qui se prépare.

ISIDORE, à demi-voix, à Fombonne.

Au fait, la journée s'avance; il est possible qu'il ne vienne pas.

FOMBONNE, de même.

Sans doute... il aura oublié... (Haut.) Je vais donner le bras à la mariée. (A Isidore.) Toi, donne le signal au cortège... qu'on se mette en marche, et terminons gaiement une journée consacrée tout entière à l'espérance et au bonheur.

(Ils remontent tous trois le théâtre.)

SCÈNE XI.

Les mêmes ; CAUCHOIS.

CAUCHOIS, les arrêtant.

Pardon!... il y a un monsieur qui demande à parler à M. Fombonne en particulier.

FOMBONNE, à demi-voix.

Oh ciel!

ISIDORE, de même.

C'est lui!

FOMBONNE, de même.

Je le crains!

ISIDORE, de même.

J'en suis sûr.

CAROLINE, à part, et regardant Isidore.

Comme il est troublé!

CAUCHOIS, à part, les regardant tous.

Il paraît que ça les contrarie.

ISIDORE, à Cauchois.

Où est ce monsieur?

CAUCHOIS.

Dans ma loge, où il écrit; et comme je lui disais que M. Fombonne était peut-être occupé, il m'a dit : « Remet-« tez-lui toujours cette lettre! »

FOMBONNE, prenant la lettre.

Une lettre!... (La montrant à Isidore; à demi-voix.) Tu vois...

ISIDORE, de même, jetant les yeux sur la lettre.

C'est son écriture!... c'est lui! c'est son défi!

CAROLINE.

Qu'y a-t-il?... Quelle est cette lettre? Je veux le savoir.

ISIDORE, de même.

Qu'elle ne la voie pas !

FOMBONNE, passant près d'elle.

Pardon, ma chère nièce... une lettre pour moi... (La lui montrent.) à M. Fombonne... vous le voyez... une lettre d'affaire... sur laquelle j'aurais voulu consulter mon neveu... mais, dans un jour comme celui-ci...

ISIDORE.

Et pourquoi pas, mon oncle ? Je suis à vos ordres.

CAROLINE.

Non pas, monsieur, vous êtes aux miens.

ISIDORE.

Certainement... Je vais alors parler seulement à la personne qui est en bas.

CAROLINE.

A quoi bon... puisqu'elle vient pour votre oncle?

ISIDORE.

Sans doute ; mais elle attend.

CAROLINE.

Eh bien! faites monter.

(Cauchois sort.)

FOMBONNE.

Ma nièce a raison... je vais recevoir... et m'entendre avec ce monsieur.

ISIDORE.

C'est juste ! vous lui expliquerez... vous lui direz...

CAROLINE.

Quoi donc?

ISIDORE, lui prenant la main.

Que je suis avec ma femme... et que je ne puis m'occuper, en ce moment du moins... de l'affaire en question;

mais vous prendrez tous les arrangements nécessaires... et dans une heure je serai chez moi.

CAROLINE.

Et pourquoi donc ?

FOMBONNE, vivement.

Pour prendre de l'argent.

ISIDORE.

Oui, une dette à acquitter.

CAROLINE.

Il n'y a pas besoin pour cela de vous éloigner. Oui, monsieur, vous ne me quitterez pas, d'aujourd'hui du moins, et vous allez avec moi rejoindre vos amis. Allons... votre main... Vous ne voudrez pas, je l'espère, et pour le premier jour de notre mariage, me forcer à vous dire : Je le veux !

ISIDORE, lui donnant la main.

Oh ! non... sans doute... (En s'en allant.) Mon oncle... je m'en rapporte à vous !

CAROLINE.

AIR : C'est un fonds perdu.

Venez, suivez-moi !
 Obéissance
 Et confiance,
Aujourd'hui, je crois,
Sont les devoirs de votre emploi.

Quels yeux inquiets!
L'époux dont j'ai reçu les chaînes
 Peut avoir des peines,
Mais non pas avoir des secrets...

Ensemble.

CAROLINE.

Venez, suivez-moi! etc.

ISIDORE.

Oui, comptez sur moi !
Obéissance
Et confiance,
Aujourd'hui, je croi,
Sont les devoirs de mon emploi.

FOMBONNE, à Isidore.

Allons, calme-toi !
Obéissance
Et confiance,
Aujourd'hui, je croi,
Son les devoirs de ton emploi.

(Caroline sort avec Isidore.)

SCÈNE XII.

FOMBONNE, puis CAUCHOIS et ensuite CHAPOTIN.

FOMBONNE, seul.

Il s'en rapporte à moi... il est bien bon ! Mais quels arguments employer avec un pareil homme ?... Si l'on peut gagner du temps... c'est je crois ce qu'il y a de mieux à faire.

CAUCHOIS, rentrant.

Le voilà !... le voilà ! qui monte !... toujours à écrire... et parlant tout haut... on dirait qu'il est fou.

FOMBONNE.

Tu es bien bon... dis donc enragé !

CAUCHOIS.

Ah ! mon Dieu... tenez... tenez...

FOMBONNE, regardant Chapotin.

Oh ciel !... cet original de ce matin... ce parent à nous ! Laisse-nous !...

CAUCHOIS.

Mais, monsieur...

FOMBONNE.

Laisse-nous, te dis-je !

(Cauchois sort.)

CHAPOTIN, à part.

L'officier des pompes m'a dit en bas que nous partions dans un quart d'heure... et je n'aurai jamais fini, parce que plus on se presse, et moins les idées arrivent. (Écrivant.) « Que les larmes des gens de bien, que le désespoir de sa « veuve... » Non, non... elle s'apprête à convoler... « Que « les larmes des gens de bien... »

FOMBONNE, l'abordant.

Pardon, monsieur... vous savez le motif qui m'amène...

CHAPOTIN.

Oui, monsieur, le même que moi...

FOMBONNE.

Vous ne devez pas alors être étonné si nous venons, moi et mon neveu...

CHAPOTIN.

C'est tout naturel. (Écrivant toujours.) « Que la terre lui soit « légère ! »

FOMBONNE.

Et que faites-vous donc là, de grâce ?

CHAPOTIN.

Parbleu !... son oraison funèbre !

FOMBONNE, indigné.

Son oraison funèbre !

CHAPOTIN.

Qu'avez-vous donc ?

FOMBONNE, de même.

Son oraison funèbre !

CHAPOTIN.

Il faut bien que quelqu'un la fasse.

FOMBONNE.

Monsieur... vous êtes un barbare !

CHAPOTIN.

Moi !... je ne crois pas.

FOMBONNE.

Une aussi odieuse plaisanterie annonce le cœur le plus dur, le plus insensible...

CHAPOTIN.

Ah ! çà, monsieur, expliquons-nous.

FOMBONNE.

Non, monsieur... il n'y a plus d'explications possibles, et puisque vous êtes aussi sûr de votre coup, il y a des moyens d'égaliser la partie.

CHAPOTIN.

Quelle partie ?...

FOMBONNE.

Celle que vous proposez à mon neveu... dans cette lettre que vous venez de lui écrire.

CHAPOTIN.

Je ne lui ai rien écrit...

FOMBONNE.

Quoi ! cette lettre...

CHAPOTIN.

N'est pas de moi...

FOMBONNE.

Mais c'est vous qui l'avez apportée ?... Vous connaissez celui qui vous l'a remise ?...

CHAPOTIN.

Qui est-ce qui vous dit le contraire ?...

FOMBONNE.

Pardonnez alors à ma vivacité... et puisque nous sommes... parents... parents éloignés, qu'importe?... tâchons d'arranger tout cela à l'amiable.

CHAPOTIN.

C'est mon désir... et vous me trouverez aussi conciliant que possible sur les affaires de la succession.

FOMBONNE, avec colère.

De la succession!... vous le regardez donc comme mort?...

CHAPOTIN, étonné.

Cette question!... je le regarde comme mort et enterré.

FOMBONNE.

Pas encore!...

CHAPOTIN.

Hein! que dites-vous?... est-ce qu'il y aurait là-dessus le moindre doute?...

FOMBONNE.

Il suffit, monsieur, il suffit... vous n'êtes pas, je le vois, un homme avec qui l'on puisse s'entendre... aussi je ne vous demande plus qu'un mot... le nom de la personne qui vous a remis cette lettre...

CHAPOTIN.

M. Duclozeau...

FOMBONNE.

Duclozeau... je le connais, enfin!... son adresse?...

CHAPOTIN.

Rue de la Lune, n° 23.

FOMBONNE.

J'y cours!... M. Duclozeau... un militaire... un officier... n'est-ce pas?

CHAPOTIN.

Eh! non, monsieur... un notaire...

FOMBONNE.

Un notaire !... il serait possible !.... tant de férocité dans le notariat !

CHAPOTIN, avec impatience.

Eh ! que diable... monsieur... adressez-vous à lui.

FOMBONNE.

Oui... oui... vous avez raison... et si je n'obtiens rien... si je ne puis rien changer entre lui et mon neveu...

AIR : Je regardais Madelinette.

Si n'écoutant que sa furie,
Il me repousse... nous serons
Tous deux aussi de la partie...
(Chapotin fait un geste.)
Il suffit... nous nous entendons.
(A part.)
Du duel fureur meurtrière !
Jusqu'au notaire, quel abus !
Qui veut tuer son adversaire
Pour faire un testament de plus !

Ensemble.

FOMBONNE.

Si n'écoutant que sa furie, etc.

CHAPOTIN.

J'aurais besoin, je vous en prie,
De quelques explications...
Dites-moi de quelle partie
Vous désirez que nous soyons.

(Fombonne sort.)

SCÈNE XIII.

CHAPOTIN, seul.

Il peut bien se vanter d'être, avec son neveu, les plus insupportables cousins qui existent... Il m'a fait là un galimatias de notaire et d'affaires de succession... et puis cette idée de m'empêcher de finir mon oraison funèbre... « Que la terre lui soit légère... » d'arrêter les élans de ma sensibilité... « Que la terre lui soit légère... » et après cela de m'appeler un barbare... S'il veut parler de mon style... c'est possible... avec des interruptions pareilles, feu M. Bossuet aurait eu de la peine à ne pas faire quelque brioche... Après cela, ce pauvre homme, peut-être que la douleur l'égare... il y a des gens que l'affliction rend bêtes... et il me fait l'effet d'un homme fortement affligé... pour ne pas dire... continuellement affligé... « Que la terre lui soit légère... « car il est mort en brave! il est mort!... »

SCÈNE XIV.

CHAPOTIN, écrivant ; CAROLINE, sortant de la porte à gauche.

CAROLINE, entendant les derniers mots.

Mort!... qui donc?

CHAPOTIN, à part, écrivant toujours.

Elle me le demande!... comme si depuis un an elle ne le savait pas...

CAROLINE.

Mais, répondez, de grâce...

CHAPOTIN, avec impatience.

Et, parbleu!... votre mari!

CAROLINE.

Mon mari!... * Grand Dieu! qui vous a dit... mais, non, c'est impossible!...

CHAPOTIN.

Elle a l'air encore d'en douter!

---

* Voir la variante de cette scène à la fin de la pièce.

CAROLINE.

Il n'y a qu'un instant qu'il m'a quittée.

CHAPOTIN, à part.

Une année... elle appelle ça un instant... Il paraît que le temps lui passe vite !...

CAROLINE.

Mais, parlez-moi donc, monsieur... c'est mal à vous de chercher ainsi à m'alarmer.

CHAPOTIN.

Je ne cherche rien, madame...

CAROLINE.

Cependant, ce que vous venez de dire... certes, je n'en crois rien... et pourtant j'éprouve un trouble, une agitation, un serrement de cœur...

SCÈNE XV.

Les mêmes ; FOMBONNE.

FOMBONNE, les arrêtant et passant entre eux deux.

Ah! madame !... ah! mes amis !... quelle nouvelle! la plus étonnante... la plus imprévue... la plus miraculeuse... je n'en puis revenir encore...

CAROLINE.

Achevez... Isidore... mon mari...

FOMBONNE.

Calmez-vous, et surtout ne vous effrayez pas... il n'est pas mort...

CHAPOTIN.

Il n'est pas mort !... (Prêt à tomber à la renverse.) Je suis ruiné... je me trouve mal !

FOMBONNE, se retournant.

Et lui aussi !...

CHAPOTIN, avec colère.

Il n'est pas mort! ce n'est pas possible... ce n'est pas maintenant que l'on viendra me soutenir...

FOMBONNE.

Cependant, rien n'est plus réel.

CHAPOTIN.

Faites donc des frais de deuil et d'éloquence!... (Il détache le crêpe de son chapeau, le jette par terre et froisse son papier.) Ça lui est bien égal... il n'a aucun égard... c'est une horreur... on ne sait plus sur quoi compter... Et expliquez-nous, au moins, comment il se fait qu'au bout d'un an...

FOMBONNE.

Justement... voilà l'incroyable... c'est qu'il y a déjà un an...

CHAPOTIN.

C'est donc une résurrection!

FOMBONNE.

Pour nous! certainement!

CHAPOTIN.

Eh bien! ça ne se doit pas... non, monsieur, ça ne se doit pas... on reste où on est!... qu'est-ce que ça signifie?... Et où en serions-nous, grand Dieu! si chaque matin... on venait ainsi, sous prétexte qu'on a changé d'idées... c'est contraire à toutes les lois... les lois de la nature et du Code civil... Et il viendrait lui-même me soutenir le contraire...

FOMBONNE.

Eh bien! monsieur... le voici...

SCÈNE XVI.

Les mêmes; ISIDORE.

CAROLINE, se jetant dans ses bras.

Isidore!...

CHAPOTIN.

Hein?... qu'est-ce que c'est... mon petit-cousin de ce matin...

ISIDORE.

Je vois que mon oncle vous a tout dit... mais calmez-vous!... je viens de chez moi... où j'ai vainement attendu mon adversaire.

FOMBONNE.

Je le crois bien, et tu l'attendrais longtemps encore! Cette lettre qu'il t'adressait, et que son notaire avait trouvée dans les papiers de la succession, avait été écrite par lui, il y a un an... quelques jours avant sa mort...

ISIDORE.

O ciel!.. le baron d'Erfurt...

FOMBONNE.

N'existe plus... il est décédé... dans sa maison...

ISIDORE.

Il serait possible!

CHAPOTIN.

Décidément... de cette fois il est bien mort!...

FOMBONNE.

Eh! sans doute!

CHAPOTIN.

A la bonne heure!... vous m'aviez fait une peur... j'avais entendu... je croyais... qu'un événement imprévu et malheureux. . mais à la joie... de monsieur... à la vôtre... à celle de sa veuve...

ISIDORE et CAROLINE, avec étonnement.

De sa veuve!

CHAPOTIN, vivement.

Nous nous entendons... nous nous comprenons... nous sommes tous de bons parents, de loyaux héritiers... qui renaissent à l'espérance et à la succession...

ISIDORE et FOMBONNE.

Laquelle?

CHAPOTIN.

Celle du baron d'Erfurt... mon cousin.

FOMBONNE.

Ce n'est pas le nôtre.

CHAPOTIN.

Hein, que dites-vous?... le propriétaire de cette maison... de cette magnifique maison... n'a pas en vous des parents... des héritiers?...

FOMBONNE.

En aucune façon.

CHAPOTIN.

Il n'en a pas ici?

FOMBONNE.

Nous n'en connaissons pas!

CHAPOTIN.

Ah!... ah! c'en est trop!... c'est trop de coups à la fois pour que je puisse y résister!... Je n'ai pas de cousins!... je suis seul!... je n'y tiens plus!... je suis d'un bonheur.. j'embrasserais tout le monde... Vive la joie!... Vive mon cousin le baron qui est mort!... (Il chante et il danse.) Tra, la, la, la, la, la.

SCÈNE XVII.

LES MÊMES; CAUCHOIS.

CAUCHOIS, à Chapotin.

Monsieur, voici la cérémonie qui se met en marche.

CHAPOTIN, reprenant l'air lugubre.

Ah! mon Dieu... qu'est-ce que je fais là? et mon chapeau... et mon discours... où est-il? (Il le ramasse à terre.) et mon crêpe? (Cherchant sur la table et prenant un bouquet qu'il y trouve.) Partons !

CAUCHOIS.

Y pensez-vous !

CHAPOTIN.

C'est juste ! un bouquet ! je ne sais plus où j'ai la tête... attache-moi mon crêpe...

SCÈNE XVIII.

LES MÊMES ; JUSTINE, entrant de l'autre côté.

JUSTINE.

On envoie dire de l'église que tout est prêt...

CHAPOTIN.

Nous y allons...

JUSTINE, à Caroline.

Et qu'on n'attend plus que les mariés.

CHAPOTIN.

Hein !... Qu'est-ce qu'elle dit ?

FOMBONNE.

Que nous partons avec madame pour la noce.

CHAPOTIN, étonné.

Eh bien !... et l'autre ?... l'autre cérémonie...

CAROLINE.

Nous n'en sommes pas...

CHAPOTIN, à Cauchois.

Ce n'est donc pas la veuve ?...

CAUCHOIS.

Eh ! non... elle habite de l'autre côté...

CHAPOTIN.

Il fallait donc le dire... tu m'annonceras chez elle... c'est ma cousine... et j'ai idée qu'elle pourra devenir quelque chose de plus.

CAROLINE.

Si, en attendant son mariage, monsieur veut assister au nôtre...

CHAPOTIN.

Pas dans ce moment... on m'attend... mais, ce soir, après... la triste et pénible cérémonie... Si je suis revenu à l'heure du dîner... nous rirons, nous chanterons... (A l'officier des pompes qui paraît à la porte, à droite, avec le cortège.) Nous partons...

ISIDORE, à des dames qui paraissent à la porte à gauche.

Nous partons...

(Les deux cortèges sortent en même temps, l'un de la porte à droite, l'autre de la porte à gauche.)

CAUCHOIS.

Quel coup d'œil!... quel coup d'œil!...

LE CHŒUR.

AIR de *La Tentation*.

LA NOCE.

Le plaisir nous convie au départ.

LA CÉRÉMONIE FUNÈBRE.

Qu'on se presse!

LA NOCE.

Qu'on s'assemble, et partons sans retard.

LA CÉRÉMONIE FUNÈBRE.

Pour la messe.

LA NOCE.

Que l'amour qui les guette à l'écart...

LA CÉRÉMONIE FUNÈBRE.

Disparaisse.

Ensemble.

LA NOCE.

Que chacun se signale ici par
L'allégresse!

LA CÉRÉMONIE FUNÈBRE.
Que chacun se signale ici par
La tristesse!

AIR du vaudeville de Turenne.

CHAPOTIN, au public.
Entre cette cérémonie
Et l'autre, me voilà placé;
(Indiquant la cérémonie funèbre.)
Ici, le plaisir me convie...
(Se reprenant et montrant la noce en répétant le vers.)
Ici, le plaisir me convie,
(Indiquant la cérémonie funèbre.)
Là, le devoir... je suis embarrassé;
Il faut aller d'abord au plus pressé.
Mais j'ai l'espoir, peut-être un peu précoce
D'avoir ce soir de l'agrément...
Cela dépend de vous, car, autrement,
Je ne serais pas à la noce.

LE CHOEUR.
Le plaisir nous convie au départ, etc.

LA CÉRÉMONIE FUNÈBRE
Qu'on se presse! etc.

VARIANTE DE LA SCÈNE XIV.

CAROLINE.

Mon mari!... d'où le savez-vous? qui vous l'a dit?... comment?...

CHAPOTIN.

Victime d'un préjugé barbare...

CAROLINE.

Un duel! c'est donc cela... tout à l'heure, quand je donnais des ordres, il a disparu... Ah! malheureuse!...
(Elle se laisse tomber, Chapotin la retient sur son bras.)

CHAPOTIN, à part.

Allons!... voilà que ça lui recommence... c'est trop fort!... surtout quand il n'y a personne que moi... elle en fait trop!...

CAROLINE, d'une voix étouffée.

Isidore!... mon pauvre Isidore!...

CHAPOTIN, à part.

Il s'appelait Isidore!... (A Caroline.) Allons, madame, allons, ça n'est pas raisonnable de commencer ainsi; attendez encore, attendez pour vous désoler.

CAROLINE.

Quoi! que dites-vous? y aurait-il encore des chances?.. tout ne serait-il pas désespéré?

CHAPOTIN.

Mais, non, certainement... est-ce que je me désespère?..

CLERMONT

ou

UNE FEMME D'ARTISTE

COMÉDIE-VAUDEVILLE EN DEUX ACTES

EN SOCIÉTÉ AVEC M. EMILE VANDER-BURCH

Théatre du Gymnase. — 30 Mars 1838.

PERSONNAGES.   ACTEURS.

CLERMONT, peintre. . . . . MM. Bouffé.
LE VICOMTE DE RÉTHEL . . . .   Rhozevil.
AUGUSTIN, garçon d'atelier . . . .   Silvestre.

HERMANCE, femme de Clermont. . . . . Mmes E. Sauvage.
VICTORINE, filleule d'Hermance . . . .   E. Forgeot.

A Paris.

CLERMONT
ou
UNE FEMME D'ARTISTE

ACTE PREMIER

Un atelier de peintre. Tableaux, chevalets, etc.

SCÈNE PREMIÈRE.
LE VICOMTE, VICTORINE.

LE VICOMTE.

Comment !... Clermont n'est pas encore à son atelier?

VICTORINE.

Non, monsieur; madame ne veut pas qu'il descende de si bonne heure... parce que tous ces jours-ci il s'est levé au petit, petit jour, et en voilà jusqu'à la nuit à travailler... madame le gronde, et le docteur Bernier aussi, parce que ça lui fait mal... sa vue devient faible.

LE VICOMTE.

Diable !... il faut y prendre garde... on a besoin de ses yeux quand on est peintre... et qu'on est mari... mari d'une jolie femme.

VICTORINE.

Pour ce qui est de madame... il n'y a pas besoin de la surveiller... elle se garde bien elle-même... et je vous dis ça, à vous, qui, quoiqu'un peu fat, êtes au fond un bon et brave jeune homme... et tous ceux qui tourneront autour d'elle... y perdront leurs pas.

LE VICOMTE.

Tu crois cela?

VICTORINE.

Si je le crois!... je crois à ma maîtresse comme à moi-même.

LE VICOMTE.

D'abord est-ce que tu crois en toi?... et penses-tu, ma petite Victorine, que si on voulait s'en donner la peine...

VICTORINE.

Essayez pour voir... parce que vous êtes un grand seigneur, un vicomte, que vous avez un groom, un tilbury, et des gants jaunes... vous croyez que cela me séduira?

LE VICOMTE.

Pourquoi pas? tu t'es bien laissé séduire par M. Augustin Blaireau... garçon d'atelier...

VICTORINE.

Monsieur!...

LE VICOMTE.

Qui va à pied, qui n'a rien, et qui a les mains noires... Vois-tu, mon enfant, on a beau médire de la fortune et des gens comme il faut, chacun sans se l'avouer subit leur influence... c'est ainsi que s'humanisent peu à peu les vertus les plus farouches... Tu as beau rire... c'est comme cela...

AIR de *La Vieillesse de Frontin*. (HECDIER.)

Près des beautés les plus sévères
Éblouir est un sûr moyen;
Quelque grâce, quelques manières,
Un peu d'esprit et de maintien,

Un coupé, qui ne gâte rien,
Oui, voilà les armes discrètes
Qui triomphent par-ci par-là ;
J'ai vu des vertus de soubrettes
Succomber à moins que cela.

VICTORINE.

Vous êtes passablement avantageux, monsieur le vicomte...

LE VICOMTE.

Entendons-nous, je ne dis cela ni pour les femmes de chambre comme toi, ni pour les femmes d'artistes comme ta charmante maîtresse !...

VICTORINE.

Ma maîtresse !... je le crois bien... elle aime trop son mari, qui est jeune, qui est aimable... qui est riche... tous les artistes le sont à présent... il a du talent... il gagne de l'argent...

LE VICOMTE.

Et il en dépense encore plus... je le sais de bonne part, et si tu voulais seulement, ma petite Victorine... me rendre un service que je vais te dire... je protègerais M. Augustin Blaireau, ton amoureux... à qui je veux du bien et à toi aussi...

(Il l'embrasse.)

VICTORINE.

Eh bien ! vous m'embrassez !...

LE VICOMTE.

Par distraction... je te jure... je pensais à une autre personne...

SCÈNE II.

Les mêmes ; AUGUSTIN, portant une toile et des couleurs.

AUGUSTIN, s'arrêtant à la porte, à part.

Qu'est-ce que j'ai vu là ?... il me prend comme des éblouissements !...

LE VICOMTE.

Eh! eh!... c'est l'ami Augustin... comment va notre apprenti Raphaël?... notre illustre rapin?

AUGUSTIN.

Très-bien, monsieur le vicomte, très-bien.. c'est-à-dire très-mal... (A part.) Je ne sais plus ce que je dis... je ne vois plus clair... j'ai de l'orpin jaune dans les yeux.

VICTORINE.

Encore de la toile et des couleurs! Madame va être contente! elle ne veut plus que monsieur travaille; elle veut qu'il se repose... qu'il passe deux mois à la campagne.

LE VICOMTE.

En vérité!...

AUGUSTIN.

Je sais cela comme vous, mademoiselle, mais le rapin d'atelier est comme le soldat au poste; le patron lui dit : « Va chez Binant, » et il va rue de Cléry, chez Binant. On lui dit de prendre une toile de quarante-deux pouces, il apporte une toile de quarante-deux pouces, avec de l'huile d'œillet et un appuie-mains, parce que le rapin ne connaît que son devoir... Allons, bon!... voilà le vert de vessie qui s'est crevé dans ma poche.

VICTORINE, riant.

Ah! ah! ah!

AUGUSTIN.

Oui, riez... il y a de quoi!... (A part.) quand tout-à-l'heure je l'ai vue... (Haut.) Il paraît que monsieur le vicomte a du goût pour les beaux-arts?...

LE VICOMTE.

Moi! du tout... je ne suis pas comme toi, mon futur Michel-Ange... je n'ai jamais fait au collège que des nez et des oreilles... je ne comprends que cela dans la peinture.

AUGUSTIN.

Alors... qui diable vous amène aussi assidûment?

LE VICOMTE, riant.

Moi!...

AUGUSTIN.

Oui, pourquoi venez-vous tous les jours?

LE VICOMTE.

Pour te voir.

AUGUSTIN, à part.

C'est trop fort!

LE VICOMTE, assis et le regardant en face.

Il me semble que voilà un nez et surtout des oreilles qui seules en vaudraient la peine... et comme je ne t'ai pas laissé ignorer mon goût pour les grandes choses...

AUGUSTIN.

Ah çà! décidément vous voulez me faire poser, vous me prenez donc pour le plus godiche des rapins!... Fi! monsieur le vicomte... un jeune homme de votre rang... de votre fortune... je n'en veux pas dire davantage... mais je m'entends.

LE VICOMTE.

Tu n'en es que plus à plaindre.

AUGUSTIN.

Oui, je m'entends... et vous qui êtes un abonné de l'Opéra où vous avez des sylphides à volonté... je rougirais à votre place de venir comme ça dans nos ateliers sous toutes sortes de prétextes... pour nous enlever nos... C'est affreux... ce n'est pas délicat... voilà tout.

AIR de la Nuit espagnole.

Vous avez, tant qu'vous en voulez,
Des bayadèr's et des princesses,
Des nymphes, dont vous raffolez,
Des bergèr's et mêm' des déesses.
Vous n'fait's que changer de passion
Depuis janvier jusqu'en décembre;
Vous avez les dam's du salon,
Laissez-nous cell's de l'antichambre!

LE VICOMTE.

Ah çà ! qu'est-ce qu'il a donc, ce jeune Rubens ?

VICTORINE.

Il perd la tête.

LE VICOMTE.

Il s'insurge, je crois.

AUGUSTIN.

Eh bien ! oui... je m'insurge ! je m'exalte... je ne veux pas être jobardé... à ma barbe et à mon nez... oui, à mon nez... je le dis avec intention... puisqu'on l'a mis en jeu... Je me moque des titres... moi ! nous sommes égaux depuis la Charte de 1830, et voilà !

(Il se pose sur un appuie-mains.)

VICTORINE.

Il est fou !

LE VICOMTE.

C'est trop fort !... et je ne sais qui me retient...

(Il lève une petite canne qu'il tient à la main. Clermont paraît en costume d'atelier, le bonnet grec sur la tête. Il se place entre eux, se servant de sa palette comme d'un bouclier.)

SCÈNE III.

LES MÊMES ; CLERMONT.

CLERMONT.

Tableau des Sabines !... Gloire à David ! On n'en fait plus comme ça... et nous disons que c'est rococo !

LE VICOMTE.

Eh ! bonjour, mon cher Clermont.

CLERMONT.

Salut au plus aimable des vicomtes ! (Allant à Augustin.) Comment, rapin, tu mets ta lance en arrêt contre un chevalier français, et tu fais un champ-clos de mon atelier... si encore tu te posais en attitude... ce bras en dehors et cette jambe en dedans... Va à ton estompe... cela vaut mieux, et broye-moi du noir...

AUGUSTIN.

J'en broye déjà assez comme ça.

CLERMONT.

Ça veut déjà faire des batailles, et ça ne sait pas mettre un nez sur une bouche !

LE VICOMTE.

C'est justement ce que je lui disais.

AUGUSTIN, dans le coin à droite.

Dieu ! si j'osais parler !

CLERMONT, se retournant.

Pousse au noir...

AUGUSTIN, avec mauvaise humeur et travaillant.

J'y pousse plus que jamais.

CLERMONT.

C'est un petit paysan, comme je l'étais autrefois... le neveu de la mère Philibert, ma nourrice, que je cherche à débarbouiller un peu... j'aurai de la peine... mais il est gentil... il ira... il y a de ça... et de ça... Allons, ferme, de la vigueur... Ton casque n'est pas sur ta tête... Calcule donc tes distances... où vas-tu mettre ton nez ?... (Il lui prend l'estompe et lui en fait sur la lèvre une moustache.) ici... ici...

VICTORINE.

Pauvre garçon... il est gentil !... Quel dommage qu'il soit si jaloux !

AUGUSTIN, à demi-voix, à Victorine.

Jaloux... après ce que j'ai vu !... Ah ! ça vous étonne... Quand j'entends des choses pareilles... je rougis... je pâlis... je change de couleurs.

CLERMONT, à son tableau, de l'autre côté du théâtre.

Et qui te dit d'en changer ?

AUGUSTIN.

Là !... j'ai cassé mon crayon !...

CLERMONT, riant.

Voilà ce que c'est que la colère !... (Au vicomte.) Quoi donc, mon cher vicomte, me procure si matin l'honneur de votre visite ?

LE VICOMTE.

Vous savez que je suis l'ami des arts que je protège...

CLERMONT.

En grand seigneur.

LE VICOMTE.

Et sans y rien comprendre.

CLERMONT, riant.

C'est peut-être ce que je voulais dire.

LE VICOMTE.

Et vous avez raison... Mais les artistes... c'est différent... ce sont mes amis, mes camarades... et quand je peux leur être utile...

VICTORINE, qui s'est assise à droite, près d'Augustin, et qui ourle une serviette ; à part.

Voyez-vous le traître !

LE VICOMTE.

D'abord, j'ai un tableau à vous commander.

CLERMONT.

Bravo !

LE VICOMTE.

Mais j'y mets une condition !... L'air de la campagne vous est, dit-on, nécessaire, et vous viendrez chez moi, à six lieues d'ici... une habitation délicieuse...

CLERMONT.

Et ma femme ?...

LE VICOMTE.

Nous l'emmenons.

CLERMONT.

C'est dit... j'accepte.

VICTORINE, se levant.

Mais, monsieur...

LE VICOMTE.

Et toi aussi, Victorine... ne t'inquiète pas... tu suivras ta maîtresse.

AUGUSTIN.

Et on veut que je me modère !...

CLERMONT, se retournant.

Dieu ! que tu es bien comme ça... reste un peu...

AUGUSTIN.

Mais, monsieur...

CLERMONT.

Reste donc... tu as de la grâce, les bras en l'air... et tu me serviras pour ma Françoise de Rimini.

AUGUSTIN, étonné.

Je ferai la belle Françoise ?

CLERMONT.

Eh non ! imbécile !... ne vois-tu pas là un beau cheval blanc ?...

AUGUSTIN, avec indignation.

Je ne ferai pas le cheval !

CLERMONT.

Tu feras l'esclave, le moricaud qui le tient par la bride... pendant que Paolo fait ses adieux à sa maîtresse... (Il lui pose les deux bras en l'air.) Tête d'étude... tête de plâtre... qui ne voit rien... n'entend rien... c'est parfait... ne bouge pas de là.

LE VICOMTE, qui pendant ce temps a regardé un portrait.

Ah ! que c'est bien !... attendez donc... je connais cette figure-là...

CLERMONT.

En vérité?...

LE VICOMTE.

Eh! oui, sans doute... quoique je ne l'aie vue qu'une ou deux fois en ma vie chez ma grand'tante... il y a bien des années... C'est un vieux gentillâtre enragé de noblesse... le baron de Saint-Dizier.

CLERMONT.

Lui-même.

LE VICOMTE.

Et comment se trouve-t-il ici?

CLERMONT.

Comme portrait de famille... c'est mon beau-père...

LE VICOMTE.

Votre beau-père! le baron de Saint-Dizier... une aussi ancienne maison... un homme d'une haute naissance... et vous, mon cher ami?...

CLERMONT, occupé à peindre.

Fils d'un paysan... d'un fermier... qui encore enfant crayonnais sur les murs de la ferme des chevaux et des bonshommes...

AUGUSTIN, vivement et se dérangeant de sa position.

En vérité...

CLERMONT, travaillant toujours.

Tiens donc tes bras!... Venu à pied à Paris... logeant au sixième, rue Saint-Jacques... joli local! en se levant c'est moi que le soleil apercevait le premier... beau ciel... jour superbe... et cinq ans après, sur la route de Rome... avec le premier prix de peinture... Ah! l'heureux temps que celui-là... pas le sou, mais la gloire en tête, et l'amour au cœur!

LE VICOMTE.

Déjà amoureux!

CLERMONT.

Est-ce que j'aurais eu le premier prix sans cela! j'avais

été appelé à l'hôtel Saint-Dizier pour donner des leçons de dessin à une jeune fille de quatorze ans... mademoiselle de Saint-Dizier... la fille du baron... je la voyais tous les jours.

LE VICOMTE.

Et vous vous êtes déclaré?...

CLERMONT.

Jamais! je ne lui ai jamais dit un mot... mais j'ai remporté le grand prix... je suis parti... j'ai travaillé... je suis revenu... avec ce tableau... vous savez... vous l'avez vu à l'exposition...

LE VICOMTE.

Tout Paris l'a admiré.

CLERMONT.

Le roi l'a acheté... d'autres encore... Au bout de quelque temps, j'avais cinquante mille francs de gagnés... autant en tableaux commandés, de l'estime, de la réputation... J'arrive à l'hôtel Saint-Dizier... et seul, en tête-à-tête avec le baron, je lui demande sa fille.

LE VICOMTE.

Eh bien?...

CLERMONT, travaillant toujours.

Il me met à la porte.

LE VICOMTE.

Est-il possible!

CLERMONT, à Augustin, qui a quitté sa position.

Veux-tu tenir tes bras! cette diable de toile est d'un gris blafard... à peine si je distingue mon esquisse.

LE VICOMTE.

Eh bien! mon cher ami...

CLERMONT.

Eh bien!... J'avais beaucoup de chagrin... je me demandais si je me tuerais ou si je travaillerais encore... ce dernier parti était le plus dur... mais le moins lâche... et je partis... j'allai en Russie... Au retour il y avait du changement... le baron, qui avait fait de grandes spéculations, était mort... et mort ruiné... pas un denier à la succession, et des dettes!... je dis « Bravo!... j'ai bien fait de ne pas me tuer. » J'avais rapporté des roubles de Russie... j'en avais beaucoup... je payai toutes les dettes du père, et puis après je cherchai la fille... et sans lui rien dire de ce que j'avais fait pour l'honneur de son père, j'osai lui avouer que je l'aimais et tout ce que j'avais souffert... et elle, une demoiselle noble... l'héritière d'un grand nom... d'une grande famille... elle a consenti à donner sa main... à un paysan... à un artiste... car enfin je ne suis qu'un paysan parvenu... et pour vous autres, gens de la haute classe, c'était un grand sacrifice... Aussi, j'en suis si reconnaissant, je voudrais la rendre si heureuse... que depuis le matin jusqu'au soir... je suis là à mon atelier à travailler pour elle...

VICTORINE.

A vous rendre malade... à vous tuer.

CLERMONT.

Ah!... c'est un grand bonheur que celui-là... parce que ma femme, voyez-vous... ma femme et mon enfant... quand je suis fatigué... je pense à eux... et ça revient... le cœur bat, la main se ranime... et le pinceau va tout seul... (A Augustin, qui s'est approché pour l'écouter.) Qu'est-ce que tu fais là, imbécile?... A ton cheval... ton cheval... qui va s'échapper... bride en main, mon garçon!

AUGUSTIN, se remettant en attitude.

Ne craignez rien... je tiens ferme.

CLERMONT.

Bon... me voilà en verve... ce que c'est seulement que de parler de ma femme... tenez... tenez...

AIR de La jeune Malade.

Rien qu'en songeant à mon Hermance,
Je sens doubler ma force et mon ardeur;
Je ne pensai jamais à l'opulence,
Mais il m'en faut pour son bonheur.

Et chaque fois qu'une page est finie,
Quand chacun vient l'admirer tour-à-tour,
Ce n'est souvent que de l'amour,
Et l'on croit que c'est du génie !

LE VICOMTE.

Savez-vous que votre tableau est bien avancé...

(Victorine sort par l'appartement d'Hermance.)

CLERMONT.

J'espère bien l'avoir terminé avant la fin du mois.

LE VICOMTE.

Il faut alors vous dépêcher, car c'est aujourd'hui le vingt-cinq.

CLERMONT, avec effroi.

Le vingt-cinq ! vous croyez ?

LE VICOMTE.

J'en suis sûr.

CLERMONT, avec découragement et cessant de travailler.

Ah ! mon Dieu !

LE VICOMTE.

Qu'avez-vous donc ?

CLERMONT.

Rien... rien... Le vingt-cinq !... Augustin, donne-moi mes habits... que je sorte...

AUGUSTIN.

Laisser là votre ouvrage commencé... quand nous étions si en train !...

CLERMONT.

Je n'y suis plus... (A part.) Le vingt-cinq !... Comment se fait-il que ce soit le vingt-cinq ?... (Haut.) Je travaille le jour... la nuit... tout cela s'embrouille... je ne m'y reconnais plus... je devrais toujours avoir là, à côté de moi... un calendrier...

AUGUSTIN.

Je vous achèterai un Mathieu Laensberg...

CLERMONT.

Oui... mais dépêche-toi... mon habit... car je suis pressé.

LE VICOMTE.

J'ai là mon cabriolet... je peux vous conduire...

CLERMONT.

Vous êtes bien bon.

LE VICOMTE.

En allant chez la duchesse d'Eaubonne, ma grand'tante, qui m'attend à déjeuner... rue de Tournon... Est-ce votre chemin?

CLERMONT.

Mon chemin... ah! mon Dieu!... au fait où aller? je n'en sais rien... il faudrait connaître l'adresse...

HERMANCE, en dehors.

Portez-les dans l'atelier de monsieur.

CLERMONT.

C'est ma femme... je l'entends... (A Augustin qui arrive tenant un habit.) Rends-moi ma robe de chambre... je ne sortirai pas... je reste à travailler... Vous, mon cher vicomte... que je ne vous retienne pas.

LE VICOMTE.

Pourquoi donc?

CLERMONT.

La duchesse vous attend... mais tout-à-l'heure, en sortant de chez elle... si vous pouviez passer un instant... j'aurais peut-être quelque chose... à vous demander... un service...

LE VICOMTE.

Je reste.

CLERMONT.

Non, non... que ma femme n'en sache rien.

LE VICOMTE.

C'est bien... je reviens sur-le-champ... (A part.) A merveille!... me voilà dans les secrets du ménage.

VICTORINE, rentrant avec un vase de fleurs.

Voici madame.

CLERMONT.

AIR nouveau.

C'est Hermance,
Adieu...

LE VICOMTE.

Adieu!...

CLERMONT.

Silence!

LE VICOMTE.

Prudence!
Et près de vous en ce lieu
Je reviens dans peu.

S'il s'agit d'un bon office,
Moi, je n'en refuse aucun;
Et c'est me rendre service
Que de m'en demander un.
Toujours un ami, je pense,
Doit arriver le premier,
Et de votre préférence
Je puis vous remercier.

Ensemble.

CLERMONT.

C'est Hermance,
Adieu!... etc.

LE VICOMTE.

Adieu!... etc.

(Le vicomte sort.)

SCÈNE IV.

CLERMONT, AUGUSTIN, VICTORINE, HERMANCE.

CLERMONT, allant au-devant d'elle.

Bonjour, ma chère amie! c'est bien aimable à toi de venir dans son atelier encourager l'artiste.

HERMANCE.

Au contraire... je viens l'empêcher de travailler... car voilà trop longtemps qu'il est à l'ouvrage.

CLERMONT.

Moi !... je n'ai rien fait... je n'ai fait que causer... causer de toi...

HERMANCE, souriant.

Et avec qui?

CLERMONT.

Avec le vicomte de Réthel.

HERMANCE, changeant de ton.

Ah! il sort d'ici?

AUGUSTIN.

Il n'en bouge pas.

CLERMONT.

Tant il aime les arts.

AUGUSTIN.

Ce n'est pas ça qu'il aime.

HERMANCE, étonnée.

Comment?

AUGUSTIN.

Ce matin encore je l'ai surpris ici avec mademoiselle Victorine... à qui il faisait des cajoleries... Oui, oui, je le dirai devant madame.

HERMANCE.

Comment, Victorine...

VICTORINE.

Vous saurez tout, ma marraine...

HERMANCE.

C'est bien... Augustin, dites qu'on nous serve à déjeuner.

AUGUSTIN.

Oui, madame... (A Victorine.) Fi!... c'est affreux de tromper un jeune homme de bonne foi qui ne vous aimait que pour la mairie... et qui en perd toutes ses facultés... (A Hermance.) Je vais commander votre déjeuner.. et déjeuner aussi pour alimenter ma vengeance... oui, madame, j'y vais.

(Il sort avec Victorine.)

SCÈNE V.

CLERMONT, HERMANCE; puis VICTORINE.

CLERMONT.

Il ne sait ce qu'il dit... le vicomte venait ici pour nous emmener à la campagne...

HERMANCE.

Et vous avez accepté?

CLERMONT.

Certainement... il m'a commandé un tableau qu'il me paiera très-bien...

HERMANCE.

Et à quoi bon? nous sommes assez riches, nous le sommes trop; cette aisance et même ce luxe qui nous environnent...

CLERMONT.

Cela fait bien à un artiste, un peu de faste : cela prouve le progrès des lumières et des arts; jadis les arts mouraient de faim.

AIR du vaudeville de *la Famille de l'Apothicaire*.

L'artiste, au bon temps féodal,
Par une route assez commune
Allait à pied à l'hôpital,
Temple assuré de sa fortune.
Grâce au luxe, grâce à l'appui
Que ce siècle d'or nous procure,
On s'y rend plus vite aujourd'hui,
Car beaucoup y vont en voiture!

Je ne dis pas cela parce que je t'en ai donné une... moi, quelle différence!... je gagne de l'argent... et plus que je n'en veux... il est juste que je le dépense pour mes plaisirs... et mes plaisirs à moi... c'est de te voir belle!...

HERMANCE.

Quelle folie!... l'autre jour encore, cette parure magnifique...

CLERMONT.

Il le fallait bien... ce concert où on t'attendait... et où tu as chanté!... Dieu! quelle voix! quelle méthode! tout le monde applaudissait... excepté moi, qui étais là dans un coin... et qui n'en avais pas la force... c'était fini... et j'écoutais encore!...

HERMANCE.

Oui, oui... succès de société.

CLERMONT.

Non!... ces grands seigneurs disaient tous, à commencer par le vicomte de Réthel : « Quel dommage qu'elle ne brille pas sur un vrai théâtre!... » S'ils savaient que tu trembles pour chanter seulement un morceau devant quelques personnes!... c'est même peut-être pour cela que malgré toutes les invitations tu n'as pas voulu y retourner.

HERMANCE.

Ce sont des plaisirs de grands seigneurs, trop chers et trop beaux pour nous.

CLERMONT.

Il n'y a rien de trop beau pour ma femme... si ça nous gênait... je ne dis pas! mais ça ne nous coûte rien... tu le sais... mon pinceau est là!... Qu'est-ce qui te fait plaisir?... une parure, une loge aux Italiens... parle... nous les aurons! il ne nous faut pour cela qu'un tableau de genre... ou quelques portraits... tout est là... en nous-mêmes... et il y a des gens qui s'indignent quand passe un artiste qui a conquis sa fortune et son indépendance avec son pinceau ou avec sa plume... vous le salueriez avec respect s'il l'avait gagnée dans des fournitures... ou volée à la Bourse!

HERMANCE.

Non... mais l'on blâme celui qui use inutilement sa santé et ses forces... et ce que j'exige, moi... c'est que vous refusiez l'offre de M. de Réthel... que, docile aux avis du docteur, vous ménagiez votre vue qui s'affaiblit, que vous preniez enfin du repos.

CLERMONT.

Bientôt... mais pas encore.

HERMANCE.

Puisque votre fortune est assurée... du moins, vous me l'avez dit bien des fois...

CLERMONT.

Certainement... (On sonne. — A part.) Oh mon Dieu !... serait-ce déjà ?... (Haut, à Hermance.) Nous n'avons plus rien à craindre... nous sommes à l'abri des revers... (A Victorine, qui entre après avoir frappé à la porte.) Si c'est pour moi... fais passer dans le salon.

VICTORINE.

Non... c'est la marchande de modes de madame.

CLERMONT.

C'est juste... j'ai même, je crois, un mémoire à lui payer... mais je suis là à travailler...

HERMANCE.

Dis-lui de revenir demain...

CLERMONT.

Oui, cela me fera plaisir... je n'aime pas qu'on me dérange.

HERMANCE.

Dis en même temps qu'on ne laisse entrer personne.

CLERMONT.

Ma femme a raison... personne... excepté le vicomte.

HERMANCE.

Est-ce qu'il doit revenir ?

CLERMONT.

Oui... il me l'a promis.

VICTORINE.

Pour un service que monsieur lui a demandé.

HERMANCE.

Un service...

CLERMONT, avec impatience.

Et cette marchande de modes qui vous attend... est-ce qu'elle est à vos ordres?... est-ce qu'elle a le temps de rester là pendant tous vos bavardages?

VICTORINE.

Non... monsieur... j'y vais... (A part.) Je ne l'ai jamais vu si en colère.

(Elle sort.)

SCÈNE VI.

CLERMONT, HERMANCE.

CLERMONT.

Il n'y a rien de jacace comme les femmes de chambre... ça se mêle de tout, et celle-là...

HERMANCE.

C'est ma filleule...

CLERMONT.

Je ne dis pas...

HERMANCE.

Une brave et honnête fille en qui j'aurais toute confiance...

CLERMONT.

A la bonne heure!... mais, enfin... c'est une femme de chambre...

HERMANCE, souriant.

C'est-à-dire bavarde.

CLERMONT.

C'est-à-dire... femme de chambre.

HERMANCE.

Eh bien!... supposons que, fidèle à sa vocation... elle y ait cédé tout à l'heure... le mal est fait... j'en profite, et je voudrais bien savoir, mon ami, quel service vous avez à demander au vicomte?

CLERMONT.

Rien... un tableau original... un Paul Véronèse... qu'il a chez lui et que je voudrais voir.

HERMANCE.

Non... vous ne lui demanderiez pas pour cela un entretien à mon insu...

CLERMONT.

Eh bien! c'est vrai! Ce sont des détails d'artiste... des choses que tu ne dois pas savoir...

HERMANCE.

Et je n'insiste plus... mais j'attends de vous une grâce...

CLERMONT.

Et laquelle?

HERMANCE.

Ne demandez plus de services au vicomte... n'en recevez plus de lui... et surtout n'allons pas à sa campagne...

CLERMONT.

Et pourquoi?

HERMANCE, souriant.

Ah! ce sont des détails de ménage... des choses que vous ne devez pas savoir...

CLERMONT, se remettant à peindre.

Ah! ah!... tu prends ta revanche!... tu vas croire ce que disait tout à l'heure M. Augustin Blaireau, qui n'y voit goutte!...

HERMANCE.

Il n'est pas le seul!

CLERMONT.

Se persuader qu'il en conte à cette petite Victorine!... lui un dandy, un fashionable!... qui a pour passions tout ce qu'il y a de mieux... des duchesses du grand faubourg... je le sais... il me l'a dit.

HERMANCE.

En vérité?...

CLERMONT.

Il me dit tout... parce que les artistes et les grands seigneurs, ça va de pair... et il y a des choses étonnantes... entre autres, deux maris qui ne se doutent de rien...

HERMANCE, riant.

Deux!...

CLERMONT.

Tout autant.

HERMANCE.

Vous vous trompez.

CLERMONT.

Du tout.

HERMANCE.

Il y en a au moins trois.

CLERMONT.

Il m'a dit deux.

HERMANCE.

Moi qui vous parle, j'en connais un troisième qui est admirable! (Riant.) Qui est à peindre en ce moment...

CLERMONT, laissant tomber son pinceau.

Comment! ce serait?...

HERMANCE.

Eh oui! mon cher ami, puisque vous me forcez à vous le

dire... car le ciel m'est témoin que je voulais à tout jamais vous le laisser ignorer...

CLERMONT.

Il oserait vous faire la cour !

HERMANCE.

Depuis un mois il ne fait que cela... voilà pourquoi j'ai refusé de retourner dans ces soirées, dans ces concerts dont nous parlions tout à l'heure...

CLERMONT.

Malgré tes succès !

HERMANCE.

Oui, ces succès-là étaient trop dangereux... surtout les répétitions où vous m'envoyiez seule tous les matins...

CLERMONT.

Oui ! c'est vrai !... souvent même je te pressais, je te disais : « Tu seras en retard!... » Oh ! les maris... seront toujours maris !

HERMANCE, lui tendant la main.

Non pas !... quand on les aime.

CLERMONT.

Et moi ! qui là, sous mes yeux... ne voyais rien.

HERMANCE.

Je vous disais bien que votre vue baissait tous les jours... Me croirez-vous maintenant ?

CLERMONT.

Oui, ma femme... oui, je te croirai toujours.

SCÈNE VII.

LES MÊMES ; VICTORINE.

VICTORINE.

Voici monsieur le vicomte qui monte l'escalier.

CLERMONT.

Ah!... c'est trop fort!

HERMANCE.

Pas un mot qui puisse me compromettre à ses yeux... vous êtes censé ne rien savoir.

CLERMONT.

N'ayez donc pas peur... un mari qui ne sait pas... est quelquefois bête et gênant... mais ceux qui savent sont de la meilleure pâte du monde!... avec eux, il n'y a jamais de danger.

SCÈNE VIII.

Les mêmes; LE VICOMTE.

LE VICOMTE.

Vous voyez, mon cher Clermont, que j'ai expédié pour vous le déjeuner de ma grand'tante... et je serais accouru bien plus vite encore, si j'avais su trouver madame auprès de vous.

CLERMONT, à part.

C'est juste : voilà ce qu'il lui disait tous les jours.

HERMANCE.

Il n'est pas étonnant de me trouver dans l'atelier de mon mari...

LE VICOMTE.

Non, sans doute... Et pourtant, depuis ce matin... depuis que j'ai su que la femme de l'artiste était mademoiselle de Saint-Dizier, cette découverte a augmenté encore, s'il est possible, l'attachement et le respect que je vous ai voués.

CLERMONT, à part.

Et je suis là... et j'entends tout cela...

(Chantant tout en crayonnant sur une toile.)

Tra la... la, la...

LE VICOMTÉ.

Vous, madame! faite pour embellir les plus brillants salons... (Clermont fredonne.) Il est d'une humeur charmante, ce cher Clermont!... cela me prouve qu'il va mieux... Que sera-ce donc quand il aura passé quelques jours à la campagne, car vous savez que je vous emmène... il vous l'a dit?...

HERMANCE.

Et moi, monsieur, je craindrais d'abuser de vos bontés.

LE VICOMTE, vivement.

Abuser! ne suis-je pas trop heureux de vous être agréable?... disposez de moi, de mon crédit... et si jamais je pouvais vous être utile...

CLERMONT.

Un instant... un instant, vicomte... vous n'êtes pas venu ici pour rendre service à ma femme... mais à moi.

LE VICOMTE, souriant.

C'est juste.

CLERMONT.

Vous pensiez peut-être que le mari et la femme ne faisant qu'un... c'était tout-à-fait la même chose?...

LE VICOMTE.

A peu près... (A demi-voix.) et puis je croyais... que c'était un secret entre nous.

CLERMONT.

Oui, d'abord... mais j'ai réfléchi que ma femme n'ayant pas de secrets pour moi... je ne devais pas en avoir pour elle, vous concevez... dans un bon ménage, ça doit être comme ça... et le service que j'attends de vous, c'est un bon conseil.

LE VICOMTE.

Un conseil?... parlez... c'est la chose du monde que l'on donne avec le plus de facilité.

CLERMONT.

Vous aimez les arts... (Regardant sa femme.) et tout ce qui y tient... et je veux vous consulter sur un tableau que je dois commencer aujourd'hui... un tableau de genre... une scène d'intérieur...

LE VICOMTE.

Ce sont celles que j'aime... et franchement je m'y entends assez.

CLERMONT.

Tant mieux... Je saisis le moment où un pauvre bourgeois de mari, bien simple, bien bonasse, bien rue Saint-Denis, comme ils sont tous, vient de découvrir qu'il a dans son ménage un bon ami... qui est trop son ami... concevez-vous ?

LE VICOMTE.

Très-bien !... comment l'a-t-il découvert ?

CLERMONT.

Peu importe... on ne dit pas tout dans un tableau... on ne saisit que le moment... et les figures principales... vous voyez celle du mari... ces bonnes têtes à la Georges Dandin... muet... étonné... et un peu bête... parce qu'on l'est toujours dans ces positions-là... vous voyez aussi la femme... une noble et honnête femme... figure pleine d'expression... elle est un peu troublée... il y a dans tous ses traits de la candeur, de l'innocence, et une légère teinte d'inquiétude... Mais ce que vous ne voyez pas, c'est la tête du galant... (Mouvement du vicomte.) c'est celle-là qui est admirable... je la tiens... je la vois d'ici... il est embarrassé, gêné... il ne sait trop quelle contenance garder... il y a dans sa figure, du blanc, du rouge... j'y ajouterai de la terre de Sienne... pas de bistre... cela lui donnerait l'air d'un conspirateur... je vois là une gamme de tons fort riches... (Regardant Victorine qui rit bas.) Et puis derrière, sur le plan reculé, une petite femme de chambre... qui sourit malignement en feignant d'essuyer un meuble... comme opposition... comme détail... vous comprenez ?... c'est assez gai.

LE VICOMTE, s'avançant.

Oui... c'est très-gai.

VICTORINE, s'avançant.

Quoi ! monsieur...

HERMANCE, se levant.

Mon ami !

(Ces trois mouvements se font en même temps.)

CLERMONT, vivement.

Attendez... attendez... ne bougez pas !

AIR du *Déjeuner d'huîtres*.

Pour le projet que je tiens là,
Par un hasard bien favorable,
Chacun semble placé déjà :
Oh ! la rencontre est admirable !
C'est cela : je tiens mon tableau ;
Restez tous dans cette posture ;
Je n'ai qu'à prendre mon pinceau
Pour travailler d'après nature.

LE VICOMTE.

Charmant... charmant... mon cher Clermont... je comprends à merveille... l'effet en sera délicieux.

CLERMONT.

Ce n'est pas tout... Le tableau n'est pas fini... et c'est là-dessus justement que je voulais avoir votre avis.

LE VICOMTE.

Sur la manière d'en finir !...

CLERMONT.

Précisément...

LE VICOMTE.

Il y en a plusieurs... d'abord l'ami... qu'on a mystifié... peut se fâcher et demander raison.

CLERMONT, posant sa palette.

Qu'à cela ne tienne !

HERMANCE, se jetant au devant de lui.

Monsieur!

LE VICOMTE.

Mais ce serait bien mauvais genre... bien mauvais ton... J'aimerais mieux supposer que ce jeune homme a quelques bons sentiments (pour être grand seigneur, cela n'empêche pas...), qu'il aime les dames... et qu'il fait tout pour obtenir leurs bonnes grâces... mais quand il ne réussit pas... il sait prendre son parti et se console ailleurs.

HERMANCE, bas, à part.

Bien.

LE VICOMTE.

Que loin d'en vouloir à celles qui lui ont résisté... il respecte en elles... la vertu, la beauté, la naissance... et bien plus... je voudrais même qu'il se vengeât du mari par quelques moyens généreux.

CLERMONT, vivement.

Que voulez-vous dire?

LE VICOMTE.

Je ne sais pas trop... il faudrait chercher... en voici un cependant qui pourrait peut-être vous être utile... Nous supposerions que le mari, riche en apparence, est cependant un peu gêné... qu'il dépense peut-être un peu plus qu'il ne gagne...

CLERMONT, voulant le faire taire.

Monsieur!...

LE VICOMTE.

Qu'il a souscrit quelques billets qui sont en circulation... un surtout de six mille francs que l'on doit présenter le vingt-cinq.

HERMANCE.

Est-il possible!

CLERMONT, à Hermance.

Ne le crois pas... ce n'est pas vrai!...

LE VICOMTE.

Le voici.

CLERMONT, HERMANCE et VICTORINE, stupéfaits.

O ciel!

LE VICOMTE, les regardant tous en position.

Ne bougez pas!... Ah!... c'est un autre tableau... qui dans son genre peut valoir le premier... Hein! qu'en dites-vous?

Même air que le précédent.

Ce sujet est joli, je croi,
La scène m'en paraît nouvelle ;
Et chacun ici, sur ma foi,
Pourrait bien servir de modèle.
J'en ferais un tableau piquant,
Fort original, je vous jure,
Si j'avais aussi le talent
De dessiner d'après nature.

CLERMONT.

Monsieur, ce billet...

LE VICOMTE.

A été passé à mon ordre...

CLERMONT, vivement.

Et je ne veux rien devoir à personne... je le paierai... je l'acquitterai dès demain... dès aujourd'hui...

LE VICOMTE, le déchirant.

Quand vous le voudrez... vous en êtes maintenant le maître...

(Il salue Hermance, et sort.)

HERMANCE, à Victorine.

Reconduis-le, ferme la porte, que personne ne vienne.

CLERMONT, à part, tombant sur un fauteuil.

Ah!... il s'est cruellement vengé!...

SCÈNE IX.

CLERMONT, HERMANCE.

HERMANCE, s'approchant de Clermont.

Ah! vous m'avez trompée!

CLERMONT.

Hermance!... ma femme... pardonne-moi!

HERMANCE.

C'est à moi-même que je ne le pardonnerai jamais...

CLERMONT.

Ne crois pas que ce soit du désordre... ni de la mauvaise conduite... je n'ai besoin de rien... je suis habitué aux privations et aux mansardes... un lit, une chaise, un secrétaire... et rien dedans... voilà le mobilier de l'artiste... il ne m'en faut pas davantage.

HERMANCE.

Eh! bien alors... pourquoi ces dettes... ces dépenses insensées?...

CLERMONT.

Ah! j'avais mes raisons!

HERMANCE.

Et lesquelles?... parle.. allons, de la confiance!

CLERMONT.

O chère femme... chère femme!... tu m'avais rendu si heureux en consentant à m'épouser... que je ne voulais pas que tu fusses punie de mon bonheur... ou qu'il te coûtât jamais un regret... tu avais été élevée dans le luxe, tu étais habituée à l'opulence... je ne voulais pas changer tes habitudes... je faisais mes efforts pour que la transition ne fût pas trop brusque entre la maison de ton mari et l'hôtel de ton père...

HERMANCE.

Quoi! c'est pour cela que tu te levais avant le jour, que tu travaillais souvent la nuit?...

CLERMONT.

Ce joli coupé que t'enviait plus d'une comtesse, ce riche appartement que tu aimais tant!...

HERMANCE.

Tout cela était bien lourd pour ta palette...

CLERMONT.

C'est possible!... mais je te voyais joyeuse et brillante, et j'en étais fier, et je me disais avec orgueil : « Ils ont cru que m'épouser c'était déchoir... Eh bien! non...

AIR de la Saint-Charles à Londres.

Non! mon Hermance à ma tendresse
Devra tout, je suis son appui;
Je peux la faire ou baronne ou comtesse,
Car le talent anoblit aujourd'hui,
Le talent seul anoblit aujourd'hui!
Mon amour, pour elle égoïste,
Veut que l'on dise en voyant sa splendeur :
C'est la femme d'un grand seigneur?...
Non!... c'est la femme d'un artiste!

HERMANCE.

Et c'est pour cela que tu détruisais ta santé et ta fortune...

CLERMONT.

Que veux-tu?... d'autres se ruinent pour des maîtresses, moi... ma maîtresse, c'est ma femme... c'est ma vie, c'est mon amour!

HERMANCE.

Tu comptais donc bien peu sur le mien!... Est-ce qu'en t'épousant je ne me suis pas associée à la fortune de l'artiste? et bonne ou mauvaise, je la veux telle qu'elle est... telle qu'elle sera ; mon devoir et mon bonheur sont de la partager... Aussi désormais, réforme complète... plus de luxe ni de folles dépenses, de l'ordre, de l'économie, c'est moi que cela regarde ; tout entière à mon mari et à mon enfant ; les chérir, les rendre heureux, voilà désormais ma seule tâche, mon orgueil et mes plaisirs à moi, monsieur, parce que je suis femme d'artiste et non pas femme de grand seigneur.

CLERMONT, cherchant à cacher ses pleurs.

Ma femme... ma femme... j'ai eu tort !

HERMANCE.

Certainement... mais par bonheur... tout n'est pas désespéré... Combien devons-nous ?

CLERMONT.

En tout vingt mille francs.

HERMANCE.

C'est beaucoup.

CLERMONT.

Ce n'est rien... en deux mois j'aurai gagné cela...

HERMANCE.

Non pas ! en un an... un an et demi tout au plus !

CLERMONT.

Laisse donc !

HERMANCE

Ah ! je suis la maîtresse... je commande.

CLERMONT.

C'est juste ! eh bien ! soit... en un an...

HERMANCE.

D'ici là... nous vendrons le coupé, les chevaux, mes deux cachemires et mes boutons en diamants.

CLERMONT.

Non... tout le reste excepté cela...

HERMANCE.

Cela d'abord... car il faut dès demain payer le vicomte... qui s'est noblement conduit...

CLERMONT.

Tu trouves?...

HERMANCE.

Oui... il n'y a plus de billet, plus de signature... nous ne devons plus que sur parole : il faut payer sur-le-champ.

CLERMONT.

Tu as raison... (Avec un soupir.) Plus de coupé !

HERMANCE, gaiement.

Nous irons à pied!... tu me donneras le bras...

CLERMONT.

Et ils se détourneront... pour te regarder et pour dire : « Qu'elle est jolie!... » en voiture ils n'avaient pas le temps de te voir.

HERMANCE, froidement.

Non!... nos chevaux allaient trop vite!

CLERMONT.

Ah! ils étaient beaux... deux gris-pommelés... Tu me diras : On a encore les citadines et les omnibus...

HERMANCE.

Plus de domestiques en livrée.

CLERMONT.

Nous serons plus libres, plus à notre aise...

HERMANCE.

Quand ils étaient là... devant nous, à table...

CLERMONT.

On n'osait pas s'aimer...

HERMANCE.

Rien ne nous en empêchera!...

CLERMONT.

C'est déjà cela de gagné... et puis à mesure que nos dettes s'acquitteront... peu à peu nous dépenserons...

HERMANCE.

Nous mettrons de côté...

CLERMONT.

Pour nous?

HERMANCE.

Pour notre enfant... qui compte sur vous!...

CLERMONT.

C'est vrai!

HERMANCE.

Pour ne pas troubler vos nuits, à vous qui aviez tant besoin de repos, j'ai renoncé à l'élever... je l'ai éloigné de nous...

CLERMONT.

Comment... c'était pour moi!... tu me disais que c'était pour sa santé... que le médecin avait exigé...

HERMANCE.

Mais aujourd'hui il revient, on nous le ramène...

CLERMONT.

Oh! quelle bonne nouvelle... comme je vais travailler!

HERMANCE.

Au contraire... à cause de cette bonne nouvelle... vous vous reposerez aujourd'hui; nous sortirons ensemble... à pied... pour nous essayer. Cela vous fera du bien...

CLERMONT.

Avec toi... certainement.

HERMANCE.

Nous chercherons quelque appartement... en bon air...

CLERMONT.

Rue de Rivoli..

HERMANCE.

Faubourg Montmartre ; et puis nous irons dîner ensemble.

CLERMONT.

Chez Véry.

HERMANCE.

C'est trop cher...

CLERMONT.

Au Cadran-Bleu !... Je me crois toujours grand seigneur...

HERMANCE.

Tous les deux... en partie fine... n'est-ce pas gentil ?

CLERMONT.

Ah ! c'est charmant !... c'est délicieux... et je ne conçois pas maintenant qu'avec une femme comme celle-là... j'aie cru avoir besoin de fortune... quelle jolie journée !

HERMANCE.

N'est-ce pas ?... Je vais attendre notre enfant... dès qu'il sera arrivé... je viendrai t'avertir.

CLERMONT.

Quel bonheur de le voir !... car je ne le connais pas encore... je le rencontrerais que je lui ôterais mon chapeau ; c'est vrai, je ne pourrais pas lui dire : « Monsieur Paul, j'ai bien l'honneur de vous présenter mes très-humbles civilités. » Mais aujourd'hui...

HERMANCE.

Habille-toi vite... et surtout ne travaille pas.... tu me le promets ?...

CLERMONT.

Fi donc !... Adieu, ma femme !... ma chère femme !

SCÈNE X.

CLERMONT, seul et s'habillant.

Et l'on ne se jetterait pas dans le feu pour une femme comme ça!... elle a une manière d'arranger les choses... qui fait que je n'ai jamais été plus heureux qu'aujourd'hui... aujourd'hui que je suis ruiné... Il est vrai que dîner avec elle au Cadran-Bleu... ça ferait tout oublier... Je prendrai un petit coin bien seul, bien tranquille, où nous serons tous les deux... ce n'est pas ça qui coûte cher et qui augmentera la dépense... (A moitié habillé et regardant son tableau.) Et quand elle me dit de ne pas travailler... elle a peut-être raison, il me faut un peu de repos... c'est vrai!... mais ce n'est pas les bras croisés que l'on paie ses dettes... vingt-mille francs!... c'est quelque chose... et j'ai idée que je ne lui ai pas tout dit... le mémoire de la marchande de modes... et le bijoutier... il y a encore de l'arriéré... la queue du diable, comme nous disions chez Girodet... (Il va regarder à la porte, et revient sur la pointe des pieds.) Elle n'y est pas... bon... un coup de brosse à mon tableau... (Le regardant.) Ma Françoise de Rimini! il me semble que c'est bien... et qu'au premier Salon cela me fera honneur... honneur et profit... de quoi acheter à ma femme... une petite maison de campagne... bien simple, bien modeste... rien n'empêche la petite carriole d'osier pour y aller... on nourrit le cheval dans le verger... et à coup sûr il y aura encore bien assez pour deux vaches... et alors nous avons une laiterie... et cœtera. (Travaillant.) Bien! très-bien!... voilà une heureuse touche!... Et mon fils... pauvre petit Paul! je veux qu'il soit élevé comme un prince, celui-là... et quand je pense qu'aujourd'hui... que tout à l'heure, je vais le voir!... (S'arrêtant.) C'est singulier, quand je commence à travailler, les yeux me font un peu mal... mais cela se dissipe, ce n'est rien!... je voudrais seulement finir cette demi-teinte avant que le jour ne baissât... il fait si sombre aujourd'hui... (Il appelle.) Augustin! allons donc, rapin!... il n'est jamais à l'atelier, ce farceur-là!

SCÈNE XI.

CLERMONT, VICTORINE.

VICTORINE.

Vous avez appelé, monsieur?

CLERMONT.

Ah! c'est toi, petite!

VICTORINE.

Oui, je vous apportais une lettre qui a un timbre et un grand cachet.

CLERMONT, regardant de très-près.

C'est de la maison du roi... tire-moi donc les rideaux... cette croisée ne donne pas de jour.... (Cherchant à lire.) Monsieur, monsieur... ils ont une manière d'écrire à présent... diable m'emporte! si je peux lire... (A Victorine.) Vois toi-même.

VICTORINE, prenant la lettre.

C'est superbe!... c'est moulé... (Lisant.) Ah! mon Dieu!...

CLERMONT, qui s'est remis à son tableau.

Qu'est-ce que c'est!

VICTORINE.

C'est du roi, signé du ministre.

CLERMONT.

Dis donc vite.

VICTORINE.

Ils vous commandent un tableau pour la Madeleine, et un pour la galerie de Versailles.

CLERMONT, sautant de joie.

Deux tableaux!... (Appelant.) Ma femme!... (A Victorine.)

Non, non... tais-toi... il faut lui laisser la surprise... Un tableau pour Versailles!... et un pour la Madeleine!...

VICTORINE, lisant toujours.

Vingt mille francs chacun.

CLERMONT, poussant un cri.

Ah! qu'est-ce que tu dis?... quarante mille francs!

VICTORINE.

Oui, monsieur.

CLERMONT.

Mes dettes seront payées!... nous ne vendrons pas le coupé!... ma femme n'ira pas à pied!... (Chantant.) Tra la, la, la, la, la. J'aurai fait cela dans l'année! certainement!... il ne me faut pas un an en travaillant bien... Tra la, la, la... (Avec exaltation.) Quel art, que celui-là! quelle fortune qu'un pinceau!... une fortune que rien ne peut vous ravir... une fortune qui donne la gloire et l'indépendance... avec laquelle on peut se passer de tout le monde... braver l'adversité... les coups du sort... le ciel lui-même... (Se retournant vers Victorine.) Victorine, as-tu tiré les rideaux?...

VICTORINE.

Oui, monsieur!...

CLERMONT.

Ouvre alors la croisée... car en vérité on n'y voit pas.

SCÈNE XII.

LES MÊMES; AUGUSTIN.

AUGUSTIN, entrant.

Est-ce que monsieur a appelé?

CLERMONT.

Qu'il est joli!... il y a vingt minutes qu'on t'appelle, rapin!...

VICTORINE, qui a fait de vains efforts pour ouvrir la croisée.

Vous arrivez à propos, monsieur Augustin... tenez, ouvrez donc cette fenêtre... je ne peux pas en venir à bout.

AUGUSTIN.

Cette idée !... et pourquoi faire ?

CLERMONT, toujours à son tableau.

Eh ! pour voir clair, imbécile.

AUGUSTIN, ouvrant la fenêtre.

Pour voir plus clair, à la bonne heure !

CLERMONT, quittant le chevalet.

Maudite teinte plate !... non, décidément il est trop tard... voici la nuit qui vient... il faut y renoncer.

VICTORINE.

Comment ? la nuit !...

AUGUSTIN.

Qu'est-ce que vous dites donc, maître ? il fait au contraire un jour superbe !... un soleil d'or qui éblouit... qui fait mal.

(Musique de M. Hormille.)

CLERMONT, jetant son pinceau et s'avançant au milieu de la chambre.

Qu'est-ce que j'éprouve donc ?... tout s'obscurcit... tout s'épaissit devant moi... il n'y a plus que des ombres... je distingue à peine... Augustin, Victorine... où êtes-vous ?

VICTORINE.

Nous sommes auprès de vous !

AUGUSTIN.

Me voilà, maître, je vous touche les mains...

CLERMONT.

Hermance... ma femme... appelez-la... La nuit !... la nuit !... non, vous me trompez, ce n'est pas possible... si Hermance était là... je la verrais... j'en suis sûr ! c'est elle seule que je veux croire !

VICTORINE.

Madame !... ah ! la voilà !

CLERMONT, cherchant à se diriger vers elle.

Hermance !

SCÈNE XIII.

Les mêmes ; HERMANCE.

HERMANCE, entrant vivement.

Viens ! viens vite, mon ami !... il est arrivé ! oh ! tu ne te fais pas d'idée comme il est gentil !...

CLERMONT.

Mon fils !

HERMANCE.

Oui... viens donc vite le voir !

CLERMONT.

Le voir !... mon enfant !... Hermance, où es-tu ?

HERMANCE, étonnée.

Cette question !... mais là, auprès de toi.

CLERMONT.

Là... (Il lui saisit vivement la main, lève les yeux vers elle, et pousse un cri.) Ah ! mon Dieu !... je suis perdu ! tout est fini !... je ne te vois plus ! je suis aveugle !...

(Il tombe dans ses bras, elle jette un cri et le soutient.)

ACTE DEUXIÈME

Un petit salon élégamment meublé; porte au fond. A gauche, deux portes; à droite, une porte et une fenêtre. Un secrétaire à droite; une table à gauche, près du grand fauteuil de Clermont.

SCÈNE PREMIÈRE.

CLERMONT, assis dans un fauteuil; VICTORINE, lui lisant le journal; HERMANCE, à droite, la tête baissée et plongée dans ses réflexions.

CLERMONT.

Eh bien! Victorine, lis-moi le journal, car ma femme doit être lasse...

HERMANCE, sortant de sa rêverie.

Moi, mon ami!... je ne le suis pas!

CLERMONT.

Si vraiment! et c'est tout naturel, depuis près d'un an que je suis dans les Bélisaire et les Œdipe à Colone, tu ne te contentes pas d'être mon Antigone, tu es encore ma lectrice ordinaire, ce qui ne laisse pas d'être fatigant! par le temps et par les romans qui courent... encore hier, trois volumes! c'est là de l'amour conjugal!

HERMANCE.

Vous trouvez?

CLERMONT.

Ça ne m'étonne pas ! j'ai toujours dit que tu étais capable de tout pour moi.

VICTORINE.

En vérité, monsieur, je ne conçois pas que vous soyez toujours aussi gai.

CLERMONT.

Et pourquoi donc serais-je triste?... parce que j'ai perdu la vue!... quand je pleurerais... ça ne me la rendrait pas... au contraire!... et je prends mon parti comme mes confrères, les quinze-vingts, qui d'ordinaire sont tous gais et joyeux. C'est tout simple ! rien ne les choque, rien ne les offusque... n'y voyant pas, ils trouvent tout superbe, ils ont une vie entière d'illusions!... tout ce qui les entoure est constamment jeune, frais et brillant ; ceux qu'ils aiment ont toujours vingt ans; pour eux les arbres ne se dépouillent jamais de leur verdure ; c'est un long rêve, une heureuse fiction, que le réveil ne vient jamais détruire.

AIR du vaudeville de l'Album.

Oui, mon état a bien ses avantages,
Et, pour ma part, j'y trouve des douceurs ;
Je vois en beau les plus tristes visages,
Sans voir tous ceux qui changent de couleurs ;
(Prenant la main d'Hermance.)
Des soins si doux soulagent ma misère...
Tant d'amitié vient calmer mes regrets...
Que si mes yeux recouvraient la lumière,
Je ne sais pas ce que j'y gagnerais ;
Loin d'y gagner, je crois que j'y perdrais !

VICTORINE.

En vérité !

CLERMONT.

Essayes-en pour voir?

VICTORINE.

Je vous remercie! j'aime autant garder mes yeux.

CLERMONT.

Par coquetterie!... parce qu'ils sont gentils...

VICTORINE.

Non! mais ils sont bons...

CLERMONT.

Ah! ils sont bons... alors lis-moi le journal... je t'écoute... Ma femme, où es-tu?

HERMANCE.

Ici... près de toi.

CLERMONT.

A la bonne heure!... j'avais peur que tu fusses partie.

VICTORINE, lisant.

Politique intérieure... Chambre des Députés.

CLERMONT.

Assez... assez... passons... la politique... ce n'est pas gai...

VICTORINE.

Nouvelles extérieures... ah! voilà qui doit vous intéresser... (Lisant.) « Le docteur Grimseller de Berlin vient de « mettre le comble à sa réputation en guérissant d'une cécité « absolue le prince Albert de Schwartzemberg, aveugle de- « puis vingt ans. »

CLERMONT, l'interrompant.

Attends donc!... n'est-ce pas celui dont on nous avait tant parlé?... un habile homme...

HERMANCE.

Oui, mon ami.

CLERMONT.

Je sais... je sais... je lui avais fait écrire il y a quelques mois...

VICTORINE.

Et qu'a-t-il répondu?

CLERMONT.

Que d'après les renseignements que nous lui donnions... il était sûr de me guérir...

VICTORINE.

Eh bien! monsieur, il fallait partir sur-le-champ pour Berlin.

CLERMONT.

Attends donc!... il y avait à sa lettre un post-scriptum... dans lequel il demandait pour ses honoraires une vingtaine de mille francs... il ne reçoit jamais moins...

VICTORINE.

Ah! mon Dieu!

CLERMONT.

Ce qui, avec les frais de voyage, faisait une jolie petite somme...

HERMANCE.

A laquelle on pourrait arriver...

CLERMONT.

Oui, si j'avais encore ma palette et mon pinceau... mais maintenant... nous voilà revenus de Berlin, n'est-ce pas, ma femme?... et nous nous priverons de voir le roi de Prusse...

VICTORINE.

Quel dommage!

CLERMONT.

A moins que le docteur ne me fasse crédit... et que je ne lui envoie plus tard un beau tableau d'Homère... ou de Valérie...

VICTORINE.

Il ne demanderait peut-être pas mieux...

HERMANCE, qui pendant ce temps est restée le coude appuyé sur la table et presque sans prendre part à la conversation, regarde en ce moment la pendule.

Ah! mon Dieu!... déjà si tard!... Victorine, dis à Augustin de m'aller chercher un fiacre.

VICTORINE.

Oui, madame, il y en a à deux pas sur le boulevard.

(Elle sort.)

SCÈNE II.

CLERMONT, HERMANCE.

CLERMONT.

Sur le boulevard... ah! oui... le boulevard des Italiens... c'est là que nous demeurons depuis quelque temps?

HERMANCE.

Oui, mon ami...

CLERMONT.

N'est-ce pas bien cher?

HERMANCE.

Non vraiment... un logement si simple et si modeste.

CLERMONT.

Il est vrai que sur le boulevard on a la promenade à sa porte... et à cause de notre enfant...

HERMANCE.

Oui, mon ami...

CLERMONT.

Et tu vas sortir avec lui?...

HERMANCE.

Certainement.

CLERMONT.

Tâche de rentrer de bonne heure... tu es quelquefois dehors bien longtemps! et quand tu n'es pas là... ma nuit est bien plus grande encore!...

HERMANCE.

Je ferai mon possible.

CLERMONT, riant.

Sois bien sage!... tu vois que j'agis avec toi de confiance et les yeux fermés... tu ne voudrais pas me tromper... (Geste d'Hermance.) il n'y aurait pas de mérite... Un mot encore... (Étendant la main.) Où es-tu?

HERMANCE.

Me voici.

CLERMONT, lui prenant la main.

Tu as froid!... donne-moi donc ta jolie main, chère amie!... j'hésite à te parler de nos affaires, car je crains de te faire de la peine!... où en sommes-nous?

HERMANCE.

J'ai vendu tout ce qui nous était inutile... et j'ai payé les principales dettes...

CLERMONT.

Le vicomte d'abord...

HERMANCE.

Vous le savez bien, puisque vous avez voulu lui remettre à lui-même.

CLERMONT.

C'est vrai, et (ce que je ne t'ai pas dit), tout en le remerciant beaucoup... je lui ai tourné une phrase très-honnête pour l'engager à ne plus revenir... (Hermance fait un geste.) que ça ne te fâche pas...

AIR : Restez, restez, troupe jolie. (Les Gardes-Marine.)

Par toi son âme fut charmée,
Tu fus l'objet de ses amours...
Et lorsqu'on t'a jadis aimée,
Ma femme, on doit t'aimer toujours!
Je sens qu'on doit t'aimer toujours!
Et d'un rival que je redoute
Comment déjouerais-je les feux?...
Moi qui jadis n'y voyais goutte,
Même lorsque j'avais mes yeux!
Tu le sais, je n'y voyais goutte,
Même lorsque j'avais mes yeux.

####### HERMANCE.
Eh! qui peut vous faire penser?...
####### CLERMONT.
Rien!... rien au monde!... mais tu avais paru touchée de son procédé envers nous...
####### HERMANCE.
C'est vrai.
####### CLERMONT.
Tu trouvais qu'il s'était conduit noblement...
####### HERMANCE.
C'est vrai.
####### CLERMONT.
Depuis ce temps, tu m'en as toujours parlé avec éloge...
####### HERMANCE.
Vous croyez?...
####### CLERMONT.
J'en suis sûr! moi qui n'y vois plus, je n'ai rien à faire... qu'à observer; et je me disais : « Tous deux sont de la même classe, tous deux de haute naissance... ce sont là des points de rapprochement... » (Geste d'Hermance.) Pardonne-moi... j'ai tort... je n'ai pas le sens commun... mais enfin... j'aime mieux que tu ne le voyes plus... tu me l'as promis...
####### HERMANCE, hésitant.
Oui, mon ami.
####### CLERMONT.
Et je suis tranquille.

SCÈNE III.

Les mêmes ; LE VICOMTE, paraissant au fond du théâtre.

####### HERMANCE, l'apercevant.
Oh ciel!... (A part.) Venir ici! quelle imprudence! (Elle lui fait signe de s'éloigner; le vicomte lui montre un papier; elle le prend;

elle lui ordonne de nouveau de partir; le vicomte disparaît par la porte du fond. Hermance, s'avançant au bord du théâtre et lisant à demi-voix le papier.) Ce soir à huit heures!

(Elle plie le papier et le déchire.)

SCÈNE IV.

LES MÊMES; AUGUSTIN, à la porte du fond.

AUGUSTIN.

Le fiacre de madame est en bas...

CLERMONT.

Adieu, ma chère amie... adieu... bonne promenade... (Riant.) j'irais bien avec toi... mais cela te ferait deux enfants à conduire... c'est trop... adieu... adieu... (Hermance va au fond pour mettre son chapeau et son châle. Clermont cesse peu à peu de rire et sa physionomie prend une teinte triste et sombre. — Avec tristesse.) Elle est partie... seul! toujours seul!...

HERMANCE, qui est revenue sur ses pas pour lui dire encore adieu.

Eh! mais... qu'avez-vous donc?

CLERMONT, reprenant son visage riant.

Rien... rien... tu es encore là!... je riais!... tu n'as pas vu que je riais!... sois tranquille... nous allons rire nous deux Augustin... adieu!... adieu!...

(Elle sort.)

SCÈNE V.

CLERMONT, AUGUSTIN.

AUGUSTIN.

Oui... rire... vous êtes bien heureux d'être toujours gai... moi je ne le suis guère...

CLERMONT.

Et pourquoi donc?

AUGUSTIN.

Pour bien des raisons.

CLERMONT.

Et lesquelles?

AUGUSTIN.

Il y en a mille.

CLERMONT.

Dis-m'en une.

AUGUSTIN.

D'abord mon état perdu... j'étais votre élève et maintenant je ne tiens plus la brosse et le pinceau que pour cirer vos bottes... c'est humiliant... moi qui espérais un jour m'établir peintre d'attributs dans notre endroit... et me faire un nom dans les enseignes!... c'est vrai, j'aurais peint la bouteille de bière qui mousse, et le buisson d'écrevisses qui danse, et le pâté... avec la tête de canard qui passe... car vous me disiez que j'avais des dispositions... vous me trouviez pittoresque; et au lieu de cela...

CLERMONT.

T'ennuyer toute la journée auprès de ton maître aveugle.

AUGUSTIN.

La journée... ce n'est rien... si encore on avait le soir!... Aujourd'hui, par exemple... j'ai un billet de spectacle... un billet gratis... pour les Italiens... c'est un musicien qui me l'a donné.

CLERMONT.

Ah! tu as des connaissances parmi les musiciens?...

AUGUSTIN.

Oui, monsieur, c'est le timbalier de l'orchestre... il paraît même qu'il blouse très-agréablement... et comme je ne suis jamais allé à ce théâtre...

CLERMONT.

Qu'est-ce que tu ferais là?

AUGUSTIN.

Je n'en sais rien... je verrais...

CLERMONT.

Il n'y a rien à voir... tout est pour les oreilles.

AUGUSTIN.

Ce n'est pas ça qui me manque... vous savez... j'en ai de fameuses !...

CLERMONT.

Tu t'y ennuieras.

AUGUSTIN.

C'est possible, mais je m'ennuierai gratis, c'est toujours un plaisir...

CLERMONT.

Je suis bien fâché de t'en priver, mais ce sera pour un autre jour...

AUGUSTIN.

C'est le dernier... trente-et-un mars, c'est aujourd'hui la clôture de la saison.

CLERMONT.

Tant pis alors... car ce soir, j'ai idée que ma femme doit sortir avec Victorine.

AUGUSTIN.

Parbleu !... c'est toujours nous deux qui restons à la maison... tandis que mademoiselle Victorine et sa maîtresse...

CLERMONT.

C'est tout naturel... je suis le premier à désirer que ma femme prenne des distractions... car j'ai là une idée qui me poursuit toujours et me rend le plus malheureux des hommes...

AUGUSTIN.

Vous, monsieur, qui riez sans cesse...

CLERMONT.

C'est pour cela!... devant Hermance, devant vous... j'affecte une gaieté qui n'est pas là... (Montrant son cœur.) car là, vois-tu bien, il n'y a que du désespoir... plus de présent! plus d'avenir!... cet art dont j'étais si fier... perdu... perdu à jamais!... à trente-quatre ans!... quand je sens encore en moi ce feu qui brûle, qui dévore!... (Se frappant le front.) quand il y a là vingt ouvrages qui ne verront jamais le jour...

AIR : J'en guette un petit de mon âge. (*Les Scythes et les Amazones.*)

Lorsqu'inutile sur la terre,
Il m'y faut traîner mon ennui,
Mon pauvre ami, non, tu ne comprends guère
Tout ce que je souffre aujourd'hui!...
Ah! je souffre bien aujourd'hui!...
(Amèrement.)
Dans cette nuit si cruelle et si noire,
Hélas! il me faut donc vieillir!...
Ah! l'artiste devrait mourir
Quand il se voit mort pour la gloire!...

Mais ce n'est pas encore le plus affreux de mes tourments... je n'ose interroger personne... et je suis sûr qu'ici, ma femme est dans la gêne... bientôt dans la misère!... comment vivra-t-elle désormais?

AUGUSTIN.

Je n'en sais rien... mais jusqu'à présent tout va bien.

CLERMONT, vivement.

Tu ne me trompes pas... tu n'as pas ordre de me tromper... nous ne sommes pas ici dans un?...

AUGUSTIN.

Un appartement superbe! monsieur... dans un beau quartier... c'est un peu haut, mais l'escalier est beau, et puis... un mobilier fort joli!...

CLERMONT.

Comment! elle n'en a pas vendu une grande partie?...

AUGUSTIN, lui faisant tâter une chaise.

Non, monsieur, c'est toujours le même ; il faut dire aussi que j'en ai bien soin.

CLERMONT.

J'y suis... elle se sera défait de mes tableaux, de mes esquisses... de ma Françoise de Rimini, qui n'était pas encore achevée...

AUGUSTIN.

Probablement...

CLERMONT.

Cela a dû bien se vendre... (Avec un soupir.) Un peintre aveugle ! c'est comme s'il était mort. C'est ainsi qu'elle aura payé nos dettes... mais pour le reste... et pour vivre comme nous le faisons... car je suis entouré de tant de soins !... ma pauvre femme doit se priver de tout !

AUGUSTIN.

Madame !... elle n'a jamais été mieux mise et plus élégante... on lui a apporté, l'autre semaine encore, deux belles robes de bal.

CLERMONT.

Des robes de bal !...

AUGUSTIN.

Elle y allait peut-être... et c'est tout naturel, c'est trop juste... mais voyez-vous, monsieur, ce qui m'indigne... car puisque nous en sommes là, je veux vous dire tout ce que j'ai sur le cœur... c'est que mademoiselle Victorine, qui comme moi avait renoncé à ses gages, a depuis quelque temps des bonnets, des tabliers neufs... et hier encore une croix d'or...

CLERMONT.

Eh bien !... qu'est-ce que ça te fait?

AUGUSTIN.

Ce que ça me fait!... si vous pouviez me voir... vous me trouveriez la figure toute renversée... Ce que ça me fait!... c'est que c'est un amoureux qui lui donne tout ça...

CLERMONT.

Un amoureux!...

AUGUSTIN.

Oui, un galantin... un grand seigneur... le vicomte de Réthel...

CLERMONT.

Le vicomte...

AUGUSTIN.

Je le soupçonnais depuis longtemps, depuis plus d'un an... et vous vous moquiez de moi... mais, maintenant... j'en suis sûr...

CLERMONT.

Et comment?... puisque depuis plusieurs mois le vicomte ne vient plus ici?

AUGUSTIN.

Vous croyez cela... je viens encore de le rencontrer.

CLERMONT.

Où donc?

AUGUSTIN.

Ici même... tout-à-l'heure... il était dans l'antichambre au moment où j'y entrais.

CLERMONT.

Tu te trompes... ce n'est pas possible!...

AUGUSTIN.

Mon Dieu! monsieur... vous me feriez damner... vous voulez en savoir plus que moi... moi qui ai des yeux... moi qui observe, qui espionne toute la journée... et si je vous donnais d'autres preuves encore... mais on n'aime pas à dire

11.

ces choses-là... au contraire, on voudrait les cacher... à soi-même et à tout le monde...

CLERMONT.

Si... si... va toujours !...

AUGUSTIN.

Il y a quelques semaines, c'était le soir... vous dormiez depuis longtemps... j'ai entendu dans l'appartement de madame la voix de sa femme de chambre... j'ai regardé par le trou de la serrure... c'est même très-commode quand on n'a pas d'autre observatoire... et j'ai vu... j'ai vu le vicomte qui causait avec Victorine !...

CLERMONT, vivement.

Et ma femme ?...

AUGUSTIN.

Elle n'y était pas... voilà le pire !... Si elle y avait été... je n'aurais rien dit... mais elle n'était pas rentrée.

CLERMONT.

A plus de minuit...

AUGUSTIN.

La porte s'est ouverte, je me suis enfui... et le vicomte est sorti... vous comprenez... de peur d'être rencontré par madame.

CLERMONT, à part.

Ou plutôt pour l'aller rejoindre... (Haut.) Et tu es bien sûr qu'il venait pour Victorine ?... qu'il l'aime ?...

AUGUSTIN.

Parbleu ! il se ruine pour elle.... oui, monsieur... oui, c'est le mot... il se ruine pour cette petite fille... Hier elle était ici, dans cet appartement... et moi de l'autre côté... derrière la porte... qu'elle avait fermée... (Hésitant.) j'étais...

CLERMONT, avec impatience.

A ton observatoire...

AUGUSTIN.

Oui, monsieur... et j'ai cru voir des étoiles en plein midi en apercevant mademoiselle Victorine qui tenait tout ouvert un écrin de diamants qu'elle regardait avec des yeux rayonnants de plaisir... je manquai me trouver mal... et au mouvement que je fis en m'appuyant sur la porte, j'entendis comme le bruit d'un secrétaire qu'on refermait... et la perfide avait disparu...

CLERMONT, avec colère.

Assez... assez!

AUGUSTIN.

Vous voyez donc bien!... Comment voulez-vous que je puisse jouter avec quelqu'un qui lui donne des diamants?... moi qui n'ai pour toute parure que mes agréments personnels... (Apercevant Clermont qui vient de se lever et qui traverse le théâtre à tâtons.) Eh bien! notre maître... où allez-vous donc?

CLERMONT.

Là... à ce secrétaire... j'ai à écrire.

AUGUSTIN.

A écrire!... vous... par exemple! monsieur...

CLERMONT, avec impatience.

Non... des lettres... des papiers que je cherche... Allons, va, laisse-moi... je veux être seul. (Augustin sort par la droite; Clermont ouvre le secrétaire, prend l'écrin.) Ah!... (Il l'ouvre, tâte les diamants et dit à part.) C'était vrai!...

SCÈNE VI.

CLERMONT; HERMANCE, entrant vivement par la porte du fond et voyant l'écrin entre les mains de Clermont, fait un geste d'effroi qu'elle réprime aussitôt.

HERMANCE.

Que faisiez-vous là, mon ami?

CLERMONT, cherchant à paraître calme.

Moi... rien !... j'ai ouvert machinalement ce secrétaire... et je trouve là, sous ma main... un écrin que je ne te connaissais pas.

HERMANCE, s'efforçant de sourire.

Sans doute... il n'est pas à moi !

CLERMONT.

Ah !...

HERMANCE, avec embarras.

C'est un dépôt que l'on m'a confié... et qui appartient...

CLERMONT.

A qui donc ?

HERMANCE.

A une ancienne amie... la seule qui me soit restée de tout le faubourg Saint-Germain... la comtesse de Givry.

CLERMONT.

En effet... tu m'en as parlé... N'est-elle pas en procès ?

HERMANCE, vivement.

Oui, vraiment !... cette pauvre Adèle a épousé un joueur qui a dissipé presque toute sa fortune... elle plaide en ce moment en séparation de biens... et pour mettre à l'abri ses diamants, seul reste de sa dot, elle me les a confiés... voilà tout le mystère !... et comme ce secret n'était pas le mien... je ne vous en avais pas parlé...

CLERMONT, à part.

Ah ! qu'elle ne sache jamais que j'ai pu la soupçonner !

HERMANCE.

Qu'avez-vous donc ?

CLERMONT, lui prenant la main.

J'avais besoin de te voir... car je te vois quand ta main est là dans la mienne... hors ces moments-là, chère amie, c'est toujours nuit pour moi, et pendant la nuit on fait des rêves... souvent de bien mauvais rêves... mais quand tu es près de moi, c'est le jour qui revient... je m'éveille... et aujourd'hui j'ai besoin de me tenir éveillé... ainsi ne me quitte plus...

HERMANCE, avec embarras.

C'est que j'avais pour ce soir un engagement... une soirée où l'on m'attend... où l'on compte sur moi...

CLERMONT.

Chez notre ancien propriétaire?...

HERMANCE, vivement.

Précisément!... il a été si bon pour nous...

CLERMONT.

Tu y vas tous les mardis... tu peux bien y manquer un jour... et me le donner...

HERMANCE, à part.

Oh! mon Dieu!...

CLERMONT.

Je t'en prie! je t'en supplie!... fais-moi ce plaisir-là.

HERMANCE, à part, et regardant la pendule.

Comment faire?... bientôt huit heures.

CLERMONT.

J'y attache un prix que je ne puis te dire... ne sors pas... reste cette soirée avec moi et notre enfant.

HERMANCE.

Ah! si je le pouvais!...

CLERMONT.

Tu le peux... j'ai tant de choses à te demander et à te raconter... je tâcherai que tu ne t'ennuies pas trop... je te parlerai de mon voyage en Russie et des trois années que j'y suis resté pour toi... (Avec intention.) trois ans... c'était plus long qu'une soirée.

HERMANCE, émue.

Oh! oui, vous avez raison... je resterai... je ne vous quitterai pas...

CLERMONT.

A la bonne heure... et je t'en sais gré!... car je crois que cela te coûte.

HERMANCE, se dirigeant vers la droite.

Non... non... je rentre dans mon appartement... je vais écrire...

CLERMONT.

C'est bien!

HERMANCE.

Écrire!... que je ne peux!... quelles raisons?... n'importe!...

CLERMONT.

Tu diras que je le veux... ou plutôt que tu es malade... car je ne veux pas avoir l'air d'un tyran.

HERMANCE, à part, et réfléchissant.

Mais cette lettre, par qui l'envoyer?... Victorine qui n'est pas rentrée, et l'on m'attend... l'on m'attend... (Regardant la pendule.) Oui... voici l'heure... ah! je ne suis plus ma maîtresse... je ne m'appartiens plus!

(Elle feint de rentrer dans son appartement à droite, dont elle ferme la porte avec force, puis sur la pointe des pieds elle gagne la porte du fond qui est restée ouverte, et disparaît.)

SCÈNE VII.

CLERMONT, seul; puis AUGUSTIN.

(La nuit commence à venir.)

CLERMONT.

Elle vient de rentrer dans son appartement. Quelle bonne petite soirée nous allons passer ensemble... au coin du feu...

Cela me rappelle cette partie fine que nous devions faire il y a un an au Cadran-Bleu..., et qui a fini si mal... je n'ai pas de bonheur dans mes parties fines... mais aujourd'hui, c'est différent... (Sonnant.) Augustin!... Augustin!...

AUGUSTIN.

Me voilà, monsieur.

CLERMONT.

Arrive ici, et donne-moi la main... réjouis-toi, tu es un imbécile.

AUGUSTIN.

Comment, monsieur?...

CLERMONT.

Un jaloux... qui n'a pas le sens commun... tu avais tort de soupçonner Victorine.

AUGUSTIN.

Quand j'ai vu de mes propres yeux...

CLERMONT.

Nos yeux nous trompent, et la moitié du temps ce n'est pas la peine d'en avoir.

AUGUSTIN.

Vous dites cela pour en dégoûter les autres.

CLERMONT.

Je dis... je dis que si tous tes reproches sont comme ceux de l'écrin de diamants, tu peux être tranquille.

AUGUSTIN.

En vérité?

CLERMONT.

Cet écrin ne lui appartient pas... j'en ai la preuve...

AUGUSTIN.

Vous me l'attestez!

CLERMONT.

Eh! oui sans doute... un écrin à cette petite fille... faut-il être bête pour se mettre de pareilles idées en tête!

(Le jour baisse encore.)

AUGUSTIN.

Que voulez-vous? une fois que les idées y sont... ça galope... ça galope... Vous ne savez pas comme moi ce que c'est... que d'être jaloux!...

CLERMONT, à part.

Peut-être bien!... (Haut.) Et pour achever de te remettre... tu peux ce soir aller au spectacle et profiter de ton billet.

AUGUSTIN, avec joie.

Est-il possible?

CLERMONT.

Oui, ma femme ne sort pas!... elle passe la soirée ici avec moi, et alors je n'ai plus besoin de personne!

AUGUSTIN.

Tous les bonheurs à la fois!... Je vais m'habiller... je vais mettre ma redingote neuve... si d'ici là vous aviez besoin de quelque chose, Victorine vient de rentrer... je l'ai vue... je ne sais pas par exemple où elle était allée... ce n'est pas vous qui l'aviez envoyée?...

CLERMONT.

Du tout...

AUGUSTIN.

Alors ce sera madame... Dites donc, notre maître, pendant que je serai au spectacle... si vous vouliez un peu la surveiller et avoir l'œil à ce qu'elle fait...

(Il fait presque nuit.)

CLERMONT.

Moi...

AUGUSTIN, se frappant le front.

Quelle bêtise! qu'est-ce que je dis là?... Je m'en vais... je vous laisse... Il ne vous faut rien?... si vraiment, voilà le soir, et pas seulement de lumières dans ce salon...

CLERMONT.

Et qu'importe?

AUGUSTIN.

Je vais vous en descendre avant de sortir... ça ne sera pas long...

(Il sort en courant par la porte du fond, qu'il referme.)

SCÈNE VIII.

CLERMONT, seul, puis LE VICOMTE.

(Il fait nuit.)

CLERMONT.

Est-il fou!... à moi de la lumière... à quoi bon?... pour moi la nuit est toujours la même... mais le pauvre garçon est encore jaloux... on n'en guérit pas... et ce qu'il y a de pire c'est que c'est contagieux... ça se gagne... il m'avait presque donné ses idées... Moi soupçonner ma femme... et douter de la vertu même!... moi ombrageux et défiant... voilà encore une des misères de ma situation... Il me semble avoir entendu marcher... est-ce elle qui revient?... oh! non... ce ne sont pas ses pas... je les connais si bien!...

UNE VOIX, en dehors, à la porte du fond, qui est fermée.

Victorine... Victorine!...

CLERMONT.

C'est la voix du vicomte... ici... à cette heure?... est-ce que ce pauvre Augustin aurait raison?... est-ce qu'il en conterait à cette petite fille?...

(Il se lève dans l'obscurité, et gagne un cabinet à gauche qui est près de son fauteuil. — Musique)

LE VICOMTE, frappe en dehors à la porte du fond.

Victorine!... (Il ouvre la porte et paraît.) On ne me répond pas... et jusqu'ici je n'ai rencontré personne... mais dans l'obscurité... je ne suis pas sûr de m'y reconnaître.

(Il s'avance vers le milieu du théâtre et va frapper à la porte d'Hermance.)

SCÈNE IX.

VICTORINE, sortant de la chambre d'Hermance, LE VICOMTE.

(Clermont est dans le cabinet à gauche, dont la porte est entr'ouverte.)

VICTORINE.

Eh! mon Dieu!... qui va là?

LE VICOMTE.

Tais-toi!

VICTORINE, à voix basse.

Vous! monsieur le vicomte...

LE VICOMTE, de même.

Une lettre pour ta maîtresse... il faut qu'elle l'ait sur-le-champ.

VICTORINE, de même.

Ne deviez-vous pas la voir ce soir?

LE VICOMTE, de même.

Je ne puis!... une soirée chez l'ambassadeur...

VICTORINE, de même.

Madame va être bien inquiète...

LE VICOMTE, de même.

Cette lettre, je l'espère, la rassurera... et puis dans la soirée... si je peux m'échapper un instant... j'irai la retrouver...

VICTORINE, de même.

Tâchez.

LE VICOMTE, de même.

Où m'attendra-t-elle?

VICTORINE, de même.

Où vous savez bien.

LE VICOMTE, de même.

Au même endroit qu'hier?

VICTORINE, de même, et le reconduisant vers le fond.

Oui... mais pas trop tard... partez... et cette lettre?...

LE VICOMTE.

La voici... prends bien garde!

(Ici finit la musique.)

SCÈNE X.

Les mêmes; AUGUSTIN, vêtu de sa redingote neuve, et paraissant à la porte du fond avec un flambeau à deux branches qu'il tient à la main.

AUGUSTIN, apercevant le vicomte et Victorine qui sont près l'un de l'autre.

Ah! qu'est-ce que je vois!

LE VICOMTE, lui secouant rudement la main.

Silence!... Ma protection si tu te tais... et c'est fait de toi si tu parles.

(Il sort en courant.)

SCÈNE XI.

AUGUSTIN, VICTORINE, puis CLERMONT.

AUGUSTIN.

Si je parle!... (Arrachant vivement la lettre que Victorine toute stupéfaite tient encore à la main.) Et je veux parler, moi... je veux même crier...

VICTORINE.

Monsieur... monsieur... rendez-moi cette lettre.. et taisez-vous... taisez-vous!

AUGUSTIN.

Et elle aussi qui veut me faire taire... c'est trop fort!... (Victorine lui met la main sur la bouche.) Je crierai... c'est ma seule consolation... je crierai par-dessus les toits... que je suis trompé...
(Clermont, qui a ouvert la porte du cabinet, s'avance au milieu du théâtre, pâle et tremblant.)

VICTORINE, poussant un cri en apercevant Clermont.

Ah! monsieur!... (A part.) Courons prévenir madame!
(Elle sort en courant.)

SCÈNE XII.

CLERMONT, AUGUSTIN.

CLERMONT, cherchant à se remettre.

Eh bien! eh bien, qu'est-ce donc?

AUGUSTIN.

Ce que c'est... notre maître... ce que c'est?... Vous qui me disiez que je n'avais rien à craindre... Aussi j'étais bien bon de m'en rapporter à vous pour la surveillance... et quand il m'arrivera encore de me laisser conduire par un aveugle...

CLERMONT.

Qui y voit maintenant plus clair que toi.

AUGUSTIN.

C'est autre chose... j'ai surpris ici le vicomte avec Victorine...

CLERMONT.

Ce n'est pas vrai!

AUGUSTIN.

Voilà qui est fort!... Il lui remettait une lettre...

CLERMONT.

Ce n'est pas vrai!

AUGUSTIN.

La voilà, notre maître... la voilà... tenez... la sentez-vous?

CLERMONT, faisant un mouvement convulsif en sentant la lettre qu'il prend.

Ce n'est pas vrai !... cette lettre n'est pas pour Victorine... lis plutôt... lis...

AUGUSTIN, tremblant.

Dans ce moment-ci, c'est tout au plus si je pourrai... j'ai comme un nuage devant les yeux.

CLERMONT, avec impatience.

Eh bien ! donc... liras-tu ?...

(Il tient la lettre serrée entre ses deux mains, pendant qu'Augustin essaie de lire.)

AUGUSTIN, lisant.

« A madame... madame Clermont. »

CLERMONT, avec colère.

Tu mens... tu mens !... (Se reprenant et d'un air suppliant.) Non... non, mais tu te trompes, n'est-il pas vrai ?... vois encore !

AUGUSTIN.

Je vois bien... en toutes lettres... *M,a,ma*, madame...

CLERMONT, à part.

Plus de doutes !

AUGUSTIN.

Quel bonheur ! Comment ça se fait-il ? vous savez donc ?...

CLERMONT, faisant tous ses efforts pour cacher ce qu'il éprouve.

Oui... c'est une lettre que ma femme et moi nous attendions... avec impatience.

AUGUSTIN.

Voyez alors... comme c'est heureux pour nous deux !... (A part.) Et moi qui ai rudoyé c'te petite... comment la ramener à présent ?...

CLERMONT, à part, froissant la lettre.

Ah !... jamais le malheur qui m'accable ne m'a paru plus affreux !... cette preuve... je l'ai là, entre mes mains... je la sens... elle me brûle... je l'ai là... et je ne puis en faire usage... je ne puis connaître jusqu'où va sa trahison! Être certain... et... douter encore... douter... sans oser... sans pouvoir se convaincre!... Ah! c'est trop se contraindre, et je ne sais pas qui m'oblige encore à de vains ménagements... (Après un moment d'hésitation.) Augustin!

AUGUSTIN.

Monsieur...

CLERMONT.

Viens ici!

AUGUSTIN.

Ah! je suis bien content... allez, monsieur...

CLERMONT.

Cette lettre contient une nouvelle... une nouvelle importante...

AUGUSTIN.

Pour vous et pour madame...

CLERMONT.

Précisément! Cette nouvelle, j'ai hâte de la connaître.

AUGUSTIN.

C'est tout naturel... quand c'est quelque chose d'heureux, on est pressé...

CLERMONT.

Oui... je n'ai pas le courage d'attendre que ma femme soit là... et j'ai bien envie... tu devrais bien... (S'efforçant de sourire.) un pauvre aveugle est plus impatient qu'un autre... tu conçois cela...

AUGUSTIN.

Certainement... Et vous voulez que je vous la lise?

CLERMONT.

Oui, mon garçon... fais-moi ce plaisir-là...

AUGUSTIN.

Bien volontiers... attendez... il faut d'abord la décacheter... c'est de la cire... c'est plus difficile...

CLERMONT, à part, comme frappé d'une idée soudaine.

Ah !... l'avilir... la déshonorer aux yeux de ses gens !

AUGUSTIN, lisant.

« Tout est prêt pour le départ... la voiture vous atten-
« dra... »

CLERMONT, l'arrêtant et lui reprenant la lettre.

Non... non... c'est inutile... je ne veux pas te donner cette peine... ma femme est là dans son appartement... dis-lui qu'elle vienne me parler... sur-le-champ... sur-le-champ, entends-tu ?

AUGUSTIN.

Mais, monsieur, madame n'y est pas...

CLERMONT, stupéfait.

Que dis-tu ?... elle n'est pas dans son appartement ?

AUGUSTIN.

Non, monsieur, j'en sors, elle n'est pas même dans la maison, car, de ma fenêtre, je l'ai vue sortir, il y a une demi-heure..

CLERMONT, à part et comme atterré.

Sortir !...

AUGUSTIN.

Ça m'a étonné... parce que monsieur m'avait dit que madame devait rester près de lui... et passer ici toute la soirée.

CLERMONT, cherchant à cacher son trouble.

Oui... elle me l'avait promis... mais un autre... un autre engagement... une visite que j'avais oubliée et qu'elle devait faire...

AUGUSTIN, naïvement.

Monsieur sait donc où elle est ?...

CLERMONT.

Oui... oui... que cela ne t'inquiète pas... elle va revenir... ainsi va-t'en... laisse-moi !...

AUGUSTIN.

Ce n'est pas possible... je ne peux pas laisser monsieur tout seul.

CLERMONT.

Ce n'est que pour un instant... pour quelques minutes... ma femme va rentrer... j'en suis sûr... que ça ne t'empêche pas, comme je te l'avais permis, d'aller au spectacle.

AUGUSTIN.

Vous êtes assez bon...

CLERMONT.

Oui... mon garçon... oui, cela me rendra service... j'ai besoin d'être seul...

AUGUSTIN.

A la bonne heure!... aussi bien, il est tard... heureusement ce n'est qu'à deux pas... mais c'est égal, ça sera déjà commencé... Adieu, notre maître... à ce soir...

SCÈNE XIII.

CLERMONT, seul.

Il s'en va!... me voilà donc seul... seul dans cette maison... comme dans le monde entier... abandonné de tous... fardeau inutile, objet de leurs dédains... et bientôt peut-être de leurs railleries!... Oh! non... non!... l'on ne m'aura pas outragé impunément... je me vengerai... (S'arrêtant.) Et comment?... quelle vengeance m'est permise?... Il m'aura insulté, déshonoré... il m'aura enlevé mon seul bien... tout ce qui me restait dans mon malheur, l'amour de ma femme... et si je lui demande raison de son injure et de mon affront... (Se tordant les mains de rage.) ô mon Dieu... il aura pitié de moi... il refusera de se battre... le pauvre aveugle n'a pas même le droit de se faire tuer... (Plus agité, et avec amertume.) Eh! de quoi te plains-tu, malheureux?... homme de rien, misérable artiste... n'ayant pour tout bien que ton talent... si toutefois même tu en avais, tu t'es avisé dans ton orgueil d'aspirer à la main d'une jeune fille belle et noble!... (Avec un sourire de dédain.) noble... oui, de haute naissance!... et parce que tu as sacrifié pour elle ta jeunesse... tes forces... ta santé... maintenant... infirme et souffrant... tu espérais lui plaire et en être aimé!... J'étais un insensé... je l'aimais trop... ah! je l'aime encore!... et avec cet amour-là dans le cœur, que ferais-je ici-bas?... son malheur et le mien... mon existence lui pèse... lui est à charge... et après tant de sacrifices, il ne m'en reste plus qu'un à lui faire... celui de ma vie, qui lui rendra sa liberté!... Oui, pas de plaintes, pas de reproches... elle m'a dit : « Va-t'-en... » je m'en vais!... personne ne l'accusera... pas même moi!... ils croiront que c'est le désespoir, l'ennui de ma position... ils diront : « Le pauvre diable!... il a aussi bien fait!... » (Se levant.) et ils auront raison... oui, j'y suis décidé... partons... mais comment?... je n'ai pas d'armes, et par moi-même je ne peux pas m'en procurer... je ne peux rien sans aide... pas même mourir!... ah!... cette croisée, il y en a une ici... oui... oui... ils disent qu'elle est bien haute... (Il se dirige à tâtons le long des murs et arrive près de la croisée.) Ah! la voici... Dieu soit loué!... une fois au moins je n'aurai eu besoin de personne!

(Il essaie d'ouvrir la croisé

SCÈNE XIV.

CLERMONT, AUGUSTIN.

AUGUSTIN, en dehors, criant.

Monsieur! monsieur!...

CLERMONT, entendant ouvrir la porte.

Qui vient là?...

AUGUSTIN, qui est entré vivement

Moi! monsieur... et si vous saviez...

CLERMONT.

D'où viens-tu?...

AUGUSTIN, la cravate défaite, les cheveux en désordre et sans chapeau.

Du spectacle... on m'a mis à la porte...

CLERMONT.

Toi!

AUGUSTIN.

En personne naturelle; et quand vous saurez pourquoi... vous serez aussi étonné que moi!... vous ne voudrez pas le croire... moi d'abord je ne le crois pas...

CLERMONT, avec impatience.

Eh morbleu! achève... ou va-t'en!

AUGUSTIN.

On donnait *Barbière de Siglia*... connaissez-vous ça, monsieur?... ils étaient tous serrés... une foule!... quelques-uns qui bâillaient... mais tous applaudissaient...

CLERMONT.

Finiras-tu!...

AUGUSTIN.

Arrive une Espagnole... une Espagnole superbe... Je lève les yeux... et je m'écrie : « C'est elle!... »

CLERMONT.

Qui?...

AUGUSTIN.

Oui, monsieur, je la reconnais, je la salue... je veux lui parler... « On ne parle pas aux Italiens!... » Messieurs, écoutez-moi, je suis dans mon sens!... « On n'en a pas aux Italiens!... » Et alors de tous côtés : « A la porte!... à la porte!... à bas le cabaleur!... » Et les taloches, et les coups de poing... on m'entoure... on me pousse... et je me suis trouvé dans la rue, sans contre-marque et sans chapeau... et pourtant c'était bien elle!...

CLERMONT.

ais qui donc, malheureux! qui donc?...

AUGUSTIN.

Est-ce que je ne vous l'ai pas dit?... (Hermance paraît vêtue en Espagnole.) Ah! la voilà!... c'est elle!...

SCÈNE XV.

LES MÊMES; HERMANCE; puis LE VICOMTE, entrant derrière elle.

CLERMONT.

Elle!...

HERMANCE.

Me voici, mon ami...

CLERMONT la saisit, la parcourt des mains, et reconnaissant la coiffure et le costume de Rosine, du *Barbier de Séville*, tombe à ses pieds en sanglotant.

Hermance!... ah! ma femme! ma femme!...

HERMANCE, le relevant.

Femme d'artiste!... me crois-tu maintenant?

CLERMONT.

Toi! un tel dévouement!... un si grand sacrifice!... ah! c'est trop! c'est trop!... et jamais je n'aurais souffert...

HERMANCE.

Je le savais, je le savais bien... aussi je voulais vous le cacher; et pour réussir dans une telle entreprise, il m'a fallu le secours d'un ami, d'un honnête homme...

LE VICOMTE.

Qui avait des torts envers vous, et qui a voulu les réparer.

HERMANCE, prenant la lettre que lui montre Clermont.

Et cette lettre du vicomte nous l'annonçait; demain, mon ami, nous partons pour Berlin, où l'on nous répond de ta guérison.

CLERMONT, au vicomte.

Votre main, monsieur, votre main!... Quoi, le docteur...

HERMANCE.

Nous pouvons le payer, car je suis riche maintenant!... la fortune d'une artiste, comme toi autrefois... quand tu m'as sauvée... chacun son tour.

CLERMONT.

Ah! dans tes bras!... dans tes bras!...

(Il s'y jette.)

SCÈNE XVI.

LES MÊMES; VICTORINE, accourant.

VICTORINE.

Madame... venez vite... l'entr'acte est trop long... et l'on demande Rosine à grands cris...

HERMANCE.

J'y vais...

CLERMONT.

Où donc?...

HERMANCE.

Achever le deuxième acte du *Barbier*, ce soir la clôture... et demain libres pour six mois... Allons, allons... partons...

(Elle se couvre de son manteau.)

CLERMONT.

Qu'elle doit être bien ainsi!... que ne puis-je la voir!...

HERMANCE.

Bientôt... mon ami, bientôt... dans cinq jours, à Berlin! Adieu!...

(Elle sort, suivie d'Augustin.)

LE VICOMTE.

Et moi... je reste à Paris!...

CLERMONT, au vicomte et à Victorine.

Mes amis... conduisez-moi... menez-moi...

VICTORINE.

Où donc?...

CLERMONT.

L'entendre!...

CICILY

ou

LE LION AMOUREUX

COMÉDIE-VAUDEVILLE EN DEUX ACTES

Théatre du Gymnase. — 8 Décembre 1840.

PERSONNAGES.   ACTEURS.

LORD GEORGES, marquis de Newcastle . . . . . MM. Tisserant.
PELHAM, son ami. . . . . Sylvestre.
JENKINS, aubergiste, fermier du château . . . . . Klein.

MARGUERITE BROWN, femme de charge . . . . Mmes Julienne.
CICILY, servante du château . . . . L. Volnys.

Un Domestique. — Un Garçon d'auberge.

Dans une auberge à quelques lieues du château de Newcastle, en Angleterre au premier acte; dans le château du marquis au deuxième acte.

CICILY
ou
LE LION AMOUREUX

ACTE PREMIER

Une chambre d'auberge. — Portes à gauche et à droite. Au fond, une large fenêtre. A droite et au deuxième plan, un lit avec baldaquin et rideaux. Des tables, des chaises, etc. A droite de la croisée au fond, un buffet. Vis-à-vis, dans l'autre angle, une petite table sur laquelle est une lampe allumée. Sur le premier plan, à gauche, un guéridon. A droite, une table.

SCÈNE PREMIÈRE.
LORD GEORGES, JENKINS.

JENKINS, introduisant Georges.

Oui, milord, votre seigneurie fera bien de ne pas continuer sa route et de s'arrêter dans mon auberge.

GEORGES.

Comment! il me serait impossible de me rendre ce soir à Newcastle! c'est donc bien loin?

JENKINS.

Six milles seulement! mais il y a la forêt à traverser, la

forêt qui dépend du château!... des chemins affreux, des fondrières... de quoi briser dix chaises de poste... la nuit s'entend!... car demain, au jour... une route superbe!

GEORGES, souriant.

Vous êtes aubergiste, monsieur Jenkins?

JENKINS.

Je m'en vante! on trouve de tout chez moi! (A un domestique qui entre portant un sac de nuit et un nécessaire de voyage.) Placez ces effets dans la chambre de milord.

(Montrant la porte à gauche.)

GEORGES, l'indiquant.

De ce côté?

JENKINS.

Une chambre magnifique!

GEORGES.

Mais pour y arriver, il me semble qu'il faut traverser celle-ci, ce qui n'est guère commode.

JENKINS.

C'est une idée de l'architecte, le meilleur du pays.

GEORGES.

J'aimerais alors autant un autre appartement.

JENKINS.

Il n'y en a pas d'autres.

GEORGES.

C'est une raison!

JENKINS.

Pas d'autres que ces deux chambres.

GEORGES, souriant.

L'auberge est fréquentée...

JENKINS.

Je suis moins aubergiste que maître de poste, et fermier... fermier de la marquise de Newcastle... c'est-à-dire de la marquise défunte, puisque nous l'avons perdue... une grande perte pour le pays !

GEORGES.

Vraiment !

JENKINS.

Une noble et digne femme ! pieuse, charitable et immensément riche ! fondant des écoles, élevant et dotant des jeunes filles... n'exigeant rien de ses fermiers quand ils avaient été grêlés, et la grêle tombait ici presque tous les ans... un pays bien commode pour ça.

GEORGES.

De sorte que vous la regrettez ?

JENKINS.

Je la pleure tous les jours ! d'autant que son petit-neveu, son seul héritier, ne lui ressemble guère.

GEORGES, allant s'asseoir près du guéridon à gauche, sur lequel sont des journaux.

Vous le connaissez ?

JENKINS.

Non ! il n'a pas encore daigné venir prendre possession de ses domaines... mais il nous a écrit pour régler le compte de ses fermages.

AIR : Ces postillons sont d'une maladresse.

La position était bien préférable
Quand nous comptions avec son intendant !
Un homme honnête et facile et traitable...
Ce n'est plus ça ; pour nous plus d'agrément !
Plus de douceur, pour nous plus d'agrément !
Nos blés jadis, par un rare avantage,
Étaient toujours détruits ou renversés,
Mais avec lui, plus de grêl' ni d'orage...
Nos beaux jours sont passés !

GEORGES, riant.

C'est donc un seigneur dur, intraitable et féroce ?

JENKINS.

On ne sait pas ce qu'il est! D'abord il a été élevé au château par sa grand'tante, qui lui a donné les meilleurs principes... les siens!... et quoiqu'il fût déjà ardent et vif comme le salpêtre, il était gentil, généreux, bon enfant et bon cœur!... mais ils l'ont envoyé avec un gouverneur à Oxford ou à Cambridge, je ne sais pas au juste! de là, il a voyagé sur le continent, est revenu à Londres, où son père, qui était mort, lui avait laissé ses titres, sa fortune, sa place au parlement, etc.; enfin, depuis une dizaine d'années, nous ne l'avons pas revu! et on a beau dire que les voyages forment la jeunesse, on ne s'en aperçoit guère chez lui!

GEORGES.

Comment cela?

JENKINS.

Son intendant m'a raconté que c'était un franc libertin, le plus mauvais sujet de la ville de Londres, où il y en a beaucoup... un mauvais sujet à la mode... un lion, comme il disait...

GEORGES.

Un lion!

JENKINS.

A cause de ses chiens et de ses chevaux qui remportent tous les prix à la course. Et puis autrefois il était mince et fluet, et son intendant dit qu'il est engraissé à ne pas le reconnaître, à cause de ses dîners et de ses soupers, où ils ont tous des verres... grands de ça... des verres qui contiennent toujours six bouteilles de vin de Champagne!

GEORGES, riant.

En vérité!...

JENKINS.

Et tenez... là, dans le *Morning-Chronicle*... on parle de lui... une course au clocher où assistait tout le monde élégant... il a manqué se tuer... c'est drôle!

GEORGES.

Ah! ah!...

JENKINS.

Il a été jeté par-dessus un mur dans un marais... le tout pour s'amuser.

GEORGES.

Cela suffit...

JENKINS, montrant le journal que tient Georges.

Et si tout ce qu'on raconte de lui est vrai!...

GEORGES.

En partie... je ne dis pas non!

JENKINS.

Vous le connaissez donc?

GEORGES.

Beaucoup!

JENKINS, effrayé.

Est-il possible!... je vous prie alors de lui parler de mon zèle et de mon dévouement.

GEORGES.

Il en est déjà instruit.

JENKINS.

Comment cela?

GEORGES.

C'est qu'il devait venir à Newcastle et qu'il est en route.

JENKINS.

En vérité!... et où est-il en ce moment?

GEORGES, se levant et prenant sa cravache qu'il a jetée sur la table et jouant avec.

Chez un fermier à lui!... un drôle nommé Jenkins!

JENKINS, poussant un cri.

C'est fait de moi!

AIR du *Pot de fleurs*.

A vos genoux, monseigneur, je m'attache;
J'ai mérité votre juste courroux!

GEORGES.

Relève-toi!

JENKINS.

De sa noble cravache
Je redoutais une grêle de coups!

GEORGES.

D'autres ainsi paîraient un tel outrage,
Mais avec moi, maître et seigneur nouveau,
Tu le disais, le temps est toujours beau!
(Jetant sa cravache.)
Jamais de grêle ni d'orage!

(On entend en dehors le fouet du postillon.)

Tiens, tu l'entends!... je te porte bonheur!... encore des voyageurs qui t'arrivent!

JENKINS.

Ah! mon Dieu!... je ne sais où je vais les loger, s'ils sont plusieurs!

GEORGES.

Je comprends!... à cause de l'architecte et de cette chambre unique en son espèce.

JENKINS.

Oh! l'on trouve de tout chez moi.

GEORGES.

Excepté des chambres...

JENKINS.

Elles sont toutes prises!

GEORGES.

C'est ton affaire... je garde la mienne.

SCÈNE II.

Les mêmes; PELHAM.

PELHAM, entrant.

Des chevaux!... des chevaux à l'instant même!... je suis pressé. (Levant les yeux.) Eh! milord Georges!... le nouveau marquis de Newcastle!

GEORGES.

Henri Pelham!... Tu arrives comme moi de Londres?

PELHAM.

Non, du côté opposé!... de ma terre d'Arlingford!

GEORGES.

C'est vrai, nous allons être voisins de campagne...

PELHAM.

Je vais au-devant de quelques amis qui m'ont promis de passer chez moi les fêtes de Noël.

JENKINS, vivement.

Vous ne couchez donc pas ici?

PELHAM.

Non, vraiment!

JENKINS.

Est-ce heureux!

PELHAM.

Pour moi... oui, sans doute... car je me rappelle une nuit que j'y ai passée... je ne veux que des chevaux.

JENKINS.

Ils sont prêts! on trouve tout chez moi! le temps seulement de leur donner l'avoine... des chevaux fins... des chevaux de course!

PELHAM.

Qui sont à la charrue en ce moment!

JENKINS.

Si ces messieurs veulent, en attendant, fumer quelques cigares... première qualité...

PELHAM, vivement.

Tu en as?

JENKINS, allant prendre la lampe au fond, et l'apportant sur le guéridon à gauche.

Non... mais voici une lampe très-bien allumée, et quant aux cigares!...

AIR de la Cracovienne.

Ah! Dieu merci!
En voyageur prudent et sage,
Milord, je gage,
Milord doit en avoir ici,
Sur lui!

GEORGES.

Il a dit vrai,
Oui, j'en ai là, de la Havane;
Il a dit vrai,
Nous en pouvons, mon cher, faire l'essai.

JENKINS.

Ah! pour le coup,
J'avais bien raison, Dieu me damne!
Car à son goût
Chacun chez moi trouve toujours de tout.

Ensemble.

GEORGES et PELHAM.

Oui, Dieu merci!
En apportant tout en voyage,
On peut, je gage,
On peut trouver de tout ainsi
Chez lui.

(Jenkins sort.)

SCÈNE III.

PELHAM, GEORGES. Tous deux assis près de la table à gauche, et fumant.

PELHAM.

Je repasse dans quelques heures et je t'emmène avec nous à Arlingford !

GEORGES.

Je te remercie.

PELHAM.

Tu seras en pays de connaissance... tous nos amis de Londres, dont tu es le héros, le dieu et le modèle !

GEORGES.

Il faut que je sois demain à Newcastle... j'ai annoncé mon arrivée à tous mes gens d'affaires, qui m'attendent.

PELHAM.

Tu t'occupes donc de tes affaires ?

GEORGES.

Certainement.

PELHAM.

Je vais alors m'en occuper aussi ! c'est donc le genre ?

GEORGES.

C'est le mien.

PELHAM.

C'est le bon ! car tout ce que tu fais maintenant devient comme il faut et à la mode !... aussi, je tâche de t'imiter; mais j'ai beau faire, j'ai beau aller plus loin et te dépasser en tout, je ne peux pas avoir la vogue que tu accapares !... Tu avais un cuisinier français, je te l'ai enlevé ! Tu avais une chanteuse italienne... j'en ai pris deux !... Tu as inventé le premier de raser tes chevaux... j'ai pris un barbier à l'année pour les miens!... Rien n'y fait! je ne peux pas attirer les regards, qui, constamment attachés sur toi, s'obstinent à te suivre!... Comment fais-tu?

GEORGES.

Je l'ignore!... mais...

AIR du vaudeville d'*Arlequin musard*.

Pour fixer la mode inconstante,
Tu prends le plus mauvais moyen!
Car cette moderne Atalante,
La vogue, mon cher, vois-tu bien,
De même que toute autre belle,
Bizarre et coquette en ses goûts,
Dès que vous courez après elle,
Ne veut plus courir après vous!

PELHAM.

Voilà deux hivers de suite que tu es le héros du monde élégant... le lion de la société fashionable, et quand nous paraissons ensemble à Hyde-Park ou à l'Opéra, j'entends tout le monde dire à voix basse : « C'est lui!... le voilà!... » et pourquoi pas les voilà?... ça ne leur coûterait rien, et ça me ferait tant de plaisir!

GEORGES.

Cela viendra.

PELHAM.

Je l'espère bien!... ou je me brûlerai la cervelle!

GEORGES.

Voilà le moyen que tu cherchais... un moyen de faire du bruit!

PELHAM.

Tu crois?... j'en aimerais mieux un autre... Mais à propos d'éclat, dis-moi pourquoi tu as refusé cette riche héritière qu'on te proposait... le plus beau parti du royaume!... est-ce qu'elle était laide?...

GEORGES.

Je ne l'ai jamais vue !

PELHAM.

Un mariage proposé par la reine !... pourquoi ?... quel motif ?

GEORGES.

Ah ! tu me demandes le motif ?

PELHAM.

Certainement.

GEORGES.

Eh bien !... je n'en avais aucun !

PELHAM, étonné.

Aucun ?

GEORGES.

Que de faire parler les sots !

PELHAM, de même.

Ah ! bah !

GEORGES, remontant la scène.

Tu vois que j'ai réussi !... Depuis deux mois, il n'est question que de cela !

PELHAM.

C'est, ma foi, vrai !... c'était une idée ! Et pour l'hiver prochain qu'est-ce que nous inventerons ?...

GEORGES.

Nous verrons !... je chercherai !

PELHAM.

Tu me le diras !...

GEORGES.

Certainement !

PELHAM, à part.

Parce que, si je peux lui souffler son idée...

GEORGES, revenant près de Pelham.

Ah çà! j'espère bien que c'est vous autres chasseurs qui demain viendrez tous à Newcastle! je vous y attends!

PELHAM.

A la bonne heure! Demain, au point du jour, nous viendrons ici en passant, te réveiller au son du cor, une aubade sous tes fenêtres, et puis, dans la journée, le rendez-vous de chasse dans ton château.

GEORGES.

Je n'y ai pas mis le pied depuis dix ans; mais si mon intendant n'a pas tout bu, nous devons, en fait de vieilles bouteilles, trouver nombreuse compagnie, car ma grand'tante n'y touchait pas.

PELHAM.

Ah! le pays est excellent! outre le vin et le gibier, nous avons encore le chapitre des vassales... des petites paysannes charmantes!

GEORGES, d'un air de dédain.

Ah! tu fais encore attention à cela, toi?

PELHAM.

Pourquoi pas?... à la campagne... je ne suis pas comme toi, qui es déjà blasé sur tout, grâce à tes conquêtes de grandes dames!... moi, je tiens au tablier de paysanne.

GEORGES.

Ah! fi donc!... c'est mauvais genre, mon cher!

PELHAM, souriant.

C'est dommage, car c'est gentil... et tout à l'heure encore, je viens d'en rencontrer une!... une petite paysanne charmante!... une rose véritable, une fleur de beauté!... une tournure... une taille délicieuses... Elle cheminait à pied sur la lisière du bois, son petit paquet sous le bras... et moi, qui étais seul dans une grande berline... j'ai fait arrêter le postillon... et galamment j'ai proposé à la jeune fille une place.

GEORGES.

Qu'elle a acceptée?

PELHAM.

Non!... qu'elle a refusée.

GEORGES.

Elle a bien fait.

PELHAM.

Et pas moyen de lui conter fleurette... j'ai essayé... une vertu du diable!

GEORGES, riant.

Ah! de la vertu!

PELHAM.

Il y a de tout dans ce domaine!... c'est comme dans l'auberge de Jenkins.

SCÈNE IV.

LES MÊMES ; JENKINS, puis CICILY.

JENKINS.

Monsieur le baronnet, vos chevaux sont prêts et vous attendent.

PELHAM, allant prendre son chapeau et son paletot, qu'il a déposés, en entrant, sur une chaise, près de la porte de gauche.

C'est bien, je descends!

(Bas à Georges, qui est resté assis à gauche du théâtre, et lui montrant Cicily qui entre.)

AIR : Que vois-je! quel minois! (*Le Domino noir.*)

C'est elle!... hein! quel minois charmant!

GEORGES, toujours assis.

Elle n'est pas trop mal, vraiment...
Mais lorgner une paysanne...
Pour toi, d'honneur, j'en suis confus,
Et le bon genre te condamne!

PELHAM, vivement.

C'est fini, je n'y pense plus!
Ne va pas dire à nos amis
Que j'ai manqué d'en être épris.
(A Cicily.)
Adieu, charmante,
Adieu!

CICILY.
Votre servante.

Ensemble.

PELHAM.

La belle fille!
Qu'elle est gentille!
En elle brille
Si doux attrait,
Que, sans la mode,
Moi, ma méthode,
Simple et commode,
La choisirait.

GEORGES et JENKINS.

La belle fille!
Qu'elle est gentille!
En elle brille
Si doux attrait,
Que sa méthode
Simple et commode,
Malgré la mode,
La choisirait.

(Pelham sort.)

SCÈNE V.

GEORGES, à la table de gauche; il ouvre son portefeuille, en tire plusieurs billets de banque; puis il prend une plume et du papier et prend des notes. A droite sont CICILY et JENKINS.

CICILY, à Jenkins.

Eh bien! monsieur l'aubergiste, et moi, où me placerez-vous pour cette nuit?

JENKINS.

Ici, ma chère enfant; toutes mes autres chambres sont prises.

CICILY, montrant Georges.

Eh bien! et ce jeune monsieur?

JENKINS.

Dans la chambre ici près... Rassurez-vous... c'est un lord, un seigneur... et puis, il y a un bon verrou de votre côté.

CICILY.

Très-bien... Et cette fenêtre?

(Montrant celle du fond.)

JENKINS.

Donne sur un torrent profond, trente-deux pieds de hauteur, et des pointes de rochers... c'est à se briser si on y tombait... (A Cicily qui ouvre la fenêtre.) Prenez garde en ouvrant la fenêtre, le balcon est cassé.

CICILY, se débarrassant de son paquet, de son chapeau et de son petit manteau, qu'elle place sur une chaise, au fond.

Je vous remercie.

JENKINS.

Quant à cette porte... celle de l'escalier qui conduit à la cuisine... (Lui montrant la table.) et la sonnette quand vous aurez besoin de quelque chose...

CICILY.

A merveille!

JENKINS.

Je vais m'occuper de votre souper et de celui de milord; ça ne sera pas long.

(Il fait quelques pas pour sortir.)

CICILY, le rappelant.

Encore un mot, monsieur l'aubergiste... Je voudrais demain, de bon matin, être à Newcastle...

GEORGES, levant la tête.

Ah!

CICILY.

Je craindrais de me perdre dans la forêt, et si vous pouviez me trouver un guide qui me conduisît au château...

JENKINS, lui montrant Georges.

En voici le maître, lord Georges...

CICILY, à part.

Oh ciel!

JENKINS, sortant.

Qui mieux que moi vous donnera des renseignements.

(Il sort.)

SCÈNE VI.

GEORGES, CICILY.

CICILY.

Quoi! milord, il serait possible!... oui, je crois me rappeler des traits...

GEORGES.

Que voulez-vous?

CICILY.

Oh! vous ne pouvez me reconnaître, moi!... une pauvre jeune fille, recueillie au château par les soins de votre tante... et presque élevée avec vous... depuis longtemps vous m'avez oubliée... mais moi, jamais!

GEORGES.

Cicily!

CICILY.

Ah! il se rappelle mon nom!

GEORGES, se levant.

Ma filleule!

CICILY, avec joie.

Oui, mon parrain, oui, c'est moi.

GEORGES.

La fille d'un soldat que j'ai tenue sur les fonts baptismaux... une idée de ma grand' tante.

CICILY.

Qui voulut me donner dans mon jeune maître un second protecteur.

GEORGES.

Et tu as maintenant?

CICILY.

Dix-huit ans.

GEORGES, la regardant.

Tant que cela?... Tu es, ma foi, devenue une grande et belle fille!

CICILY.

Trouvez-vous, mon parrain?... tant mieux!... Moi, je n'ose pas vous dire que je vous trouve superbe... un air noble, une tournure de seigneur, ça se voit tout de suite... et je ne peux pas croire qu'autrefois vous me faisiez l'honneur de jouer avec moi dans les jardins du château... il est vrai qu'il y a dix années de cela.

GEORGES.

Dix ans que je suis parti!

CICILY.

Le 30 octobre 1828... un lundi... matin... un temps affreux... c'était bien triste ; je me disais : Mon pauvre maître va être mouillé, il va s'enrhumer... Et depuis ce temps, nous n'avons pas cessé de parler de vous avec votre tante... qui a été si bonne pour moi!... qui m'a traitée comme sa fille... Elle aimait la lecture ; je lui lisais tous les soirs dans de beaux livres que je n'ai jamais oubliés!... et puis elle n'avait qu'un plaisir... c'était la musique !... et j'ai appris le piano!...

GEORGES.

Comment diable!... tu es instruite !

CICILY.

Pour elle!... pas pour moi... qu'est-ce que j'en ferais?... mon seul désir était de ne jamais la quitter... mais, il y a un an, il nous est arrivé des nouvelles de New-York... de mon père... qui est bien vieux... il demandait à me voir... et c'est madame la marquise qui m'a dit elle-même : « Je ne sais pas comment je me passerai de toi, mais c'est égal... pars, mon enfant!... » Je suis partie, et mon père a été si heureux de me voir, qu'il n'est plus si vieux maintenant ; et j'aurais bien prolongé mon séjour... mais j'ai reçu une lettre de ma bienfaitrice, qui me disait : « Reviens, ma fille... reviens ! j'ai pour toi un mariage!... » Un établissement!... ce n'est pas ça qui m'aurait fait revenir, mais elle ajoutait : « J'ai besoin de toi... je suis souffrante!... » Et j'ai tout quitté... me voici !... j'ai tant d'envie de la revoir, que j'étais désespérée de ne pouvoir me rendre ce soir au château... Mais je vous rencontre, milord... me voilà presque contente de mon malheur... et demain nous partons ensemble!... Comment va-t-elle ?

GEORGES, à part.

Oh ciel!... (Haut.) Est-ce que tu ne sais pas...

CICILY, avec inquiétude.

Quoi donc?... est-ce qu'elle est toujours souffrante ?

GEORGES, vivement.

Non!... non... elle ne souffre plus !

CICILY.

Oh! tant mieux! mais alors elle n'a pas reçu ma lettre; car je la priais d'envoyer quelqu'un à ma rencontre, c'est pour cela que je suis venue toute seule. Que je suis heureuse!... que je suis joyeuse!... Et enfin vous venez la voir! c'est bien à vous! car souvent elle a été froissée de votre oubli... elle n'en parlait pas; elle est si bonne!... mais elle vous le dira demain en vous embrassant!

GEORGES, à part.

En vérité, je ne sais comment lui apprendre... Demain... D'ailleurs, la pauvre fille saura toujours assez tôt... autant lui laisser passer une bonne nuit de plus...

CICILY, qui a remonté le théâtre.

A quelle heure, milord, partons-nous demain?

GEORGES.

Sur les neuf heures.

CICILY.

C'est bien tard!... Pardon, c'est à moi de prendre vos ordres. Et vous daignerez donc me donner une place?

GEORGES.

Mais, oui.

CICILY.

Dans votre voiture... quel bonheur!

GEORGES.

On m'a dit cependant que par goût tu préférais aller à pied... témoin ce jeune baronnet que tu as refusé ce soir.

CICILY.

Est-ce que je n'ai pas bien fait?... un étranger... un jeune homme... tandis que vous!...

GEORGES.

Je ne suis donc pas un jeune homme?

CICILY.

Du tout!... vous êtes mon maître... mon parrain... le neveu de ma bienfaitrice...

GEORGES.

De sorte que tu n'as pas peur avec moi?

CICILY.

Tiens! par exemple!... et de quoi donc? dès que vous êtes là, je suis tranquille!... il n'y a pas de danger!

GEORGES, souriant.

C'est tout au plus si ce que tu me dis là est flatteur pour moi.

CICILY, naïvement.

Bah! en quoi donc?... (Se retournant, et voyant un garçon qui apporte du linge et des assiettes.) C'est votre couvert qu'on apporte... (Le prenant des mains du domestique.) Donnez, donnez... c'est moi que cela regarde! (Le domestique sort.) Servante du château... je peux bien l'être ici, à l'auberge... pour vous, milord! c'est un devoir... c'est un plaisir... allez... allez... je vous servirai mieux qu'eux tous... ce n'est pas le nombre des domestiques... c'est le zèle qui fait tout. (Elle a étendu la nappe sur la table, posé les assiettes, le verre, la bouteille, l'argenterie.) Voilà du linge qui n'est pas bien fin... (Frottant une cuiller d'argent.) et de l'argenterie qui ne brille guère... ce n'est pas trop bon pour vous... mais demain, dans le château de votre tante... dans le vôtre... vous verrez! Dieu, que c'est beau à Newcastle!... et nous tâcherons que vous y soyez comme un prince... D'abord, vous pouvez disposer de moi depuis le matin jusqu'au soir.

GEORGES.

En vérité!

CICILY.

Au premier coup de sonnette, je serai toujours là.

GEORGES, la regardant pendant qu'elle va et vient et met le couvert.

Pelham avait raison; elle est charmante, et d'une naïveté... d'un dévouement... après cela... toute une soirée à passer dans une auberge... c'est diablement long... Au fait, elle cause fort bien, et pour moi qui n'ai rien à faire, ça m'occupera.

CICILY, qui a achevé de mettre le couvert.

Comme vous me regardez, mon parrain!

GEORGES.

Ça te trouble...

CICILY.

Nullement... ça me fait plaisir... car, après l'affection de ma bonne et digne maîtresse, ce que je désire le plus...

GEORGES.

Qu'est-ce que c'est?

CICILY.

C'est la vôtre, mon parrain.

GEORGES.

Vrai! ma gentille filleule?

CICILY.

C'est tout naturel : vous êtes son neveu, son seul parent; et dans une noble maison comme celle de Newcastle, les domestiques sont presque de la famille; ils y naissent et ils y meurent... ils donneraient leur vie pour leurs maîtres, et pour les miens, je me jetterais au feu!

GEORGES, se récriant.

Oh! je n'exige pas cela.

CICILY.

Tiens, vous en avez le droit... Songez donc que je dois à madame la marquise mon existence, mon éducation, et plus encore... elle m'a donné de la vertu et de la religion, et m'a appris que pour une jeune fille, il valait mieux perdre la vie que son honneur!

GEORGES, à part.

Quelle diable d'idée ma tante lui a donnée là!

CICILY.

Et soyez tranquille, je n'oublierai jamais ses leçons!... je serai toujours digne d'elle et de vous, mon parrain.

GEORGES, avec embarras.

Tu es bien bonne!... mais tiens...

(Détachant la chaîne qu'il a au cou.)

AIR : Ne nous trahissez pas tous deux. (*Lestocq.*)

COUPLETS.

Premier couplet.

Reçois de ma main ce présent,
Qu'il soit d'un tendre attachement
  Le signe!

CICILY.

Ah! quel étonnement nouveau!
Qui, moi?... recevoir un si beau
  Cadeau!

GEORGES.

Eh quoi! tu sembles hésiter!

CICILY.

Je ne sais s'il faut accepter!
Car, voyez-vous, un tel trésor...

GEORGES.

De tant de charmes est encor
  Peu digne!

CICILY.

Au contraire!... et, sur mon honneur,
D'être trop belle, monseigneur,
  J'ai peur!

Deuxième couplet.

GEORGES.

Va, sans crainte et sans hésiter,
D'un parrain tu peux bien porter
  La chaine!
Ce présent qu'il te donne ainsi...

CICILY.

Restera toujours comme lui
(Montrant son cœur.)
Ici !
(Elle s'éloigne un peu et gagne la droite de la scène.)

GEORGES, à part.

Pour un habile séducteur,
Ah ! je me croyais plus de cœur !
Au moment de me hasarder,
Vraiment j'ose la regarder
A peine !
Et, désarmé par sa candeur,
Auprès d'elle, sur mon honneur,
J'ai peur !

(A part.) Allons, du courage ! (Haut.) Sais-tu que tu es bien jolie !

CICILY, indifféremment.

Qu'est-ce que ça fait ?

GEORGES.

Comment ! ce que ça fait ?

CICILY.

Qu'importe à milord, pourvu que je le serve bien ? pourvu qu'il ait en moi une bonne et fidèle domestique ?

GEORGES.

Fi donc !... tu seras mieux que cela... je l'espère.

CICILY.

Quoi donc ?

GEORGES.

Ne serais-tu pas heureuse de venir avec moi à Londres ?

CICILY, riant.

Je devine !... vous allez vous marier ?... Quel bonheur !... Et vous voulez que je sois femme de chambre de milady ?... Dame ! si votre tante y consent, et surtout si elle vient avec nous... je serais enchantée... J'élèverai vos enfants, je leur apprendrai à vous chérir, à vous honorer, à devenir comme leur père de nobles et vertueux seigneurs...

GEORGES, avec impatience.

C'est bien, c'est bien... ce n'est pas de cela que je voulais te parler.

CICILY.

De quoi donc alors?

GEORGES, à part.

Je n'en sais rien... ça devient embarrassant en diable! (Haut.) Dis-moi, Cicily... as-tu des amoureux?

CICILY.

Tiens, cette idée!... si j'en avais, je le dirais à vous ou à votre tante, puisqu'elle veut me marier... ou plutôt, ce n'est pas à moi de choisir, c'est à elle... et à vous, mon parrain.

GEORGES.

Et celui qu'on te présenterait... tu l'épouserais?

CICILY.

Certainement.

GEORGES.

Et tu l'aimerais?

CICILY.

Comme une honnête femme!

GEORGES.

Et si tu ne pouvais pas?

CICILY.

On peut toujours quand on le veut... Dieu m'en donnerait la force.

GEORGES, souriant.

Dieu n'a pas le temps de se mêler de ça.

CICILY, d'un ton de reproche.

Ah! ce n'est pas bien, mon parrain; il a le temps de tout voir et de tout entendre, même ce que vous venez de dire.

(Elle va au buffet.)

GEORGES, à part, avec impatience.

Allons, puritaine et dévote, il ne manquait plus que cela... Il faut pourtant en finir; car si on nous écoutait, je serais perdu de réputation. (Haut, rejoignant Cicily, qui vient de redescendre près du guéridon.) Sais-tu, Cicily, que depuis une demi-heure, il y a une chose que je n'ai pas encore osé te dire?

CICILY.

Et laquelle?

GEORGES.

C'est que tu as les plus beaux yeux du monde, et une taille admirable.

CICILY, étonnée.

Pourquoi me dites-vous cela?

GEORGES.

Une taille de duchesse... et encore... je n'en connais guère, moi qui en connais beaucoup, qui pourraient soutenir la comparaison.

CICILY, troublée.

Mon parrain...

GEORGES, s'animant.

Non, par la mort Dieu!

CICILY.

Ah! vous jurez!... Que dirait votre tante?

GEORGES.

Ce qu'elle voudra!... Je jure que tu es la plus belle fille d'Angleterre et d'Écosse.

CICILY, s'éloignant à reculons, et se réfugiant derrière la table à droite.

Ah! mon Dieu! mon parrain, quel ton et quelles manières!... vous me faites peur!

GEORGES.

Ne disais-tu pas tout-à-l'heure que pour moi, tu te jetterais dans le feu?

CICILY.

Sur-le-champ!

GEORGES, allant pour la joindre.

Je ne t'en demande pas tant... Et pourquoi alors veux-tu t'échapper de mes bras?

CICILY, s'enfuyant à gauche, près du guéridon.

Je ne sais; mais laissez-moi, laissez-moi... Il me semble que ce n'est pas bien.

AIR : Ne restons pas ensemble. (*Zanetta*.)

CICILY.

Ah! laissez-moi, de grâce!
(A part.)
Que faut-il que je fasse?
Son air et son audace
Me font trembler d'effroi!

GEORGES.

Écoute-moi, de grâce!
Pardonne à mon audace;
Si ton maître t'embrasse,
Est-ce un sujet d'effroi?

Ensemble.

CICILY.

A moi, Dieu tutélaire!
Exaucez ma prière,
Et malgré sa colère,
Venez! secourez-moi!

GEORGES.

Écoute-moi, ma chère,
Je ne veux que te plaire;
Exauce ma prière,
De grâce, écoute-moi!

(Cicily saisit la sonnette, et sonne toujours sur la ritournelle du morceau.)

GEORGES, parlant sur la ritournelle.

Me compromettre aux yeux de mes gens, moi, ton maître!... Il n'est plus temps... les voici!

SCÈNE VII.

Les mêmes; JENKINS; puis UN DOMESTIQUE.

JENKINS.

Eh bien! qu'y a-t-il donc?

CICILY, avec émotion.

Milord, que vous faites attendre, et qui demande son souper; voilà pourquoi je sonnais!

GEORGES, à part, et respirant plus librement.

A la bonne heure !

JENKINS, montrant un domestique qui apporte des plats.

Voilà, milord... voilà le roast-beef et les perdreaux... si votre seigneurie veut se mettre à table...

GEORGES, brusquement.

C'est bien! une chaise.

(Cicily s'empresse de lui en donner une.)

JENKINS, pendant ce temps, regardant sur une table à gauche.

Diable! des billets de banque! en voilà-t-il.

GEORGES, avec humeur.

Qu'est-ce que tu fais là?

JENKINS.

C'est que milord a laissé là des billets de banque.

GEORGES.

C'est bon! je n'ai pas besoin de tant de monde. (Montrant Cicily.) Cette jeune fille est du château.

CICILY, vivement.

Et prête à servir milord!

GEORGES, avec ironie.

Vous êtes bien bonne!

CICILY, modestement.

C'est mon devoir... et pour tout ce qui est de mon devoir...

GEORGES, l'interrompant.

Cela suffit! on ne vous en demande pas davantage! (Tendant son verre.) A boire!

JENKINS, toujours derrière Georges.

C'est du bordeaux.

GEORGES, brusquement.

Je le verrai bien!

(Cicily, d'une main tremblante, vient de lui servir à boire. Georges, tenant son verre plein à la main, la regarde avec dépit; il veut parler, se tait, et remet sur la table son verre sans le boire.)

JENKINS, toujours derrière Georges.

Comment milord le trouve-t-il?

GEORGES.

Détestable!

JENKINS, à part, s'avançant et voyant le verre plein.

Il n'y a seulement pas goûté!

GEORGES, le regardant.

Accommode cette salade à la française... non... pas toi!... mais elle... (Avec ironie.) si toutefois elle le veut bien!... et si elle s'y entend. (Cicily prend vivement la salade et les burettes, et, debout, accommode la salade sur le coin de la table près de Georges, qui est assis. Georges toujours avec ironie.) Si elle daigne s'y entendre!

CICILY, sans le regarder et continuant à faire la salade.

Très-bien, milord!

GEORGES, de même.

C'est admirable! (Jenkins est redescendu, et remonte quelques instants après, rapportant d'autres plats.) Tous les talents réunis!... la lecture, le piano et la salade. (Jenkins entre à gauche dans la chambre de Georges.) Ma tante n'a rien négligé, et je conçois qu'avec une éducation aussi brillante, aussi distinguée... on soit fière et dédaigneuse, que l'on se croie au-dessus de son maître et en droit de le repousser. (A Cicily, qui sans dire un mot retourne la salade.) Eh bien! vous gardez le silence! Mademoiselle ne me fera même pas la faveur de me répondre?

CICILY, avec douleur et résignation.

Quand milord parle, je dois me taire... il a le droit de me gronder, et même de me tourner en ridicule!

GEORGES, avec dépit.

Ridicule, dites-vous!... Ah! vous savez mieux que personne qui de nous deux l'est le plus en ce moment, et vous ne manquerez pas de raconter ce qui vient de se passer... de vous en vanter!

CICILY, avec douleur.

Jamais!... je voudrais l'oublier.

GEORGES, avec dépit.

Vous direz qu'un grand seigneur, un lord vous aimait!... Détrompez-vous... Il n'y songeait seulement pas!

CICILY.

C'est ce que je désire, milord!

GEORGES, de même.

Ce n'était qu'une fantaisie, un caprice dont je rougis!

CICILY.

Votre seigneurie a raison!

GEORGES, avec une colère concentrée.

Ah! vous raillez votre maître!

CICILY, tremblante.

Non, milord!

GEORGES, de même.

Et que faites-vous donc?

CICILY, posant le saladier devant Georges.

Je le sers... voilà tout!

GEORGES, avec humeur et repoussant le saladier.

Je n'en veux pas!... ôtez-moi cela!... non, un couvert... non, une assiette! (Cicily, troublée, laisse tomber l'assiette, qu'elle casse. Georges, avec emportement.) Maladroite!... elle ne sait rien faire!... et Dieu me damne!...

JENKINS, sortant de chez Georges.

Qu'est-ce que c'est?

(Il ramasse l'assiette et sort par la droite.)

GEORGES.

Pardon, c'est malgré moi... un mouvement de colère...

CICILY.

Ne vous excusez pas!... quand je fais mal... il est juste que vous soyez fâché! (D'un air suppliant.) Mais quand je fais bien!...

GEORGES, avec hauteur.

Qu'est-ce que c'est?

CICILY, timidement.

Pardon, milord!

GEORGES.

Milord!... toujours milord... pourquoi ne m'appelez-vous plus votre parrain?

CICILY.

C'est que par malheur mon parrain n'est plus ici.

(Elle détache sa chaîne, et la place sur la table.)

GEORGES, étonné.

Qu'est-ce que cela signifie?... moi reprendre ce que j'ai donné!

CICILY, timidement.

Vous les remettrez à mon parrain quand il reviendra.

GEORGES.

Ah! c'en est trop! je ne souffrirai pas qu'on veuille ainsi me donner des leçons, et je vous apprendrai... (A Jenkins qui entre en ce moment.) Qu'est-ce que c'est?

JENKINS.

Le dessert !

GEORGES.

Je n'en veux pas !... voilà deux heures que je suis à table... ma chambre... mon lit !

JENKINS.

C'est de ce côté.

GEORGES.

Et du feu...

JENKINS.

Ah ! mon Dieu, je n'y ai pas pensé !

GEORGES, à Cicily.

Eh bien ! qu'est-ce que vous faites là ?... à quoi pensez-vous ? n'entendez-vous pas qu'il me faut du feu ?

CICILY, prenant du feu dans la cheminée.

J'y vais, milord.

JENKINS, lui mettant du bois sous le bras.

Tenez, ces deux fagots... et ce bougeoir...

(Elle entre dans la chambre à gauche, avec le feu, le bois et le bougeoir.)

SCÈNE VIII.

GEORGES, JENKINS.

JENKINS.

Milord a-t-il bien soupé ?

GEORGES.

Je n'en sais rien !

JENKINS, à part, regardant sur la table.

Je le crois bien ! il n'a pas mangé. C'est égal, je l'ai mis sur la table, ça sera sur la carte. (Haut.) J'espère que milord dormira bien...

GEORGES, avec impatience.

Dieu le veuille!

JENKINS.

Les lits sont excellents.

GEORGES.

C'est bien! Dès que ma chambre sera prête... Voyez si elle en finira!

JENKINS.

Dame! c'te jeune fille vient d'entrer à l'instant.

GEORGES.

Et toi aussi qui la défends!

JENKINS.

Je dis cela, parce qu'elle a l'air d'avoir du zèle.

GEORGES.

Une sotte... une niaise... une raisonneuse que je renverrai... que je chasserai.

JENKINS, à part.

Ça va bien!

GEORGES.

Et toi aussi!

JENKINS, à part.

Quel mauvais maître!

GEORGES.

Écoute ici! Quelque question que cette fille t'adresse, ne t'avise pas de lui apprendre que ma grand'tante est morte...

JENKINS.

Ah! bah!

GEORGES.

Et que c'est moi qui désormais suis seigneur et maître de Newcastle.

JENKINS.

Et pourquoi ça?

GEORGES.

Je t'ai déjà dit que je n'aimais pas les raisonneurs... et si tu me désobéis, si tu ouvres la bouche, c'est le mois prochain que finit ton bail, je t'augmente du double.

JENKINS.

Ah! mon Dieu!

GEORGES.

Et de plus, je te fais rendre tout ce que tu as volé à ma tante.

JENKINS.

Me ruiner! me réduire à la mendicité!

GEORGES, voyant paraitre Cicily.

Tais-toi.

JENKINS, à part.

Oh! quel mauvais maître!

SCÈNE IX.

LES MÊMES ; CICILY, sortant de la chambre à gauche.

CICILY, éteignant sa bougie et plaçant le bougeoir sur la table à gauche.

La chambre de milord est prête.

GEORGES, avec humeur.

Enfin, ce n'est pas sans peine!
(Il s'approche de la table où est la lumière, et tire sa montre, qu'il monte.)

JENKINS, s'approchant de Cicily.

Si maintenant mademoiselle veut souper, voilà des perdreaux auxquels milord n'a seulement pas touché.

CICILY.

Je vous remercie, je ne prendrai rien, je n'ai pas faim.

14.

GEORGES, brusquement.

Et pourquoi ? est-ce que vous êtes malade ?

CICILY, avec émotion.

Non, milord... je me porte à merveille.

GEORGES.

Vous souffrez, je le vois bien !

CICILY.

Qu'est-ce que ça fait ?

GEORGES, courant à elle.

Elle se trouve mal... Vite, dans ma chambre... dans mon nécessaire... un flacon... Allez... allez donc !

JENKINS, prenant le bougeoir qui est sur la table à gauche et qui est éteint.

Il faut y voir ! (Georges prend sur la table un billet de banque, le tortille vivement et l'allume à la lampe.) Oh ciel ! un billet de banque !

GEORGES.

Qu'importe ? (Regardant Cicily.) Non... elle revient !... (Lui prenant la main avec bonté.) Eh bien, mon enfant ?...

CICILY.

Ne vous inquiétez pas, milord ; votre appartement est prêt, et pourvu que votre seigneurie dorme bien...

GEORGES.

Je n'en ai pas envie.

JENKINS, à part.

Lui ! qui tout-à-l'heure... A-t-il des caprices !

GEORGES, brusquement.

Eh bien ! tu ne peux pas ranger ici ?

JENKINS.

Je ne fais que cela ! (A part.) Je déteste les grands seigneurs.

(Il va et vient, ôte le couvert, la nappe, la table ; il sort de la chambre et y rentre à chaque instant.)

GEORGES, pendant ce temps, sur le devant du théâtre, et s'approchant de Cicily, qui essuie une larme.

Écoute. Tu as été tout-à-l'heure avec moi bien orgueilleuse, bien fière, bien impertinente.

CICILY.

C'est sans le savoir, car Dieu sait si je vous respectais et vous honorais !

GEORGES, avec dépit.

C'est-à-dire que maintenant il n'en est plus ainsi.

CICILY, vivement.

Toujours, milord, toujours ! il dépend de vous que je vous regarde encore comme mon maître, mon bienfaiteur.

GEORGES.

Soit... je peux tout oublier.

CICILY.

Et moi aussi... je ne demande pas mieux...

GEORGES.

Je puis te pardonner, à une condition.

CICILY.

Laquelle ?

GEORGES.

J'ai à te parler... je ne le puis devant cet homme... et tout-à-l'heure... (Montrant la porte à gauche.) tu ne fermeras pas cette porte !

CICILY, avec indignation.

Ah ! milord !

GEORGES.

Me le promets-tu ?

CICILY, avec fermeté.

Non.

GEORGES.

Prends garde ! tu ne me connais pas ! je te dis que j'ai

à te parler, et si tu te fies à ma parole et à mon honneur, tu n'as rien à craindre... mais si tu me refuses cet instant d'entretien, je l'aurai, je te le jure.

CICILY.

Je jure que non.

GEORGES.

Je tiendrai mon serment.

CICILY.

Et moi le mien.

GEORGES.

C'est ce que nous verrons! (Il va à la table, ramasse ses billets de banque, qu'il serre dans un portefeuille; puis il prend le bougeoir que lui présente Jenkins. A Cicily.) Adieu. Songe à ce que je t'ai dit... (A Jenkins, qui le reconduit.) Et toi aussi!

(Il entre dans l'appartement à gauche.)

SCÈNE X.

CICILY, JENKINS.

JENKINS, à part.

Je n'ai garde d'y manquer... mon bail que je perdrais! (Haut.) Adieu, miss... Vous n'avez besoin de rien?... Voici votre appartement.

CICILY.

Cette chambre n'a pas d'autre issue?

JENKINS.

Pas d'autre que ces deux portes...

CICILY, montrant celle à gauche, dont elle va mettre le verrou.

Dont je vais fermer l'une...

JENKINS, montrant celle à droite.

Et moi l'autre en m'en allant. Oh! l'on est en sûreté chez moi. Je vais me coucher dans l'autre corps de logis.. c'est là que je demeure. Bonsoir, mademoiselle.

CICILY.

Bonsoir, monsieur Jenkins; fermez bien la porte.

JENKINS.

Oh! soyez tranquille... des serrures excellentes... on trouve de tout chez moi... Bonne nuit, miss.

CICILY.

Bonsoir.

(Il sort par la porte à droite, qu'on entend fermer à double tour.)

SCÈNE XI.

CICILY, seule.

Je n'en puis revenir encore... mon jeune maître que j'avais tant d'envie de revoir... c'est qu'autrefois, et quand nous étions élevés ensemble, il était si bon, si généreux!... je ne dis pas qu'il n'eût des défauts... mais un cœur si loyal, si honnête... un si bon naturel, avant de partir pour l'université!... Voilà ce qu'on y apprend... c'est là qu'il a commencé, et puis il s'est achevé à Londres, où il est devenu méchant... (Tout en parlant, elle vient se mettre devant une glace où elle se coiffe pour la nuit.) Ce n'est peut-être pas encore désespéré; mais si ça ne fait qu'augmenter, comment l'arrêter? comment le corriger?... Faut-il que demain j'en parle à sa grand'tante?... Ce serait terrible, elle qui aime tant la vertu... elle n'aimerait plus son neveu, elle ne voudrait plus le voir, elle le déshériterait, et c'est moi qui en serais cause... oh! non!... Est-ce malheureux cependant que dans une famille d'honnêtes gens il y ait comme cela des mauvais sujets!... (On frappe à la porte à gauche.) C'est encore lui!

GEORGES, en dehors.

Cicily... ouvre-moi, comme nous en sommes convenus.

CICILY, à part.

Par exemple!... voilà une effronterie... Je ne lui répondrai même pas.

GEORGES, frappant encore plus fort.

M'ouvriras-tu?... réponds-moi!... réponds, ou je brise cette porte.

CICILY, s'approchant de la porte et parlant à Georges.

Grâce au ciel, la porte tient très-bien, et les verrous sont très-bons... (Il frappe toujours.) Je conseille à votre seigneurie de me laisser dormir, et d'en faire autant de son côté... (Il frappe plus fort.) Si vous continuez ainsi, l'on accourra au bruit; alors, à qui la faute?... ce n'est pas moi, c'est vous-même qui vous serez compromis aux yeux de tous les gens de l'auberge... Tout le monde saura que milord, un grand seigneur, a fait cet éclat pour sa servante... sa servante, qui repousse ses hommages et s'en indigne... Ah! à la bonne heure, il se calme... (Musique.) il se tait, il a entendu la voix de la raison!... C'est bien, milord, je vous en remercie, et vous en serez récompensé, vous reposerez tranquille et sans remords!... Dormez, mon noble maître... dormez! et moi, faisons ma prière. . prions pour lui!

(Elle se met à genoux. L'orchestre fait entendre les premières mesures de la romance d'*Ave Maria*, de mademoiselle LOISA PUGET, et puis la musique devient plus animée et plus forte. La fenêtre du fond s'ouvre, et Georges paraît sur le balcon, qui n'a pas d'appui; Cicily pousse un cri, se relève, et, prête à se trouver mal, s'appuie tremblante sur la table.)

SCÈNE XII.

CICILY, GEORGES.

CICILY, avec terreur.

Ah! milord!

GEORGES, tranquillement et refermant la fenêtre.

Eh bien! oui, c'est moi... (Il s'assied sur un fauteuil à droite; Cicily s'enfuit à gauche près du guéridon.) Eh! ne fais pas l'étonnée, je t'en avais prévenue!... à qui la faute?... j'avais à te parler, tu n'as pas voulu m'écouter, tu t'es défiée de moi, tu me fermes la porte... j'entre par la fenêtre...

CICILY.

Une pareille audace!

GEORGES, souriant.

Il y en a, je l'avoue! j'ai manqué me tuer!... D'abord, en descendant par ma croisée, à l'aide de mes draps, qui étaient trop courts de moitié. (Se tournant du côté par où Jenkins est sorti.) Cet animal de Jenkins qui ne peut pas en avoir de plus longs!... je casserai son bail... Et le plus difficile n'était pas de descendre, mais de monter jusqu'à ce mauvais balcon en planches, à quarante ou cinquante pieds au-dessus du torrent et des rochers...

CICILY, toujours tremblante.

Oh ciel!

GEORGES.

Heureusement, il y avait là, contre ta fenêtre, pour m'aider à gravir, un magnifique pin d'Écosse, placé exprès par la Providence.

CICILY, avec indignation.

Ah! ajouter encore l'impiété!

GEORGES.

Il est de fait que sans lui je ne serais pas arrivé... et maintenant, Cicily, si ta vertu a un peu de conscience, elle doit me savoir gré des dangers que j'ai courus pour elle.

CICILY.

Ah! je ne vous aurais jamais cru tant de méchanceté dans le cœur.

GEORGES, toujours assis dans le fauteuil.

Ce n'est pas de la méchanceté, c'est du caractère... Tu m'as défié... j'ai soutenu que tu m'entendrais... Tu as soutenu le contraire, il y a pari entre nous, c'est une affaire d'honneur!

CICILY.

Eh bien! milord, si vous ne renoncez pas à vos indignes

projets, je vous accablerai d'une honte que j'avais juré de vous épargner, je dirai tout à votre tante.

GEORGES, troublé.

Ma tante!

CICILY.

Ah! cela vous effraie!

GEORGES.

Non, c'est une autre idée. (Avec émotion.) Ma pauvre tante, elle t'aimait, elle te protégeait... et moi aussi, je te protège, je t'aime autant qu'elle, et cent fois plus encôre.

CICILY.

Vous m'aimez, vous!

GEORGES.

Par ta faute; c'est toi qui l'as voulu! ce n'était qu'une idée, un caprice, qui déjà peut-être serait loin de moi, mais tu m'as raillé, tu me braves! Nous autres, vois-tu bien, nous ne sommes qu'orgueil et amour-propre... et il y va maintenant de mon honneur!

CICILY.

AIR : O trahison! ô perfidie! (*Les Chaperons blancs.*)

O trahison! ô perfidie!

GEORGES.

C'est moi qui t'adore et supplie.

CICILY.

L'on entendra mes cris! l'on ne dort pas encore,
C'est devant tous vos gens que je vous déshonore!

GEORGES.

Tu l'essairais en vain, je croi!
Car Jenkins et les siens sont enfermés par moi,
Te voilà sous ma garde,
Le bruit ne sert à rien, car nul ne nous entend.

CICILY.

Excepté Dieu, qui vous regarde,
Et qui vous juge en ce moment!

GEORGES.

Ah! pour un moment aussi doux,
Du ciel je brave le courroux!
(Il s'avance vers Cicily, qui s'élance vers la croisée, qu'elle ouvre. La musique continue en sourdine.)

CICILY.

Arrêtez! ou, si vous faites un pas... je m'élance à l'instant...

GEORGES.

Ah!

CICILY.

Ah! je ne vous crains plus, je suis sûre à présent de mourir.

GEORGES.

Ah! peux-tu me croire capable... (Il fait un pas vers elle. Cicily effrayée s'élance sur le balcon. Georges s'arrête et tombe à genoux.) Ah! je m'arrête!... je reste là, je te le jure sur ma foi de gentilhomme.

CICILY, se retirant d'un pas de la fenêtre.

Je ne sais si je dois croire...

GEORGES.

Eh bien! commande! ordonne... fais tes conditions.

CICILY.

Les voici! D'abord je partirai à l'instant... Oui, voici le point du jour, je veux partir pour le château de votre tante.

GEORGES, vivement.

Avec moi?

CICILY.

Non, sans vous.

GEORGES.

Seule...

CICILY.

Vous éveillerez Jenkins ou quelqu'un de la ferme et lui donnerez l'ordre de m'accompagner.

GEORGES.

Je le jure! et maintenant?

CICILY.

Maintenant, (Montrant la porte à gauche.) tirez ces verrous, ouvrez cette porte et rentrez chez vous.

GEORGES, faisant un pas vers elle d'un air suppliant.

Cicily!... (Elle fait un pas vers la fenêtre et Georges recule à l'instant.) Ah! j'obéis!...

(Il rentre chez lui, obéissant au geste de Cicily. Dès que Georges est rentré, Cicily court à la porte et pousse le verrou; on entend un bruit de cor.)

CICILY.

Ah!... (Courant à la fenêtre.) Sir Pelham et ses amis!... ils éveillent Jenkins, qui va me conduire au château de Newcastle, près de la marquise, où je ne crains plus rien. (Tombant à genoux.) O ma bienfaitrice!... c'est encore vous qui m'aurez sauvée!

(On entend en dehors les fouets des postillons et les sons du cor annonçant l'arrivée des chasseurs.)

ACTE DEUXIÈME

Une tour dans le château de Newcastle. — Deux portes latérales, une au fond ; au-dessus de la porte du fond, une lucarne avec des barreaux de fer. A gauche, au premier plan, une croisée avec des barreaux de fer assez rapprochés ; près de la croisée, un petit guéridon et un fauteuil. A droite, une table, avec un tapis. L'appartement est richement et élégamment décoré dans le style gothique moderne.

SCÈNE PREMIÈRE.
MARGUERITE, essuyant les meubles.

Il n'y a plus que ce côté-là à mettre en ordre, et tout ce vaste château sera prêt pour l'arrivée de notre jeune maître !... Je vais donc le revoir... moi ! sa nourrice !...

AIR du *Fifre et du Tambour.*

Autour de lui l'opulence respire,
Tout rend hommage à son nom, à son rang,
Et ce milord, c'est mon enfant pourtant
Que je revois si puissant et si grand !...
Et de pouvoir en soi-même se dire :
　Oui, dans mes bras je l'ai porté !...
　Je l'ai nourri !... je l'ai...
　　(Frappant avec sa main droite le dessus de sa main gauche.)
　Ah ! quel plaisir ! ah ! quel honneur !
　D'être nourric' d'un grand seigneur !

Mais lui de son côté n'a pas été ingrat !... de tous mes nourrissons... et j'en ai eu pas mal... ce qui se conçoit aisément... une si belle santé et un lait superbe... de tous mes nourrissons, c'est mon petit Georges, monsieur le marquis de Newcastle, le seul qui ne m'ait pas oubliée... Il envoyait toujours de Londres une pension et des étrennes à sa nourrice ; il a fait donner une cure à mon fils Reynolds, son frère de lait... et dès que madame la marquise, sa grand'tante, a été morte, il m'a fait venir dans le château, dont il m'a nommée première femme de charge... moi, Marguerite, que tout le monde appelle maintenant mistress Brown... C'est moi qui commande, qui ordonne... bien mieux... (Montrant un trousseau attaché à sa ceinture.) c'est moi qui ai les clefs de tout... Aussi, que quelqu'un s'avise devant moi de mal parler de mon maître... témoin le fermier Jenkins, que l'autre jour j'ai manqué de dévisager... Jour de Dieu!... je ne veux de mal à personne! mais je lui ferai ôter le bail de sa ferme... et je ne crois pas qu'il s'avise maintenant de remettre les pieds au château...

CICILY, en dehors.

Merci, monsieur Jenkins, merci !

MARGUERITE.

Hein?... Jenkins!... et de si bon matin encore... ah ben! ah ben!... la journée sera bonne, car elle va bien commencer...

(Elle va à la porte du fond, qui est restée ouverte, et aperçoit Cicily.)

SCÈNE II.

MARGUERITE, CICILY.

MARGUERITE.

Qu'est-ce que c'est?... une jeune fille !

CICILY.

Que vient d'amener le fermier Jenkins... il n'a pas voulu monter...

MARGUERITE.

Je crois bien... et pour bonnes raisons.

CICILY, regardant autour d'elle.

Oui, milord a tenu sa promesse.

MARGUERITE.

Eh bien!... quoi? qu'y a-t-il?

CICILY.

C'est milord qui a passé la nuit à l'auberge de Jenkins et lui a ordonné ce matin de me conduire ici.

MARGUERITE.

Jenkins?...

CICILY.

Oui, et pendant toute la route... c'est drôle... il semblait qu'il eût peur de m'adresser la parole... mais il m'a dit en arrivant : « Vous trouverez, dans la tourelle du nord, la nouvelle gouvernante Marguerite. »

MARGUERITE.

Il ne pouvait pas dire mistress Brown!

CICILY.

En effet!... vous êtes nouvellement au château, ou du moins depuis mon départ.

MARGUERITE.

C'est possible... qu'y a-t-il pour votre service?

CICILY.

Rien!... il est de si bonne heure, que je ne veux réveiller personne... j'attendrai!... mais voici pour vous une lettre que milord avait remise à Jenkins avant notre départ.

MARGUERITE.

De mon enfant, de mon petit Georges que j'ai nourri...

CICILY, qui vient de s'asseoir.

Ah! vous êtes...

MARGUERITE.

Sa nourrice... rien que cela! (Ouvrant la lettre.) Quel bonheur!... il viendra aujourd'hui avec des amis de Londres;

il commande pour ce soir un beau souper; il l'aura, par saint Georges, son patron! il l'aura!

AIR : Je ne vous vois jamais rêveuse. (*Ma Tante Aurore*.)

A moins que dame Marguerite
N'ait oublié pour ce festin
Et sa science et son mérite
Pour les crèmes et le pudding!
Moi, sa nourrice, je suis fière
De remplir ce nouvel emploi!
Et maintenant sa cuisinière,
Cela m'était dû, je le croi...
Pour que, pendant sa vie entière,
Il ait été nourri par moi!
Oui, mon cher maître... c'est moi... c'est moi...
Qui vous nourris... c'est moi... c'est moi...
Oui, c'est toujours moi!...

(Continuant à lire et poussant un cri.) Ah!... c'est trop! c'est trop, mon maître; je vous aurais bien servi et adoré sans cela!

CICILY.

Qu'est-ce donc?

MARGUERITE.

Mon fils Reynolds, à qui il avait déjà fait avoir la cure du village...

CICILY.

Monsieur Reynolds, le pasteur, un digne et honnête jeune homme, aimé et estimé de madame la marquise.

MARGUERITE.

Vous le connaissez?

CICILY.

Certainement, et beaucoup... c'est l'honneur et la vertu mêmes.

MARGUERITE.

C'est mon fils, c'est le frère de lait de milord; et à dater d'aujourd'hui, il est nommé chapelain du château avec deux cents livres sterling de traitement... c'est-à-dire que notre maître serait là... et il y sera bientôt... que je lui sauterais au cou...

CICILY.

Vous l'aimez donc bien?

MARGUERITE.

Et comment ne pas l'aimer?... le meilleur et le plus généreux seigneur.

CICILY, à part.

Quel dommage!...

MARGUERITE.

Et pour lui, voyez-vous, pour lui... je ne sais pas ce que je ferais... Ah! mon Dieu!... et sa lettre que je n'achève pas... (Continuant à lire à demi-voix, pendant que Cicily s'assied près de la table à droite.) « Jenkins conduira au château une jeune « fille que ma grand'tante avait élevée, Cicily Andrews... » (S'interrompant en la regardant.) En effet, Reynolds, mon fils, m'en avait parlé! (Continuant.) « De plus, c'est ma filleule, et « à ce double titre, mon intention est de la doter et de « l'établir convenablement. » (S'interrompant.) Quel brave seigneur!... (Continuant.) « Mais une inclination dont elle ne « convient pas, et que nous désapprouvons tous, m'oblige « à différer mes projets et à la surveiller étroitement jus- « qu'à ce qu'elle soit revenue à la raison. » (S'interrompant en la regardant.) Voyez-vous ça!... qui s'en douterait jamais, à cet air timide et modeste! (Continuant.) « C'est vous, ma « bonne Marguerite, que je charge de ce soin. Tout en la « traitant avec la plus grande douceur et les plus grands « égards... » (S'interrompant.) Il est trop bon mille fois ; moi, sur cet article-là, je suis d'une sévérité... (Continuant.) « Qu'elle « ne voie personne, ne parle à personne et ne puisse sous « aucun prétexte sortir du château avant mon arrivée... » (Parlant.) C'est trop juste, il a raison de compter sur mon zèle... (Haut.) Dites-moi, miss Cicily Andrews?...

CICILY.

Ah! vous savez mon nom?

MARGUERITE.

Milord m'a tout appris.

CICILY.

Cela m'étonne...

MARGUERITE.

Et sans vous faire de reproches sur la manière dont vous avez reconnu ses bontés... car je vous le disais, il est trop bon... je désire que cet appartement vous soit agréable, désormais ce sera le vôtre.

CICILY, souriant.

Je vous remercie, ma chère mistress Brown; mais vous trouverez bon que je prenne auparavant les ordres de la maîtresse du château, de lady Sarah, marquise de Newcastle!

MARGUERITE, étonnée.

Que voulez-vous dire?

CICILY.

Que je vous prie de la prévenir de mon arrivée dès qu'elle sera éveillée.

MARGUERITE.

Hélas! la pauvre chère dame ne s'éveillera plus!

CICILY.

Oh ciel! ma protectrice?...

MARGUERITE.

Ignorez-vous qu'elle est morte?

CICILY, poussant un cri.

Morte!

AIR : Ces jours qu'ils ont osé proscrire. (*Guillaume Tell.*)

Le ciel ravit à ma tendresse
Tant de bontés, tant de vertus!

J'ai perdu ma bonne maîtresse!
Hélas!... je ne la verrai plus!...
O seul appui de ma jeunesse,
Vos yeux, qui me veillaient sans cesse,
Pour moi ne se rouvriront plus !
Je ne la verrai plus!...

(Cicily reste la tête appuyée sur ses mains et prie.)

MARGUERITE.

Pauvre enfant!... quelle douleur!... C'est une grande perte sans doute!... mais vous n'êtes pas si à plaindre, puisqu'il vous reste dans son neveu un protecteur si dévoué et si généreux!...

CICILY, se relevant, et allant prendre son chapeau et son manteau au fond sur un fauteuil.

Ah! je ne puis... je ne saurais demeurer plus longtemps dans ce château. Adieu, mistress, adieu, je pars...

MARGUERITE.

C'est impossible!

CICILY.

Et pourquoi donc?

MARGUERITE.

Milord me l'a défendu.

CICILY.

Défendu de me laisser sortir ?

MARGUERITE.

Eh! oui, sans doute! pauvre jeune fille orpheline, où iriez-vous?

CICILY.

Peu vous importe; moi seule le sais.

MARGUERITE.

Je ne le devine que trop! et c'est là justement ce que milord veut empêcher, car cette inclination-là ne peut vous mener à rien qu'à votre perte.

15.

CICILY, étonnée.

De quelle inclination voulez-vous parler?

MARGUERITE.

Mon Dieu! vous n'en conviendrez pas! il m'en a prévenue, et je ne vous demande pas votre secret... ça ne me regarde pas... mais vous feriez mieux, mon enfant, de renoncer à cette passion-là, et de l'oublier... C'est difficile d'abord, je le sais; j'ai passé par là... mais peu à peu ça s'efface... on n'y pense plus, et ça n'empêche pas de faire bon ménage... Mon défunt vous le dirait s'il était là.

CICILY.

En vérité, mistress, j'écoute et ne peux vous comprendre.

MARGUERITE.

Voilà qui est trop fort... et pour vous dispenser de feindre avec moi... tenez... tenez... lisez, à la fin de la page...

CICILY, lisant et à part.

Oh! quelle ruse! mon Dieu! et qu'il est méchant!

MARGUERITE, la regardant.

Vous le voyez bien, je sais tout.

CICILY.

Ça n'est pas!... ça n'est pas...

MARGUERITE.

Vous osez nier encore!...

CICILY.

Ah! loin de moi l'idée d'accuser notre maître!... le ciel m'est témoin que je voudrais cacher ce secret... le taire au monde entier... mais il me force à me défendre et à faire connaître la vérité!... Apprenez donc, mistress, que c'est lui au contraire...

MARGUERITE.

Qu'osez-vous dire?

CICILY.

Lui, qui, entraîné par une mauvaise pensée...

MARGUERITE, passant près du guéridon.

Taisez-vous!... taisez-vous!... je pardonnerais tout, parce qu'enfin, une inclination, un caprice, ça ne dépend pas d'une jeune fille... mais accuser mon maître! le calomnier!

CICILY.

Permettez...

MARGUERITE.

Fi! fi!... c'est une horreur!... et après un trait pareil, je vous crois capable de tout.

CICILY.

Mais quand je vous dis...

MARGUERITE.

Oser supposer... que milord a pu penser à vous!... qu'il a pu jeter un regard sur sa vassale, sur sa servante!... lui qui n'aurait qu'à choisir parmi les plus grandes dames de la ville et de la cour!... Oui, mademoiselle, oui, les duchesses et les marquises courent après lui; nous le savons, et ça ne m'étonne pas; il est si beau, mon garçon! il est si aimable!... personne ne lui résiste.

CICILY.

Écoutez-moi!

MARGUERITE.

Non, je n'écoute rien!... Encore une comme le fermier Jenkins... Accablés de bienfaits, voilà comme ils vous récompensent!... Un maître si bon! si vertueux, qui veut vous établir... vous marier... vous sauver... Vous êtes une ingrate... une ingrate, entendez-vous?... et moi qui vous portais de l'intérêt... c'est fini!... j'exécuterai à la rigueur les ordres de milord, et vous resterez ici, sous clef, jusqu'à son arrivée.

(Elle sort, et ferme sur elle la porte du fond.)

SCÈNE III.

CICILY, seule.

Elle sort!... elle m'enferme!... Ah! en voulant le fuir, je suis tombée dans le piège qu'il me tendait! c'est moi-même qui me suis livrée en son pouvoir!... Oui, oui, je me rappelle maintenant des mots que je n'avais pas compris ce matin à l'auberge, avant mon départ, entre lui et sir Pelham, son voisin, qui est venu le chercher : milord lui disait : « Je réussirai. » — Et l'autre a répondu en riant : « Je parie que non! — Je parie que si! — Mille guinées! — Mille guinées! — C'est dit? — C'est dit! — Aujourd'hui? — Aujourd'hui même! » — Ah! c'est de moi qu'il s'agissait! Il va venir, et dans ce château qui lui appartient, et où il commande... qui viendra à mon aide? qui pourra me secourir? Perdue... déshonorée... impossible, même au prix de mes jours, de lui échapper comme hier. (Regardant autour d'elle.) Ici, dans la tour de Saint-Dunstan, je l'ai bien reconnue, tout est fermé, tout est grillé... d'épaisses murailles que mes cris ne pourraient percer... Et quand même! ses gens, qui lui sont dévoués, ont ordre de ne pas les entendre. (S'approchant d'une meurtrière à gauche.) A peine si l'on peut, par cette ouverture, voir dans la campagne. Nous sommes au bord d'une route... car au pied de cette tour je vois passer du monde, des paysans, avec des provisions; ils se rendent à la ville, ou ils en reviennent. (Regardant autour d'elle, et apercevant sur une table ce qu'il faut pour écrire.) Ah! un seul moyen de salut! (Elle s'assied et écrit.) O ma bonne maîtresse! que ton souvenir, que ton ombre veillent sur moi! Oui, il est impossible qu'il ne se trouve pas quelqu'un de charitable qui consente à porter cette lettre au shérif ou à l'un des magistrats du comté; et en implorant son appui et sa justice... il la doit à tout le monde, surtout à une pauvre fille. Oui, oui, mettons l'adresse. « Une infortunée supplie la per-
« sonne qui trouvera ce billet de le porter sur-le-champ...

« (Appuyant.) sur-le-champ au shérif du comté. » (Elle cachette le billet et s'approche de la meurtrière ; en le jetant.) Oui, je l'ai suivi de l'œil, il est descendu, il est tombé sur la route. (Avec joie.) Voici du monde. Ah ! ils passent sans le voir... ils marchent dessus ! Une femme qui va au marché ! elle s'arrête... elle se baisse... elle le ramasse. O mon Dieu ! elle ne sait pas lire, elle le rejette ! C'est fait de moi ! Non, non, elle le montre du doigt à un gentleman qui arrive à cheval... elle le lui donne... Il l'a lu... il a lu l'adresse. Ah ! s'il pouvait me voir, si je pouvais lui faire signe !... Il pique son cheval... il s'éloigne au petit pas... non, au galop... il court chez le shérif. Ah ! mon Dieu ! je te remercie ! je suis sauvée !... (On entend ouvrir les verrous de la porte du fond.) On vient ! c'est milord !

(Elle se laisse tomber dans un fauteuil, près de la fenêtre.)

SCÈNE IV.

GEORGES, CICILY.

GEORGES, restant au fond du théâtre, et à part.

La voilà calme et tranquille ! moi qui m'attendais à des plaintes, à des reproches ! (Haut et s'approchant d'elle.) Je vois avec plaisir, Cicily, que ma présence ne t'inspire ni effroi ni trouble.

CICILY, qui s'est relevée, avec dignité et émotion.

Si quelqu'un dans ces lieux doit se troubler et rougir, ce n'est pas moi, milord ! C'est ici que votre tante me parlait de l'honneur de sa race et de la loyauté des siens... Jamais aucun d'eux n'avait manqué à sa parole et ne s'était souillé par une trahison ; voilà ce qu'elle me disait !... Et maintenant, milord, que dirait-elle ?

GEORGES.

Elle dirait que tu me plais, que je te trouve charmante, et ne devrait en accuser qu'elle, dont les soins t'ont rendue supérieure à ton état et à ta naissance ! C'est sa faute, et non la mienne, si tu parles et agis autrement qu'une paysanne!

CICILY.

Tous deux alors, nous sortons de notre condition; car vous, milord, n'agissez pas en gentilhomme!

GEORGES, avec hauteur.

Cicily!

CICILY.

Et dans cet oubli de nos rangs, l'avantage du moins est de mon côté!

GEORGES, avec ironie.

Je vois, en effet, que ton éducation est complète : pédante, sermonneuse et moraliste. C'est à toi que j'aurais dû donner la place dont je viens de gratifier Reynolds le pasteur!

CICILY, blessée.

Milord!

GEORGES.

Tu aurais prêché à merveille, car tu as toutes les vertus, toutes les qualités... excepté une... la prudence!... (Souriant.) C'est en manquer étrangement que d'insulter et d'outrager celui qui nous tient en son pouvoir!

CICILY, effrayée.

Oh ciel!

GEORGES.

Rassure-toi, je suis plus gentilhomme que tu ne dis, et je rougis de ma conduite d'hier.

CICILY.

Comment!

GEORGES.

Oui, dans mon emportement, j'ai pu avoir recours à la violence, je ne t'avais pas regardée, je ne te connaissais pas, je ne t'aimais pas... mais aujourd'hui c'est différent; j'ignore ce qui se passe en moi, et si nous n'étions pas seuls, je rougirais d'en convenir... mais ta fierté, ton courage, ta résistance, peut-être, ont fait naître en moi un sentiment inconnu que je ne m'explique pas... mais qui existe. Tu n'as plus rien à craindre de moi... je te respecte... je t'aime !

CICILY.

Vous !

GEORGES, vivement.

C'est par mes soins seulement, c'est par ma tendresse, que j'espère toucher enfin ce cœur insensible !... (Avec amour.) Oui, si tu le veux, Cicily, il n'y aura ni marquise ni duchesse qui n'envie ton sort ! Ils disent que je suis jeune, que je suis riche, qu'un bel avenir m'attend ! Cet avenir, ce sera toi ! ma richesse, je l'emploierai à te plaire, et ma jeunesse à t'aimer plus longtemps.

CICILY, avec un peu d'émotion.

Ah ! milord ! taisez-vous ! taisez-vous !

GEORGES.

Ce château où tu te crois prisonnière, il est à toi, il t'appartient, ainsi que moi-même ! Parle ! commande ! c'est moi qui t'obéirai... ici... à Londres, où nous irons, où nous paraîtrons ensemble, où tu les éclipseras toutes, où, glorieux de mon triomphe, je leur dirai :

AIR de Céline.

Ah ! je n'avais que la richesse,
Mais, à présent, j'ai mieux encor ;
Et j'aurais beau dans ma tendresse
A tes pieds jeter tout mon or,
C'est moi, dans ma reconnaissance,
Moi, qui serais ton débiteur...
Tu ne me dois que l'opulence,
Moi, je te devrai le bonheur !

CICILY.

C'est trop, milord... c'est trop sans doute à vos yeux... mais pas assez aux miens, car toutes les richesses que vous m'offrez ne vaudraient pas le prix dont il faudrait les payer !

GEORGES.

Tu me repousses?

CICILY.

Oui... laissez-moi quitter ces lieux, où je souffre et tremble pour vous.

GEORGES.

Et pourquoi?

CICILY.

Il me semble que ma maîtresse, que votre noble tante vous entend!...

GEORGES, vivement.

Tais-toi!

CICILY.

Moi, pauvre paysanne, qui ne veux pas être autre chose... laissez-moi partir!

GEORGES.

Et où iras-tu?

CICILY.

Chez d'honnêtes gens!...

GEORGES, avec indignation.

Ah!

CICILY.

Pardon, milord! chez d'honnêtes gens que je servirai... que j'aimerai sans remords.

GEORGES.

T'éloigner!.. te perdre!... jamais! tu resteras!

CICILY.

Vous ne le voudriez pas, milord : rester serait mon déshonneur et ma honte.

GEORGES.

Et partir serait mon malheur!... Tu es ici chez moi, en ma puissance, rien ne peut t'en arracher.

CICILY.

Peut-être !

GEORGES.

Qui l'oserait tenter ?

CICILY.

Des personnes dont j'ai imploré le secours.

(On frappe à la porte.)

AIR : Ah! dans mon âme. (*La Juive.*)

Ah! tout succède
Au gré de mes désirs, et le ciel m'exauça ;
Car à mon aide
On accourt ! ce sont eux ! les voilà !

GEORGES, avec colère.

Quoi ! pour moi telle est ta haine !
Et lorsque, oubliant mon rang,
Je te traite en souveraine,
Tu me traites en tyran !...
Oui... me compromettre en face
De mes amis, de mes gens...
De moi n'attends plus de grâce ;
Tous mes droits je les reprends.
Pour toi, pour toi
Je serai sans pitié, comme tu l'es pour moi ;
Oui, crois-moi, oui, crois-moi !
Malheur ! malheur à toi !

CICILY.

Ah! je puis braver sa menace,
Car on accourt auprès de moi !

(Georges va ouvrir la porte du fond.)

SCÈNE V.

LES MÊMES ; PELHAM.

GEORGES, avec humeur.

Qu'y a-t-il ?

PELHAM, apercevant Cicily.

Ah! ah!... je comprends pourquoi tu tardais tant à m'ouvrir... Dis donc, c'est bien fâcheux que ce ne soit pas bon genre... je suis sûr que je l'aimerais!

GEORGES.

Eh! parbleu! je le crois bien!... Eh bien? quoi?

PELHAM.

Désolé de te déranger... mais un magistrat se doit à la loi et à ses concitoyens... et c'est comme magistrat que je viens m'adresser à toi.

CICILY.

Que dites-vous?

PELHAM.

Milord est le shérif du comté; je viens de l'apprendre.

CICILY.

Oh ciel!

PELHAM.

Distinction honorable que ses vertus lui ont fait décerner à l'unanimité aux dernières élections...

GEORGES, avec impatience.

Eh bien! achève!

PELHAM.

Il paraît qu'ici les élections se font bien, et si c'est partout de même...

GEORGES, de même.

Enfin qui t'amène, et qu'as-tu à me dire?

PELHAM.

Que tout à l'heure, me rendant à ta gracieuse invitation, j'arrivais à cheval à ton château, lorsque de l'autre côté du parc et sur la grande route, une paysanne m'a remis un billet mystérieux qu'elle venait de ramasser et qui portait cette inscription touchante : « Une infortunée supplie la

« personne qui trouvera ce billet de le porter sur-le-champ...
« sur-le-champ!... au shérif du comté. »

CICILY, à part.

C'est fait de moi!

PELHAM.

Tu comprends que moi, qui suis du club philanthropique, où je ne vais jamais, je ne pouvais pas perdre une occasion de faire de la bienfaisance sur la grande route... J'ai piqué des deux, et j'ai couru au village demander où demeurait le shérif; on m'a montré les tourelles du château, en m'indiquant mon vertueux ami, chez lequel je dînais... ce qui se trouve à merveille; de sorte que j'aurai, sans me déranger, sauvé l'innocence qui par cette missive réclame ton ministère!... monsieur le shérif...

(Il lui présente la lettre.)

GEORGES.

C'est bien... je te remercie. (Regardant Cicily, qui baisse la tête et se laisse tomber sur un fauteuil.) Puisqu'on me demande justice, je vais la rendre... laisse-moi!

PELHAM.

Oui, mon cher et honorable magistrat!... me préserve le ciel d'arrêter le cours de la justice! (A demi-voix.) Mais dis-moi, puisque la petite est ici... cela va donc bien?

GEORGES, avec dépit.

Très-bien!

PELHAM, à part.

Est-il heureux! (Haut.) Et le pari tient toujours?

GEORGES, de même.

Toujours!

PELHAM.

Je cours alors grand risque de perdre mes mille guinées...

CICILY, à demi-voix à Pelham, pendant que Georges réfléchit.

Au nom du ciel, monsieur, sauvez-moi! délivrez-moi!

PELHAM, à part.

Que dit-elle?

CICILY, de même.

Je n'ai d'espoir qu'en vous!

PELHAM, à part.

J'ai gagné!

GEORGES, se retournant.

Hein?... qu'y a-t-il?

PELHAM.

Rien!... nos amis sont là qui t'attendent.

AIR du Pas des deux Écossaises. (*La Gypsy.*)

Que faut-il faire, de grâce?
Car on arrive, on t'attend!

GEORGES.

Fais les honneurs à ma place,
Je te rejoins à l'instant!

PELHAM, faisant de loin des signes d'intelligence à Cicily.

Oui, l'on peut sans s'y méprendre
Compter sur moi dans ces lieux...
(A Georges qui se retourne.)
Et je vais tâcher de prendre
Ta place, si je le peux...

Ensemble.

CICILY.

De lui seul je peux attendre
Aide et secours en ces lieux;
O mon Dieu! daigne m'entendre,
Et daigne exaucer mes vœux!

GEORGES.

Jusqu'ici, soumis et tendre,
Je fus par trop généreux.
Mon courroux lui doit apprendre
A se soumettre à mes vœux.

(Pelham sort par la porte du fond, que Georges va fermer.)

SCÈNE VI.

GEORGES, CICILY; puis MARGUERITE.

GEORGES, sévèrement, à Cicily.

A nous deux maintenant!

CICILY, apercevant Marguerite qui entre par la porte à gauche; elle court vivement à elle.

Ah! mistress Brown!... venez à mon aide... ne me quittez pas!

GEORGES, à part, avec colère.

Marguerite!

MARGUERITE.

Eh! mais!... vous qui aviez le ton si fier, comme vous voilà interdite et tremblante!... Ah! ah! vous avez peur des justes leçons et des réprimandes de milord?

CICILY.

C'est cela même!

MARGUERITE.

Et vous voulez que j'intercède auprès de lui.

CICILY, la retenant par ses jupes.

Oui... oui... ne m'abandonnez pas!

MARGUERITE.

Soyez tranquille... je reste... et parlerai pour vous...

GEORGES, se contenant à peine.

Allons!... il ne manquait plus que cela!

MARGUERITE.

Quoique vous ne le méritiez guère... car si milord savait tout ce que vous avez débité contre lui!... (A Georges.) Oser supposer que vous en étiez amoureux... je vous le demande!... une petite fille... une paysanne!... que vous vouliez la séduire... voyez-vous l'orgueil!...

GEORGES, regardant Cicily.

Ah! ce sont là les égards que vous avez pour votre maître!... mademoiselle se pose en héroïne de roman, en beauté malheureuse et opprimée, non seulement chez moi et aux yeux de mes gens, mais elle cherche même au dehors à me déshonorer, à me dénoncer aux magistrats...

MARGUERITE, joignant les mains.

Ah! ce n'est pas possible!

GEORGES, montrant la lettre qu'il tient à la main.

En voici la preuve!... Cette lettre adressée au shérif... et contre moi... c'est elle qui l'a écrite...

MARGUERITE, poussant un cri.

Ah! quelle ingratitude!... je me tais; je cesse de parler pour elle!... c'est une perversité qui ne mérite point de grâce!

GEORGES, avec colère.

Et maintenant, elle n'en a plus à espérer. (Frappant sur la lettre.) Je traiterai comme on m'a traité, et je ferai payer outrage pour outrage!

MARGUERITE.

Vous ferez bien!

CICILY, s'avançant vers elle d'un air suppliant.

Marguerite!...

MARGUERITE, s'éloignant d'elle.

N'approchez pas!

(Elle va s'asseoir à la table à gauche, et se met à tricoter, pendant qu'à la table à droite, et s'y asseyant, Georges ouvre la lettre qu'il lit à demi-voix.)

GEORGES, lisant.

« Monsieur le shérif, c'est une pauvre fille, une orphe-
« line qui vous implore!... Élevée dans le château de New-
« castle, par les bontés de madame la marquise, sa mort
« me laisse sans appui, et au moment où je vous écris, son

« neveu, son noble et digne héritier n'est pas encore ar-
« rivé ! » (S'arrêtant et regardant Cicily.) Ah ! (Continuant.) « Re-
« tenue prisonnière à son insu, par ses gens qui se trompent
« sans doute, ou qui ont mal interprété les loyales intentions
« de leur maître, je vous supplie de devancer les ordres de
« monsieur le marquis de Newcastle, et de me faire mettre
« sur-le-champ en liberté. » (S'arrêtant.) Est-il possible ! (Continuant.) « Vous acquerrez par là, monsieur le shérif, des
« droits éternels aux bénédictions d'une pauvre fille, qui
« vous confondra dans sa reconnaissance avec ses nobles
« maîtres et bienfaiteurs, pour qui dans ce moment elle prie
« le Ciel... »
(Il s'interrompt et aperçoit Cicily qui vient de tomber à genoux près de lui.)

MARGUERITE, voyant Cicily tomber à genoux.

Ah ! c'est là sa place !

GEORGES, la relevant.

Non, non, relève-toi ! (A part.) Tant de convenances, de générosité... pour moi qui en étais si peu digne... Dussé-je aux yeux de tous mes amis me perdre de réputation... (Haut.) Va-t'en, va-t'en, tu es libre !

CICILY, avec joie.

Oh ciel !

MARGUERITE, hors d'elle-même.

Ça n'est pas possible, j'ai mal entendu... après ce qui s'est passé, vous lui pardonnez !

GEORGES.

Oui... et que Dieu pardonne ainsi à tous ceux qui sont coupables !

CICILY, avec tendresse et confiance, et lui serrant la main à la dérobée.

.. Merci, merci, mon parrain !

GEORGES, poussant un cri.

Ah ! (Puis se reprenant.) A une condition, cependant !

CICILY.

Et laquelle ?

MARGUERITE.

A la bonne heure, car encore faut-il qu'elle soit punie!

GEORGES, avec embarras.

C'est que, vois-tu, malgré moi et sans le vouloir, je pourrais peut-être me repentir de ce que je viens de faire... car je sens là encore...

MARGUERITE.

Un reste de colère...

CICILY, avec cajolerie.

Non, mon parrain, non, vous n'éprouverez plus rien, c'est passé.

GEORGES.

Oui, mais cela pourrait revenir, et, pour plus de sûreté, j'exige que tu partes...

MARGUERITE, avec approbation.

La renvoyer du château, c'est convenable!

GEORGES.

Que tu t'éloignes... que tu te maries.

MARGUERITE, stupéfaite.

La marier!

GEORGES.

Pour la dot, je m'en charge.

MARGUERITE, de même.

La doter!...

GEORGES, remontant la scène avec agitation.

Trois cents guinées... cinq cents s'il le faut.

MARGUERITE.

Après ce qu'elle a fait, c'est du plus mauvais exemple... c'est d'une faiblesse... (Se reprenant avec attendrissement.) Non, non, d'une bonté... je reconnais là mon garçon, mon petit Georges. (A Cicily.) Eh bien! eh bien! quand je vous le disais!...

CICILY.

Ah! vous aviez raison, Marguerite.

GEORGES, s'asseyant près du guéridon.

Pour le mari, choisis qui tu voudras, mais choisis promptement.

CICILY, s'avançant.

Voyez vous-même.

GEORGES.

Ce fermier chez qui nous avons soupé hier, Jenkins, te conviendrait-il?

CICILY.

Pas beaucoup.

MARGUERITE, passant près du guéridon.

Et puis il dit toujours du mal de milord, et ils seraient trop bien ensemble!

GEORGES.

Aimerais-tu mieux le fils de Marguerite, M. Reynolds, notre jeune ministre?

CICILY.

Un brave jeune homme!

GEORGES, avec jalousie.

Tu l'aimes?

CICILY.

Non, non, mais votre tante l'estimait beaucoup.

GEORGES, de même.

Tu l'aimes?

CICILY.

Comme un honnête homme.

GEORGES, vivement.

J'aime mieux que tu épouses l'autre, le fermier.

CICILY

Que dites-vous?

MARGUERITE.

Et moi aussi. (Bas à Georges.) D'après sa conduite, et avec un caractère pareil, mon fils ne serait peut-être pas heureux.

GEORGES, avec émotion.

Tu as raison, aucun des deux... j'en chercherai un autre, un troisième... avec toi, Marguerite, qui connais tout le village... tu m'aideras, nous choisirons ce qu'il y a de mieux... Tu viens, n'est-ce pas? je t'attends.

(Il sort par la porte à droite.)

MARGUERITE.

Oui, milord, je vous suis. (Elle le suit jusqu'à la porte. A Cicily, qui reste immobile en suivant Georges des yeux.) Et vous restez là immobile! vous ne courez pas vous jeter à ses pieds! et après vos indignes propos et vos horribles soupçons sur son compte, vous ne l'aimez pas... vous ne l'adorez pas comme moi!

CICILY.

Qu'en savez-vous?

MARGUERITE.

Ce que j'en sais?... je sais, je sais qu'il y a des gens qui ne sentent rien, et vous êtes de ce nombre. (Criant à la porte à droite.) Me voilà, milord, je suis à vous!

SCÈNE VII.

CICILY, seule.

Je ne sens rien, je n'éprouve rien, dit-elle... O mon Dieu! et vous, ma bienfaitrice!

AIR : Ah! lulli! (REBER.)

Protégez-moi contre moi-même;
Car moi, qui dédaignais ses vœux,
Depuis qu'il est si généreux,
Malgré moi, je sens que je l'aime :
Et loin de lui

Oui, loin de lui,
Je pars! mais mon cœur reste ici.

(En ce moment, et de la lucarne du fond, tombe une pierre à laquelle est attaché un papier.)

Quel est ce papier?... qui me l'envoie?... (Lisant la signature.) « Henri Pelham... Charmante miss, vous avez réclamé « mon secours... » Grâce au ciel, il est inutile à présent... « Et je m'empresse de vous l'offrir : Georges a parié avec « moi mille guinées qu'aujourd'hui même vous seriez à « lui... » Ah! c'était bien mal, c'était affreux ; mais, par bonheur, il a renoncé à ce pari, ainsi qu'à ses idées. (Continuant de lire.) « Et je dois, pour déjouer ses projets, vous prévenir « des moyens qui sont le plus généralement en usage : « quand par hasard il y a résistance, nous avons les protes-« tations d'amour et les offres de fortune; quand elles sont « repoussées, nous avons, comme dans *Clarisse Harlowe*, le « chapitre des breuvages qui endorment les plus cruelles, « ou, comme dans *le Ministre de Wakefield*, les hymens sup-« posés, un faux mariage, un faux prêtre, qui lèvent tous « les scrupules... C'est à quelqu'une de ces ruses qu'on « aura recours ; tenez-vous sur vos gardes ; et si vous pouvez « un instant tromper la surveillance de votre séducteur, « vous trouverez dans la cour même de son château une « berline jaune, attelée de quatre chevaux, on vous attendra « pour vous sauver... Votre respectueux et dévoué serviteur, « Henri Pelham. » Qu'est-ce que cela signifie?... et quelle indignité!... oser supposer que mon maître... Jusqu'à présent cependant tout s'est passé ainsi qu'il m'en prévient... (Montrant la fin du billet.) Mais ce qu'il dit là... Ah! ce serait affreux!... après ses protestations... et la parole qu'il m'a donnée... croire que milord serait capable... (Vivement.) Non, non, une telle pensée est un crime, et je suis coupable, mon Dieu, d'avoir pu seulement l'accueillir!

SCÈNE VIII.

CICILY, MARGUERITE, sortant de la porte à droite.

MARGUERITE, hors d'elle-même.

Cette fois, c'est à confondre, c'est à n'en pas revenir! (Apercevant Cicily.) Ah! la voilà! c'est vous, mademoiselle?

CICILY.

Oui, je venais de recevoir du baronnet sir Pelham une lettre que je voulais porter à milord!

MARGUERITE.

Il s'agit bien de lettres! il n'est pas en état d'en lire, la tête n'y est plus.

CICILY.

Est-il possible?

MARGUERITE.

Il faut qu'on l'ait ensorcelé, car sans cela... Oui, mademoiselle, nous étions là, dans son cabinet, à chercher des maris pour vous, et à chacun de ceux que je lui proposais, il répondait avec colère : « Non, non, elle ne l'épousera pas... si elle s'en avisait... si elle l'acceptait... »

CICILY.

Ah! mon Dieu!

MARGUERITE.

Et puis, sans m'écouter, il se promenait à grands pas... et enfin, me prenant par le bras, et d'une voix émue : « Va la trouver, et dis-lui, mais à elle seule, qu'elle ne parte pas, que ce soir... et sans en prévenir personne... »

CICILY, effrayée.

Eh bien?

MARGUERITE.

Ah! voilà ce que je ne puis achever, ce que je ne puis croire, quoique je l'aie entendu de mes deux oreilles...

CICILY, tremblante.

Eh! bien donc?

MARGUERITE.

Une pareille folie!... et pour qui, mon bon Dieu?... pour sa vassale!

CICILY, hors d'elle-même.

Eh! qu'est-ce donc enfin?

MARGUERITE.

J'ai beau faire... je ne puis en douter, car il me l'a dit lui-même : « Préviens-la que ce soir, en secret, dans la chapelle du château... je l'épouserai! »

CICILY, avec indignation.

M'épouser!... moi! en secret?

MARGUERITE.

Eh!... ne faudrait-il pas proclamer son extravagance?

CICILY, regardant le billet qu'elle tient encore.

Ah! ce que disait sir Pelham!... une pareille action!... lui!

MARGUERITE, avec colère.

Lui!... lui-même... Il n'attend plus que votre réponse.

CICILY, avec indignation.

Ma réponse?... Dites à milord que je le refuse et que je le méprise!

MARGUERITE, poussant un cri, et tombant dans un fauteuil.

Ah!

(Cicily sort par la porte à gauche, emportant son chapeau et son manteau.)

SCÈNE IX.

MARGUERITE, seule.

Qu'entends-je! ah! mon Dieu!

AIR : J'ai peur lorsque gronde l'orage. (Régine.)

D'effroi... je demeure tremblante !
Quel temps, ô ciel !... du mien, vraiment,
Quand on regardait sa servante,
C'était en respectant son rang,
Mais à présent... ah ! quel scandale !
Pour peu qu'il aime sa vassale,
Un maître se croit obligé
De l'aimer devant le clergé !
Grand Dieu ! grand Dieu ! tout est changé,
    Quel chagrin j'ai !
La noblesse a bien dérogé ;
On traite tout de préjugé,
Le bon principe est négligé,
Le décorum est outragé ;
Les servantes, tout est changé,
A leurs maîtres donnent congé ;
Plus de respect, de préjugé ;
Les servantes, tout est changé,
A leurs maîtres donnent congé ;
    Tout est changé !

(Elle tombe dans le fauteuil près du guéridon.)

SCÈNE X.

MARGUERITE, GEORGES, sortant de l'appartement à droite.

GEORGES, gaiement.

Eh bien ! Marguerite, tu l'as vue ?

MARGUERITE.

Que trop !

GEORGES, de même.

Et sa surprise ! son étonnement...

MARGUERITE.

N'égalent pas le mien, elle refuse.

GEORGES.

Oh ciel !

MARGUERITE.

Elle refuse et vous méprise... ses propres paroles.

GEORGES, stupéfait.

Ce n'est pas possible!... Redis-moi cela.

MARGUERITE.

Ah ! ne me faites pas répéter une pareille insolence.

GEORGES, hors de lui.

Elle!... Cicily!

MARGUERITE.

Voilà ce que c'est, mon maître, que de se compromettre, de s'abaisser jusque-là.

GEORGES.

Refuser ma main... quelle raison?... quel prétexte?

MARGUERITE.

Aucun... quand je suis arrivée, elle était toute joyeuse et tenait à la main une lettre qu'elle voulait, disait-elle, vous porter.

GEORGES.

A moi?

MARGUERITE.

Une lettre du baronnet sir Pelham.

GEORGES.

Lui! mon rival! qui le premier avait cherché à la séduire... qui pour me l'enlever est capable de tout!... c'est lui qu'elle me préfère!

MARGUERITE.

Allons donc!... il est moins bien, moins riche que vous.

GEORGES.

Qu'importe, si elle l'aime?... Eh! je me rappelle maintenant... je viens de voir de ma fenêtre et dans la cour du château une berline attelée... dans laquelle j'avais cru apercevoir Pelham... C'est lui, je n'en doute plus, elle va partir avec lui.

(Il remonte vivement jusqu'à la porte du fond.)

MARGUERITE, courant à lui.

Mon maître... mon maître... qu'allez-vous faire?

GEORGES, s'arrêtant.

Ah! tu dis vrai!... me couvrir de ridicule, me battre pour un pari loyalement perdu, pour une maîtresse, pour ma vassale que l'on m'enlève... Non, non, j'étais fou, je ne sais où j'avais la tête, je dois m'en féliciter.

MARGUERITE.

Oui, milord.

GEORGES, s'efforçant d'être gai.

Je dois m'en amuser... je dois en rire.

MARGUERITE.

Certainement.

GEORGES, essayant de rire.

Et ce soir, aux yeux de mes amis, je veux être le premier à en plaisanter.

(Il cache sa tête dans ses mains.)

MARGUERITE.

O ciel! vous pleurez! vous, mon bon maître... mon pauvre garçon!

GEORGES.

Oui, j'en rougis, oui, je l'aimais, l'ingrate... et dans ce moment où je la maudis, où je la déteste, je l'aime encore.

MARGUERITE.

Vous, mon Dieu!

GEORGES, vivement.

Tais-toi, que personne ne le sache, il y va de mon honneur, de ma réputation... je serais perdu s'ils savaient que j'ai pleuré.

MARGUERITE.

Moi seule le saurai, et avec moi n'ayez pas peur... ne vous gênez pas, mon fils.

GEORGES, se jetant dans ses bras en sanglotant.

Ma bonne Marguerite! (S'en arrachant vivement, essuyant ses larmes et prenant un air enjoué.) On vient!... c'est elle!

SCÈNE XI.

CICILY, GEORGES, MARGUERITE.

(Cicily est habillée comme au premier acte, coiffée de son chapeau de paille, et tenant sous le bras son petit paquet.)

GEORGES, brusquement.

Qui vous amène?... que voulez-vous?

CICILY, froidement.

De toutes les offres que votre seigneurie a daigné me faire, il n'en est qu'une que j'accepte avec reconnaissance.

GEORGES.

Et laquelle?

CICILY.

La permission que vous m'avez donnée de m'éloigner à l'instant.

GEORGES.

Libre à vous d'en user... toutes les portes de ce château vous sont ouvertes.

MARGUERITE, bas à Georges.

Très-bien!... c'est comme cela qu'il faut lui parler.

GEORGES.

Je ne vous demande point où vous allez, et quel nouveau maître vous attend...

CICILY.

Quelle que soit la maison où je me présente, moi, pauvre servante, je n'y puis être accueillie qu'avec une attestation de vous, milord.

GEORGES, avec colère.

De moi !

MARGUERITE, bas à Georges.

Un certificat de bonne conduite, cela se fait toujours ainsi... vous ne pouvez le lui refuser.

GEORGES, avec colère.

Moi, que je certifie...

MARGUERITE.

Qu'elle est une honnête fille... qu'elle ne vous a pas trompé...

GEORGES.

Quand, au contraire...

MARGUERITE.

C'est égal... on certifie toujours... c'est l'usage. (Elle le fait passer à droite, près de la table, où il s'assied pour écrire. Se frappant la tête.) Ah ! mon Dieu !

GEORGES.

Qu'as-tu donc ?

MARGUERITE.

Mon fils, mon pauvre fils !

GEORGES.

Reynolds, mon chapelain !

MARGUERITE.

Qu'on avait prévenu pour ce mariage.

CICILY.

Oh ciel ! c'était votre fils, monsieur Reynolds !...

MARGUERITE.

Oui, mademoiselle... il s'était rendu à la chapelle, où il attend toujours... on ne l'a pas décommandé.

GEORGES.

Va donc... et à l'instant.

MARGUERITE.

Et tous vos amis qui vous attendent pour se mettre à table! Je ne sais où j'ai la tête! Je cours, et je reviens. Mon pauvre fils!

(Elle sort en courant par la porte à droite.)

SCÈNE XII.

CICILY à gauche, GEORGES à droite, près de la table et écrivant.

CICILY, à part, et se soutenant à peine.

Monsieur Reynolds, le pasteur! ce n'était point un faux mariage! Ah! qu'ai-je fait!

GEORGES, à la table, et écrivant.

Je vous dois donc ce certificat?

CICILY.

Je ne puis le demander qu'à vous, milord... n'ayant jamais servi dans d'autre maison.

GEORGES.

C'est juste. Puissiez-vous dans celle où vous allez entrer... et que je connais...

CICILY.

Votre seigneurie est alors plus savante que moi!

GEORGES.

Trêve de faussetés. Tenez, tenez, voilà ce que vous me demandez... remettez-le de ma part au maître que vous me préférez.

CICILY.

Milord!

GEORGES.

Maintenant, je ne vous retiens plus... allez... puissiez-vous n'avoir ni regrets, ni remords. Eh bien!... (A Cicily, qui parcourt le billet.) je vous l'ai dit, sortez! qu'attendez-vous?

####### CICILY.

Mais, en honneur, milord, je ne puis remettre à personne un pareil certificat.

####### GEORGES.

Et pourquoi, s'il vous plaît?

####### CICILY.

Jugez-en vous-même. (Lisant.) « Cicily Andrews, qui vous « remettra cette attestation, est une honnête fille... »

####### GEORGES.

Eh bien!

####### CICILY, continuant.

« Mais fausse, mais menteuse, mais perfide, qui m'a « trompé, moi, son maître, qui l'aimais, qui l'aime en- « core!... »

####### GEORGES, étonné.

J'ai écrit cela?

####### CICILY, lisant toujours.

« Et si vous la recevez, si vous lui donnez asile, ce sera « entre nous, je vous en préviens, un combat à mort. » Y pensez-vous, milord?

####### GEORGES, reprenant la lettre, et avec colère.

Oui, oui, ces dernières lignes, je les ai écrites, et je les pense, car celui que tu aimes ne peut être qu'un trompeur, un séducteur, un mauvais sujet.

####### CICILY, baissant les yeux.

C'est possible!

####### GEORGES, avec colère.

Et tu l'aimes?

####### CICILY, avec expansion.

Plus que ma vie!

####### GEORGES, toujours plus furieux, et d'une main tremblante.

Eh bien! alors, va donc lui remettre cette lettre... porte-la à son adresse.

CICILY, le regardant tendrement.

Elle y est.

GEORGES.

Comment? moi?

CICILY.

Oui, oui, milord.

GEORGES.

Ah!

(Elle tombe à ses pieds pendant qu'on entend en dehors un refrein de table.)

SCÈNE XIII.

PELHAM, CICILY, GEORGES, MARGUERITE.

(Pendant ce chœur, Pelham est entré par la porte du fond et Marguerite par la porte à droite.)

MARGUERITE et PELHAM.

Ah! que vois-je!

GEORGES, à Cicily, qui se relève précipitamment et veut s'éloigner.

Non, non! reste!

PELHAM, à Cicily.

Je venais vous dire que je me lassais d'attendre dans ma berline.

MARGUERITE, à Georges, et toute interdite.

Et moi, milord, je venais vous annoncer que vos amis vous attendent à table.

GEORGES.

A merveille! Nous allons les rejoindre, et leur apprendre qu'Henri Pelham a perdu son pari de mille guinées.

PELHAM, à Cicily.

Ah! bah! il serait possible?

GEORGES, à Cicily, qui fait un geste de surprise.

Oui, Cicily... j'avais parié que ce soir vous seriez à moi. (A Marguerite.) Et grâce à ton fils Reynolds...

MARGUERITE.

Que je viens de renvoyer...

GEORGES.

Que tu rappelleras... je présenterai ce soir à mes amis la marquise de Newcastle, ma femme !

PELHAM.

Est-il possible ! une idée pareille !

GEORGES, gaiement.

Tu ne l'aurais jamais eue ! Mais, pour faire sensation dans le beau monde, pour le jeter dans l'admiration et la stupeur, pour être pendant trois mois le sujet de tous les discours, il ne faut pas, quand on est marquis et millionnaire, s'aviser d'épouser une duchesse, c'est trop commun... mais sa vassale.

PELHAM, se frappant le front.

C'est juste !

GEORGES.

Surtout quand elle est vertueuse et jolie comme ma filleule.

PELHAM.

Il a parbleu raison... le voilà encore dans nos salons le lion de cet hiver. Et dire que cette idée-là j'ai manqué l'avoir, elle allait me venir, je la sentais ! Mais il est encore temps... et si je peux trouver parmi mes vassales...

GEORGES.

Y penses-tu ? m'imiter encore !

PELHAM.

Pourquoi pas ? c'est une position, une spécialité, c'est la mienne ! Lion à la suite ! connais-tu rien de plus original, de plus extraordinaire ?

GEORGES.

Oui, mon cher.

PELHAM.

Et quoi donc?

GEORGES, regardant Cicily.

Un lion amoureux!

CICILY, au public.

AIR : Le talent d'un ambassadeur. (*Polichinelle.*)

Me voilà marquise et lady,
Mais pour remplir si noble place,
Je sens ce qu'il me manque ici
D'esprit, de bon ton et de grâce!
O vous qui régnez au salon,
Venez former par vos suffrages
La servante de la maison...

(Parlé.) Et surtout... surtout...

(Continuant l'air.)

Messieurs, n'oubliez pas ses gages!

(Faisant le geste d'applaudir.)

Oui, ses gages!

LE CHOEUR, au dehors.

AIR : Vive la jeunesse. (*Le lac des fées.*)

Vive le champagne!
Vivent les amours!
Gaîté, ma compagne,
Viens à nous toujours!
Et dans notre ivresse
Faisons, francs lurons,
Sauter la sagesse
Au bruit des bouchons!

LE VEAU D'OR

COMÉDIE EN UN ACTE MÊLÉE DE CHANTS

EN SOCIÉTÉ AVEC M. H. DUPIN

THÉATRE DU GYMNASE. — 26 Février 1841.

PERSONNAGES.	ACTEURS.
LEDOUX..................................	MM. Klein.
LE DUC DE BEAUFORT................	H. Landrol.
ABEL, jeune élégant.....................	Roland.
ÉDOUARD, clerc d'avoué................	J. Deschamps.
UN JOCKEY.............................	Adolphe.
JULIETTE, coutunière...................	Mme Nathalie.

A Paris, dans la chambre de Ledoux.

LE VEAU D'OR

Une mansarde. — Porte au fond; cheminée à droite; sur le devant du théâtre un petit bureau en noyer.

SCÈNE PREMIÈRE.

ÉDOUARD, devant le bureau, occupé à écrire; JULIETTE, entrant avec un pain et un pot de crème qu'elle place sur la cheminée.

JULIETTE.

Ah! monsieur Édouard, déjà à l'ouvrage chez notre vieux voisin.

ÉDOUARD, se levant et voulant courir à elle.

Juliette!...

JULIETTE.

Non, monsieur, ne vous dérangez pas!... vous étiez mieux tout-à-l'heure... vous étiez occupé... continuez... Il paraît que M. Ledoux est déjà sorti?...

ÉDOUARD.

Lui... il se lève avant le jour.

JULIETTE.

Depuis un mois qu'il habite cette maison... tous les matins obligé de courir pendant trois ou quatre heures... à pied... à son âge!... et puis il revient prendre sa simple tasse de café;... pauvre homme... il n'est pas heureux... comme nous!...

ÉDOUARD, en soupirant.

Heureux...

JULIETTE.

Eh! que nous manque-t-il donc?... vous, premier clerc d'avoué, et touchant cinquante francs par mois!...

ÉDOUARD, avec humeur.

C'est joli.

JULIETTE.

Certainement, quand je pense à tous ceux qui n'en gagnent que la moitié... et moi, monsieur, ouvrière lingère, **gagnant quarante, et quelquefois cinquante sous par jour**...

ÉDOUARD.

Ah! voilà ce qui me désespère.

JULIETTE.

Vous êtes jaloux de ce que je gagne plus que vous?...

ÉDOUARD.

Eh! non... mais de te voir si pauvre... si misérable.

JULIETTE.

Vous êtes bien bon... moi je me trouve très-riche... surtout quand je vois... tant de ces pauvres jeunes filles, bien plus à plaindre... Il faut toujours regarder au-dessous de soi... c'est le moyen d'être heureux... mais vous, monsieur, vous avez de l'ambition...

ÉDOUARD.

Parbleu! ici, au sixième étage, où nous habitons, j'ai beau regarder au dessus de-moi... je n'aperçois jamais...

JULIETTE.

Que le ciel... et cela console!...

ÉDOUARD.

Oui, s'il daignait nous écouter... s'il nous accordait... ce que je lui demande tous les jours...

JULIETTE, souriant.

Eh! quoi donc... d'être aimé de moi?

ÉDOUARD, vivement.

Oui, cela avant tout.

JULIETTE.

Eh! bien... il me semble qu'il vous a exaucé...

ÉDOUARD.

Pour mon malheur.

JULIETTE.

Comment, monsieur?...

ÉDOUARD.

Quand on s'aime... quand on demeure là, près l'un de l'autre, porte à porte, sur le même palier... et que depuis plus d'un an on n'obtient rien ! rien... que de l'amitié...

JULIETTE.

Et de l'espérance...

ÉDOUARD.

Oui, quand nous serons mariés, dites-vous toujours... et voilà pourquoi je rêve la fortune... pourquoi je porte envie à ceux qui sont riches... ah ! si je l'étais, si j'avais des millions...

JULIETTE.

Qu'en feriez-vous ?

ÉDOUARD.

Je te couvrirais d'or et de diamants.

JULIETTE.

La belle avance !

AIR de l'*Elisire d'Amore*.

Quoi ! désirer la richesse !...
Pour singer les grands seigneurs
Qui couvrent d'or leurs maîtresses
Et vous marchandent leurs cœurs !
Laissez là leurs goûts bizarres,
Monsieur, rappelez-vous bien
Que les amours les plus rares
Sont ceux qui ne coûtent rien.

17.

ÉDOUARD.

Tu dis vrai !... que les coquettes,
Les beautés de grands seigneurs,
A prix d'or fassent emplettes
De leur teint, de leurs couleurs !
Les Grâces sont moins avares,
Et près de toi, je vois bien
Que les attraits les plus rares
Sont ceux qui ne coûtent rien !

JULIETTE.

A la bonne heure... monsieur, j'aime mieux vous voir ainsi plus gai... plus raisonnable... et avec du courage et de la patience... nous ferons comme tout le monde, nous arriverons.

ÉDOUARD.

Notre voisin, M. Ledoux, ce pauvre diable qui n'a pas le sou, a, je ne sais comment, quelques affaires assez embrouillées...

JULIETTE.

Ce sont les mauvaises...

ÉDOUARD.

Non pour les avoués, ce sont les bonnes... et il m'en a donné une, pour mon propre compte, qui peut me rapporter quelque argent...

JULIETTE.

Vous voyez bien...

ÉDOUARD.

Aussi, je reconnais cela en lui faisant gratis quelques écritures dont il a besoin....

JULIETTE.

Et moi, je lui monte le matin son déjeuner en même temps que le mien... et dans la journée, je lui ourle des serviettes, parce que ce pauvre homme, qui, malgré son air dur et sauvage, est excellent pour moi, m'a recommandée à une superbe boutique où j'aurai de l'ouvrage pour longtemps... des chemisiers.

ÉDOUARD.

Qu'est-ce que c'est que ça?

JULIETTE.

Une nouvelle invention... pour fournir de chemises tous les élégants de Paris, et ça rapporte beaucoup... parce que tout le monde en porte...

ÉDOUARD.

Excepté ceux qui n'en ont pas!

JULIETTE.

Et de plus... voici qu'hier il m'est encore arrivé une commande particulière, un élégant!... un beau jeune homme, très-aimable... qui avait des gants jaunes... et qui est venu lui-même.

ÉDOUARD, fronçant le sourcil.

Qu'est-ce que c'est?...

JULIETTE.

Il est aussi de la connaissance de M. Ledoux... il m'était envoyé par lui.

ÉDOUARD.

Ah! ça... il connaît donc tout le monde... ce M. Ledoux?...

JULIETTE.

Et des gens comme il faut...

ÉDOUARD.

Allons donc!... avec son habit râpé et son chapeau sexagénaire, je ne peux pas croire qu'il soit lié avec des gants jaunes... ils ne pourraient jamais se donner la main.

JULIETTE.

Pourquoi pas? il est bien venu ce matin, je vous le dis à vous en confidence... une jeune dame... avec un chapeau à plumes et un cachemire... qui demandait M. Ledoux... et elle s'est trompée de porte... elle a frappé à la mienne...

ÉDOUARD.

Pas possible!... elle était jeune?...

JULIETTE.

Et très-jolie... elle avait pleuré; elle avait les yeux rouges, un mouchoir à la main...

ÉDOUARD.

C'est inconcevable...

JULIETTE.

Et en bas, à la porte... un très-joli équipage... et tenez, regardez donc ce domestique en livrée...

SCÈNE II.

Les mêmes; UN JOCKEY, élégamment habillé.

LE JOCKEY.

Me voilà arrivé jusqu'aux toits, et je n'ai pas encore rencontré un chat... C'est surprenant... (Apercevant Édouard et Juliette.) J'ai parlé trop vite. (S'avançant.) Monsieur Ledoux?

ÉDOUARD.

C'est ici.

LE JOCKEY.

Dites-lui, s'il vous plaît, que mon maître est en bas, dans son tilbury... M. Abel... Vous devez le connaître?...

ÉDOUARD.

Je n'ai pas cet honneur.

JULIETTE.

M. Abel... C'est cet élégant, dont je vous parlais, qui est venu hier me faire ma commande...

LE JOCKEY.

C'est ce que je disais. Tout le monde connaît M. Abel, mon maître! un des membres du Jockey-Club... Un élégant, qui ne joue plus au billard que monté sur un poney... Tout Paris nous admire... C'est nous qui avons les plus beaux chevaux anglais... Ils sont toujours devant le Café de Paris.

ÉDOUARD.

M. Ledoux est sorti.

LE JOCKEY.

Merci!... Elisabeth a le temps d'écumer et de piaffer... Mon maître qui veut absolument lui parler, et qui l'attendra plutôt jusqu'à ce soir... Je vais toujours le prévenir.

(Il sort.)

JULIETTE.

Eh! bien, monsieur, qu'en dites-vous?

ÉDOUARD.

Que c'est original!... M. Ledoux, un homme à bonnes fortunes... et intimement lié avec des habitués du Café de Paris!

JULIETTE.

Lui que je vois souvent le soir, au café de l'Ambigu, jouer aux dominos!...

ÉDOUARD.

Je voudrais bien savoir s'il y joue à cheval!

JULIETTE.

Taisez-vous. On parle dans l'escalier.

SCÈNE III.

Les mêmes; LEDOUX.

LEDOUX, entrant en parlant à la cantonade.

Que diable!... on regarde à ce qu'on fait... Descendre les marches quatre à quatre!...

JULIETTE.

C'est ce jockey que vous avez rencontré?...

LEDOUX.

Oui, ma petite voisine... Bonjour! comment ça va-t-il?... Il m'est presque tombé sur la tête.

JULIETTE, vivement.

Il vous a fait bien mal!...

LEDOUX.

A moi... ce ne serait rien. Le front est dur et solide, malgré ses cinquante-cinq ans... Il n'en est pas de même de mon chapeau... quoiqu'il ne soit pas aussi âgé... il s'en faut!... car il a à peine dix ans... et le voilà dans un état... Moi je tiens à mes amis... et quand on les attaque, ou qu'on les froisse...

ÉDOUARD.

Nous savons cela...

LEDOUX.

Bonjour, mon cher Edouard. Je vous vois là à l'ouvrage pour moi... C'est bien, jeune homme, de l'activité dans les doigts...

ÉDOUARD.

Comme vous dans les jambes.

JULIETTE.

Vous avez l'air fatigué... Vous venez de loin?

LEDOUX, s'asseyant.

Paris n'en finit plus!... Il s'étend tous les jours...

JULIETTE.

En revanche, il y a les omnibus.

LEDOUX, vivement.

Non pas... j'en suis revenu... Il n'y a rien de traître comme les omnibus... J'aime bien mieux les fiacres...

JULIETTE.

Et pourquoi?

LEDOUX.

Parce que je n'en prends jamais!... Tandis que les autres... six sous... On se laisse séduire par le bon marché... et sans s'en douter, il se trouve, au bout de quatre ou cinq fois, qu'on a pris un fiacre... On est dedans!... J'aime mieux aller à pied...

ÉDOUARD.

Parce que vous êtes économe.

JULIETTE.

C'est la vraie richesse!...

LEDOUX.

Mieux que cela, mes enfants, c'est un plaisir... un plaisir réel... une jouissance à la portée de tout le monde. (Voyant le pot de crème sur la table.) Qu'est-ce que c'est que ça?

JULIETTE.

Votre crème que je vous ai montée en même temps que la mienne.

LEDOUX.

Merci, ma chère enfant... tu es si bonne pour moi, qu'il faudra que tu me fasses penser à...

JULIETTE.

A me promettre quelque chose?... Eh bien! je vous demanderai...

LEDOUX.

Pourvu que ça ne soit pas cher, bien entendu...

JULIETTE.

Une chose qui ne vous coûtera rien... une seule.

LEDOUX.

Demandes-en deux; ne te gêne pas...

JULIETTE.

Eh bien! dites-moi comment un pauvre homme comme vous reçoit la visite de belles dames et de jockeys élégants?...

LEDOUX.

Ah! tu es curieuse?...

JULIETTE.

Non... mais je voudrais savoir...

LEDOUX.

Ça ne se peut pas... parce que dans mon état il faut être discret.

JULIETTE.

Vous avez donc un état?

LEDOUX.

Non sujet à patente!...

JULIETTE.

Et lequel?

LEDOUX.

Je ne peux pas le dire... Il est donc venu une dame?...

JULIETTE.

Oui, monsieur... vous demander.

LEDOUX.

Comment était-elle?

JULIETTE.

Jeune et jolie...

LEDOUX, d'un ton brusque.

Tant pis; je n'aime pas les jolies dames... excepté toi... Juliette!

JULIETTE.

Et elle m'a touchée... car elle pleurait.

LEDOUX.

Ah! tu crois à cela... tu crois aux larmes... pauvre fille!...

JULIETTE.

AIR du vaudeville du *Petit Corsaire.*

Savez-vous d'où venaient ses pleurs?

LEDOUX.
J'ignore qui les a fait naître ;
Mais peu m'importe !...

JULIETTE.
      Ses douleurs,
C'est vous qui les causez peut-être !...

ÉDOUARD.
Oui, qui la faisait soupirer?

LEDOUX, à Édouard.
Mieux que moi vous pourriez le dire :
A votre âge on les fait pleurer,
Au mien, mon cher, on les fait rire !

JULIETTE.
Et vous ne courez pas chez elle !...

LEDOUX.
Elle reviendra ainsi que mon ami Abel, qui m'a envoyé son jockey, pour me demander mon heure...

JULIETTE, étonnée.
Votre heure !...

LEDOUX.
Sans doute... je n'ai pas envie de me déranger. (Regardant par dessus l'épaule d'Édouard, qui écrit toujours.) C'est bien... c'est très-bien, et si je pouvais reconnaître cela un jour...

ÉDOUARD.
Je vous remercie, monsieur ; quand je rends service, c'est sans intérêts.

JULIETTE.
Et moi, monsieur, tantôt je vous rapporterai les trois serviettes que vous m'avez priée de vous ourler... Vous n'aviez pas songé à la marque ; les blanchisseuses sont si négligentes... je mettrai un L en coton rouge.

LEDOUX.
Vivent les femmes pour comprendre le ménage !... C'est

vraiment une économie de se marier, et si je trouvais une femme aussi sage, aussi rangée... ou plutôt j'ai une idée...

JULIETTE.

Et quelle est-elle?...

LEDOUX.

De t'épouser.

ÉDOUARD, se levant.

Ah! mon Dieu!...

JULIETTE.

Vous voulez rire...

LEDOUX.

Non, j'ai un faible... je dirai même plus, j'ai de l'attachement pour toi.

JULIETTE.

Et moi aussi, monsieur Ledoux; mais ça n'irait pas jusqu'au mariage.

LEDOUX, secouant la tête.

Peut-être!

ÉDOUARD, vivement.

Comment cela?

LEDOUX, à Édouard.

Vois-tu bien, je n'aurais qu'un mot à dire... et elle y consentirait tout de suite...

JULIETTE.

Ça, c'est une autre chose!...

LEDOUX.

Tu verrais...

ÉDOUARD, bas à Juliette.

Sais-tu qu'il me fait peur, avec son sang-froid et son aplomb?

JULIETTE.

Soyez tranquille et retournez à votre étude... moi je vais à mon magasin.

AIR : Salut, noble comtesse.

Adieu... Chez ma lingère
Je me rends : il le faut ;
Mais tous trois, je l'espère,
Nous nous verrons tantôt.

ÉDOUARD et LEDOUX.

Adieu.... Chez sa lingère
Elle part : il le faut ;
Mais tous trois, je l'espère,
Nous nous verrons tantôt.

(Juliette sort.)

SCÈNE IV.

ÉDOUARD, LEDOUX, LE DUC.

LEDOUX.

Cette petite fille-là m'inspire le plus vif intérêt... Si elle se trouvait dans la peine, s'il le fallait absolument... je ne regarderais pas à lui prêter... vingt francs !

LE DUC, entrant.

Ah ! je te trouve enfin, mon cher Ledoux.

LEDOUX.

Ah ! c'est vous, monsieur le duc ?

ÉDOUARD, à part.

Un duc !...

(Il va pour se lever.)

LEDOUX, à Édouard.

Continue, continue.

LE DUC.

Je suis venu deux fois hier... Je n'avais pas vu ton nouveau logement...

LEDOUX.

Il est un peu haut.

LE DUC.

En bon air... tout près du boulevard... Tu sais d'ailleurs que je ne viens pas pour le logement.

LEDOUX.

Je sais que vous venez pour moi.

LE DUC, lui donnant une poignée de main.

Oui, pour presser la main de mon ami Ledoux.

ÉDOUARD, à part.

Son ami !... Je n'en reviens pas !...

LE DUC.

Et cette santé ?...

LEDOUX, montrant son lait qu'il verse dans un poêlon.

Comme vous voyez : je suis en train de faire mon déjeuner...

ÉDOUARD, de même.

Et il ne s'interrompt pas !... c'est incroyable !

LE DUC.

On gagne de l'appétit quand on a ton activité... quand on marche... quand on court...

LEDOUX.

Cela fatigue... je me fais vieux.

LE DUC.

Pourquoi ne vas-tu pas en carrosse ?...

LEDOUX.

C'est que je n'en ai pas.

LE DUC.

Parle... le mien est à ta disposition: tous les matins il sera à ta porte...

ÉDOUARD, à part.

Tous les matins à sa porte!

LEDOUX.

Monsieur le duc, vous êtes trop bon.

LE DUC.

Ah! çà, dis-moi... je viens pour causer avec toi... Peut-on devant ce jeune homme?...

LEDOUX.

C'est un autre moi-même.

LE DUC.

C'est bon... tu devines le motif de ma visite... c'est pour notre grande entreprise, qui est tout à fait dans ta main ; sans toi notre chemin de fer ne marche pas, il est embourbé, il reste en route.

ÉDOUARD, à part.

Est-ce que ce serait quelque ingénieur des Ponts et Chaussées ?...

LE DUC.

J'espère que tu feras quelque chose pour un ancien ami, et que tu vas mettre les fers au feu.

LEDOUX.

Je vais d'abord mettre au feu...

LE DUC.

Quoi donc ?...

LEDOUX.

Mon café.

LE DUC.

Il s'agit bien de cela !... Tu sais que demain nous avons

rendez-vous avec la commission; il faut bien lui dire quelque chose, et nous ne pouvons parler sans toi.

LEDOUX.

C'est juste... c'est moi qui vous donne la parole.

ÉDOUARD, à part.

Est-ce que ce serait le président de la Chambre?

LEDOUX, préparant son café.

Eh bien! pendant que je déjeune... nous allons causer. Consent-on aux 18 1[2?...

LE DUC.

Il le faut bien.

LEDOUX.

Vous disiez jamais!

LE DUC.

Avec toi on dit toujours cela... et puis l'on finit par céder.

LEDOUX.

A la bonne heure!... touchez là... Je vais mettre aujourd'hui deux morceaux de sucre de plus dans mon café... c'est un extraordinaire pour vous, monsieur le duc, et pour votre visite.

LE DUC.

Bien obligé!... puissent-elles ne pas se renouveler!

LEDOUX.

Heureusement; vous finiriez par ruiner un pauvre diable comme moi.

LE DUC.

Tu verras les premiers commis?...

LEDOUX.

Si vous le voulez.

LE DUC.

Tu connais tous ces gens-là, toi.

ÉDOUARD, à part.

Est-ce que ce serait un directeur général?

LEDOUX.

Je les verrai... mais vous me paierez mes fiacres?

LE DUC.

Eh! mon Dieu, oui!

LEDOUX.

Car les visites à pied... fatiguent et usent en diable les souliers... mon cordonnier lui-même en est effrayé.

LE DUC.

C'est bon! c'est bon... Il nous faudrait aussi avoir dans notre manche.

(Il le tire par le bras.)

LEDOUX.

Prenez donc garde... vous déchirez la mienne... et je n'ai pas le moyen de me donner un habit neuf tous les jours...

LE DUC.

Tu comprends bien que...

LEDOUX.

Eh! bien oui!... avez-vous confiance en moi?... Je vous dis que je me charge de tout!... là !...

LE DUC.

Allons, c'est bien.

ÉDOUARD, s'approchant de lui.

Monsieur Ledoux ?

LEDOUX.

Qu'est-ce ?

ÉDOUARD, à demi-voix.

AIR du vaudeville de *Partie carrée*.

N'est-ce donc pas Ledoux que l'on vous nomme?
Et par hasard me serais-je abusé?...

Seriez-vous prince, ou bien quelque grand homme,
Quelqu'homme d'Etat déguisé ?

LEDOUX.

Moi... déguisé ! Dans mes goûts économes
Tu vois l'habit que je porte toujours...
Il est toujours le même... et nos grands hommes
En changent tous les jours !

As-tu fini ta copie ?

ÉDOUARD.

Oui, mon voisin, la voici.

LEDOUX.

C'est moulé... voyez plutôt, monsieur le duc... et il m'écrit tout cela gratis... Brave jeune homme ! aussi je jure bien que si je peux lui être utile... sans qu'il m'en coûte rien...

LE DUC.

Ça me paraît difficile.

LEDOUX.

Moins que vous ne croyez... attendez donc... nous disons, monsieur le duc, que l'affaire est superbe, immanquable... pour vous... car pour moi, je n'y suis pour rien... ça ne me regarde pas...

LE DUC.

C'est ainsi que je l'entends... tu ne paraîtras même pas.

LEDOUX.

Raison de plus pour avoir quelqu'un qui m'y représente incognito... et me tienne au courant.

LE DUC.

Un fondé de pouvoirs...

LEDOUX.

Justement (Désignant Edouard.), le voici !... mais à ce pauvre garçon, il lui faudra des appointements...

LE DUC.

Que tu lui donneras.

LEDOUX.

Non pas moi, mais vous.

LE DUC.

Moi !

LEDOUX.

C'est-à-dire les actionnaires dont vous défendez les intérêts.

LE DUC.

C'est différent ! je ne demande pas mieux.

LEDOUX.

Cinq mille francs de traitement.

LE DUC.

En quelle qualité ?

LEDOUX.

Comme secrétaire de l'administration.

LE DUC.

Mais pour cela il faut des actions ?

LEDOUX.

Vous lui en donnerez : des actions gratis... dites industrielles.

LE DUC.

Et qui les lui procurera ?

LEDOUX.

Les actionnaires... dont vous défendez les intérêts.

LE DUC.

A la bonne heure ! et les dividendes ?

LEDOUX.

Ça ne vous regarde pas... ni eux non plus... c'est un employé à moi...

LE DUC.

Que nous payons.

LEDOUX.

Voilà!... (A Édouard.) Saluez, jeune homme! Vous êtes employé et actionnaire dans une belle et noble entreprise fondée, dans l'intérêt du pays et de la gloire nationale, par monsieur le duc...

LE DUC, lui donnant sa carte.

De Beaufort, rue Bellechasse, n° 20. Demain vous entrez en fonctions.
(A Ledoux.)

AIR des *Deux maîtresses*.

A tes affaires je te laisse.
Je reviendrai ce soir ici;
Et je compte sur ta promesse.
Adieu, mon véritable ami.

LEDOUX, à la cheminée.
Pardon si je demeure.

LE DUC.
Ensemble
Point de façons...

LEDOUX.
C'est que vraiment
Vous vous en allez, et je tremble
Que ma crème n'en fasse autant.

Ensemble.

ÉDOUARD.

D'une place j'ai la promesse,
D'un noble duc j'obtiens l'appui;
A moi si le sort s'intéresse,
Je vois bien que c'est grâce à lui.

LE DUC.
A tes affaires je te laisse, etc.

LEDOUX.
A mes affaires il me laisse,
Et reviendra ce soir ici,

Car il compte sur ma promesse.
Adieu, mon véritable ami.

(Le duc sort.)

SCÈNE V.

LEDOUX, ÉDOUARD.

LEDOUX.

Eh! bien, mon garçon, que te disais-je?... te voilà placé... Cinq mille francs de traitement.

ÉDOUARD.

Cela me paraît un rêve!

LEDOUX.

Un rêve doré!... voilà comme je suis... mes amis peuvent toujours compter sur moi, dès que ça ne me coûte rien.

ÉDOUARD.

Mais qui donc êtes-vous? quel titre faut-il vous donner, vous qui dans votre mansarde et sous les toits, recevez des dandys, des grandes dames... des ducs... qui les faites obéir à vos moindres caprices... qui donnez des places à volonté? Êtes-vous ministre, par hasard?

LEDOUX.

Non! je suis d'une étoffe plus solide !

ÉDOUARD.

Mieux qu'un ministre!... vous n'êtes pourtant pas...

LEDOUX.

Je ne suis rien... que M. Ledoux... je n'ai besoin de personne... et tout le monde a besoin de moi...

ÉDOUARD.

Comment?

LEDOUX.

Cela t'étonne?... Apprends donc, mon garçon, car tu vas surveiller mes intérêts, et il faut que je te les fasse connaître... Apprends donc que de nos jours, il existe peu de principes, peu de religion; il en est une cependant que tout le monde professe!... une divinité devant qui chacun se prosterne...

ÉDOUARD.

Et laquelle?

LEDOUX.

N'as-tu pas entendu dire qu'autrefois les Juifs adoraient le Veau d'or?... Eh! bien, notre siècle est un peu juif, et la seule idole qu'on encense, c'est l'or.

ÉDOUARD.

L'or!...

LEDOUX.

Oui, mon jeune ami... et j'en vends... je le vends même très-cher... car tout le monde en veut... et j'en ai...

ÉDOUARD.

Quoi! vous êtes...

LEDOUX.

Je suis négociant; l'or est une marchandise... une denrée comme une autre, excepté qu'elle est plus précieuse et plus respectable.

ÉDOUARD.

Allons donc!

LEDOUX.

Oui, mon garçon... c'est de notre siècle la seule chose qu'on respecte encore... On rit de la naissance et des titres... on se moque de tout! on ne se moque pas de l'or; au contraire... et tu le vois, je ne suis pas beau, je n'ai pas d'instruction, pas d'esprit... je suis une bête... un butor... un animal!... mais ma bêtise est dorée... et ils viennent tous ici adorer le Veau d'or.

ÉDOUARD.

Non, monsieur, ne croyez pas cela!

LEDOUX.

Et pourquoi pas?

AIR : Contentons-nous d'une simple bouteille.

Bien loin qu'ici je blâme leur conduite,
J'approuve fort leurs calculs prévoyants;
Et si le rang, les titres, le mérite,
Si la vertu, l'esprit et les talents,
Nombreux amis, beauté qui vous adore,
Sont en tout temps des biens qu'on estima,
Combien on doit estimer plus encore
L'or avec qui l'on acquiert tout cela!

ÉDOUARD.

Et comment êtes-vous parvenu à une telle fortune?

LEDOUX.

En n'ayant jamais de passions et en exploitant celles des autres... L'amour, la vanité, l'ambition, et cœtera, tout cela coûte cher... et pour les payer, ils viennent à moi.

ÉDOUARD.

A merveille!... et toujours calme et de sang-froid, vous n'avez jamais éprouvé aucun de ces sentiments qui font battre le cœur?

LEDOUX.

Jamais!... une fois seulement, il y a une vingtaine d'années... il m'en souvient encore!... j'étais garçon de caisse, portant le portefeuille de maroquin vert et la sacoche sur le dos, et ne songeant qu'à mon état, lorsqu'un matin... je me sens triste, moi qui étais toujours malin et goguenard; voilà que je ne me sens plus d'appétit... moi qui mangeais toujours si bien!

ÉDOUARD.

Cela venait d'une maladie... d'une fièvre...

LEDOUX.

Non! ça venait d'une petite fille!... d'une ouvrière en face de chez nous, qui toute la journée travaillait en chantant... Et moi je m'arrêtais... je causais sans défiance, sans malice avec cette coquette qui riait toujours... et qui était jeune et jolie... exprès pour m'attraper!... Enfin c'était de l'amour!... je ne l'aurais jamais cru... mais ils le disaient tous... elle aussi! Et moi comme un imbécile que j'étais, je la quittai, j'allai au pays, à Strasbourg, c'était loin, chercher les papiers pour me marier!... Il faut me le pardonner, je te l'ai dit, j'étais malade; mais arrivé au pays, je le devins tout à fait; une fièvre réelle... et un médecin allemand... on me crut mort! on l'écrivit à Nantes! ce n'était pas vrai; mais deux mois après... quand j'y revins, c'était tout comme!

ÉDOUARD.

Comment cela?

LEDOUX.

Elle s'était crue veuve, mon cher ami, et sa douleur n'avait pas même attendu les délais fixés par le Code civil... elle était partie pour une terre voisine, avec un grand seigneur du pays, un duc, qui l'avait consolée et enlevée!

ÉDOUARD.

Ce n'est pas possible!

LEDOUX.

C'est ce que je me disais! mais il n'y avait pas moyen d'en douter. Et cependant nous étions fiancés... mieux encore!... (A demi-voix.) Quand je partis, j'aurais juré que j'étais père... c'était pour cela que je partais!... et me trahir ainsi!... la colère, la douleur et un coup de sang... je manquai d'en suffoquer!...

ÉDOUARD.

Mais les conseils de la raison...

LEDOUX.

Et des sangsues!... je fus guéri, guéri de ma passion et de toutes les autres ; j'oubliai une perfide et tout ce qui tenait à elle... tout cela d'ailleurs était mort... peu m'importait! Je ne m'en informai pas!... je ne m'informai de rien... que du nom de ce grand seigneur... de ce ravisseur... jurant de me venger!... et je l'ai fait!

ÉDOUARD.

Vous l'avez défié ?...

LEDOUX.

Non : je lui ai prêté de l'argent! je lui en prête encore tous les jours, et quelque riche qu'il soit, il succombera lentement et sans qu'il s'en doute, sous le poids de ma vengeance... c'est le duc... ce grand seigneur qui sort d'ici !

ÉDOUARD.

A qui vous m'avez recommandé !

LEDOUX.

Lui-même...

ÉDOUARD.

Et qu'aurai-je à faire auprès de lui ?

LEDOUX.

Je vais te le dire : Voilà un grand seigneur qui avait mis une partie de sa fortune dans un chemin de fer... une détestable affaire... qui ne peut pas aller et doit ruiner tout le monde... excepté nous.

ÉDOUARD.

Comment cela ?

LEDOUX.

Tu ne me comprendrais pas... tu ne sais pas ce que c'est que des actionnaires.

ÉDOUARD.

Non, monsieur... mais je sais seulement que je préfère tout autre moyen de m'enrichir...

LEDOUX.

Et comment ?...

ÉDOUARD.

Donnez-moi les moyens d'acheter une charge d'avoué !...

LEDOUX.

Cela vaut ?...

ÉDOUARD.

Cent cinquante à deux cent mille francs.

LEDOUX.

Et tu as pour hypothèque ?

ÉDOUARD.

Mon honneur... mon travail... une bonne conduite.

LEDOUX.

Ce sont des accessoires qui souvent ne nuisent pas... mais il me faudrait... As-tu tes papiers... ton acte de naissance... ton diplôme d'avocat ?

ÉDOUARD.

Ils sont chez moi...

LEDOUX.

Va me les chercher... et s'il se présente une occasion de te rendre service... et de t'avancer cent cinquante mille francs... sans que ça ne coûte rien... (On sonne.) On vient... c'est quelque client, laisse-moi tranquille.

ÉDOUARD, à part, en allant ouvrir.

Ah ! pour un cœur de fer, quel brave homme !... (A Abel.) Entrez, monsieur.

ABEL, entrant.

Merci, monsieur.

LEDOUX.

Ah ! c'est monsieur Abel !

(Édouard sort.)

SCÈNE VI.

ABEL, LEDOUX.

ABEL.

J'ai failli vingt fois me casser le cou en montant... et ton domicile est aussi élevé que l'intérêt de l'argent que tu nous prêtes.

LEDOUX.

Ah! voilà un de mes fidèles... un des adorateurs du Veau d'or...

ABEL.

Je suis étonné que la fumée de nos sacrifices ne t'engraisse pas davantage!... car, Dieu merci, nous encensons tes autels !...

LEDOUX.

Il faut que jeunesse se passe... vous vous corrigerez, monsieur Abel, et ce sera alors le retour de l'Enfant prodigue.

ABEL.

Je voudrais déjà y être, ne fût-ce que pour tuer le veau gras.

LEDOUX.

Eh bien! par exemple!

ABEL.

As-tu déjà peur pour ta tête et le reste?...

LEDOUX.

Non, vraiment; mais que vous est-il donc arrivé... il y a un mois que nous ne vous avons vu?

ABEL.

C'est que j'étais en fonds, j'avais gagné au jeu...

LEDOUX.

Quelle mauvaise chose que le jeu, quand on y gagne!

ABEL.

Et de plus j'étais amoureux; j'ai fait la rencontre de la plus jolie petite grisette... un ange!... un bijou!...

AIR : Je l'aime, je l'aime. (*La Figurante.*)

Je l'aime, je l'aime,
Oui, depuis ce temps,
Son souvenir même
Trouble tous mes sens.

elle, mais trop fière,
Sans art ni grandeurs,
Ma jeune ouvrière
Gagne tous les cœurs.
La coquette brille
Grâce aux bijoux d'or,
Pour être gentille
Elle a mieux encor :
C'est son doux visage,
Son grand œil baissé
Soudain qui, d'un sage,
Font un insensé !

Ensemble.

LEDOUX.

Il 'aime, il l'aime, etc.

ABEL.

Je l'aime, je l'aime, etc.

ABEL.

Aussi j'en suis amoureux fou... je veux devenir sage, rangé... et pour commencer, je vais l'enlever.

LEDOUX.

L'enlever... ça n'est plus de mode !

ABEL.

Justement, ça fera de l'effet parmi les jeunes gens fashionables, les lions de mes amis... un plan admirable. Une nouvelle duchesse de ma connaissance la fait venir chez elle pour de l'ouvrage... arrivée là, elle trouve un déjeuner splendide... on l'invite à s'asseoir... le champagne s'en mêle... et le reste se devine. Mais comme la duchesse n'a pas en ce moment une robe présentable, et qu'il y aura une foule de faux frais... tu vas me prêter mille écus.

LEDOUX.

Mille écus !...

ABEL.

Et je souscris à ton ordre un billet de six mille francs.

LEDOUX.

J'en ai déjà pour cinquante mille écus de vous.

ABEL.

Et j'ai reçu quarante mille francs !

LEDOUX.

Songez donc que vos billets ne valent rien... vous n'êtes pas majeur...

ABEL.

Si je l'étais... aurais-je besoin de toi?... ce qui n'empêche pas les effets d'être excellents... puisque nous les postdatons et qu'ils partent seulement de ma majorité.

LEDOUX.

Et s'il vous arrivait un accident... comment voulez-vous que je réclame des billets qui se trouveraient datés et signés six mois après votre décès ?

ABEL.

C'est juste !

AIR : L'amour qu'Edmond a su me taire.

Le fait d'abord pourrait sembler étrange ;
Puis sur la place en voyant ici-bas
    Circuler des lettres de change
    Souscrites après mon trépas,

Les usuriers dont cette ville abonde
Se diraient tous, qu'hélas ! je suis parti
Pour emprunter encor dans l'autre monde,
Ne pouvant plus le faire en celui-ci !

LEDOUX.

Écoutez, monsieur Abel, je vous porte beaucoup d'intérêt...

ABEL.

C'est-à-dire, tu me prends beaucoup d'intérêts.

LEDOUX.

Vous n'avez que quinze mille livres de rentes, et c'est assez d'avoir mangé la moitié de votre patrimoine ; ainsi...

ABEL.

Ainsi... tu me refuses... Eh ! bien, adieu !... je cours m'adresser à ma sœur qui en demandera à son tuteur... et j'espère...

LEDOUX.

Ah ! vous avez une sœur... je l'ignorais.

ABEL.

Une sœur ravissante, qui a autant de patrimoine que moi... quinze mille francs de rente, tout ce qu'il faut pour plaire...

LEDOUX.

Attendez donc, attendez donc ! une idée qui me vient... est-elle mariée ?

ABEL.

Qu'est-ce que ça te fait ?... la famille cherche un parti, moi-même je m'en occupe, je crois...

LEDOUX, réfléchissant.

Elle n'est pas mariée, dites-vous ?... attendez donc... nous pourrions nous arranger...

ABEL.

Bah ! est-ce que tu voudrais épouser ma sœur ? (A part.) Un beau-frère millionnaire... (Haut.) Sais-tu que ce projet me sourit beaucoup ; mais cela ne sourira peut-être pas autant à ma sœur, à cause de ton diable de physique.

LEDOUX.

Si c'est là le seul obstacle...

ABEL.

C'est quelque chose... tu ne te vois pas...

LEDOUX.

Si ce n'était pas moi ?

ABEL.

Ça serait mieux...

LEDOUX.

Si on lui proposait un jeune avoué de vingt-six ans ?

ABEL.

C'est justement quelque chose comme ça que nous cherchons.

LEDOUX.

Honnête... laborieux, intelligent... jouissant d'un immense crédit, et qui trouvera dès ce soir, sur la dot de sa femme les capitaux nécessaires.

ABEL.

Eh ! mais, il faudra voir !

SCÈNE VII.

LES MÊMES; ÉDOUARD.

ÉDOUARD, remettant des papiers à Ledoux.

Voilà ce que vous m'avez demandé.

LEDOUX.

Monsieur Abel, consultez d'abord votre sœur, et puis revenez avec un billet de six mille francs, dans la forme des précédents, et je vous donne mille écus.

ABEL.

Un petit coup de fouet à Élisabeth, et tu as tout cela dans dix minutes.

(Il sort.)

LEDOUX.

Doucement, donc!... ne descendez donc pas si vite!... l'escalier ne vaut rien... là!... qu'est-ce que je disais!... prenez donc garde... vous allez vous blesser!...

(Il sort.)

SCÈNE VIII.

ÉDOUARD, puis LEDOUX.

ÉDOUARD, seul.

Et il se dit méchant!... voilà un jeune homme qu'il protège comme moi. (Allant à la porte.) Il le reconduit jusqu'à la moitié... non, jusqu'au bas de l'escalier... pour qu'il ne lui arrive pas d'accident... ah! le voilà qui remonte... il a pensé tomber... ah! un si digne homme!...

LEDOUX, rentrant.

Diable de fou! va... il m'a fait peur!... (A Édouard.) Eh! bien... que te disais-je? depuis ton départ, je t'ai trouvé des fonds... sans bourse délier.

ÉDOUARD.

Laissez donc...

LEDOUX.

Deux cent mille francs... hypothéqués sur... sur ta bonne mine et ta tournure.

ÉDOUARD.

Ce n'est pas possible!

LEDOUX.

C'est un capital comme un autre... il y a bien des gens à Paris qui en vivent... et dès demain peut-être, ce sera une affaire conclue; aussi, je me sens tout guilleret... tout joyeux.

SCÈNE IX.

Les mêmes; JULIETTE.

JULIETTE, qui a entendu les derniers mots.
Mon voisin, je vous en fais mon compliment.

LEDOUX.
C'est Juliette... je suis bien aise de te voir.

JULIETTE.
Voilà vos trois serviettes ourlées.

LEDOUX.
Tu n'as pas oublié la marque? (Regardant.) Non, voici les deux L. Léonard Ledoux.

JULIETTE.
Apprenez-moi donc le motif de cette grande joie.

LEDOUX, montrant Édouard.
Tu vois bien ce jeune homme... dès demain, il sera avoué.

JULIETTE.
Édouard, avoué!... quel bonheur!...

LEDOUX, à Juliette.
Oui, mais, comme pour être avoué, il est obligé d'emprunter deux cent mille francs, et que son établissement lui coûtera quelques petits frais... j'ai trouvé moyen de l'enrichir tout de suite.

ÉDOUARD, à Ledoux.
Et comment?

LEDOUX.
Je le marie.

JULIETTE, interdite.
Vous le mariez!...

LEDOUX.

Une femme de trois cent mille francs... quinze mille livres de rentes... Eh! bien, tu restes immobile... tu ne m'entends donc pas?...

ÉDOUARD.

Si, monsieur, mais je refuse!

LEDOUX.

Tu refuses?... Tu n'es donc pas dans ton bon sens?... tu es donc malade?... Est-ce que je n'ai pas dit : Trois cent mille francs?... Sais-tu ce que ça fait?...

ÉDOUARD.

Qu'importe! je n'y tiens pas.

LEDOUX.

Tu ne tiens pas à l'argent!...

ÉDOUARD.

Non, monsieur.

LEDOUX froidement.

C'est quelque spéculation, et il y a quelque chose que tu ne me dis pas... d'autres motifs... d'autres raisons... plus avantageuses?...

ÉDOUARD.

Oui, monsieur.

LEDOUX.

A la bonne heure!

ÉDOUARD.

AIR d'Aristippe.

J'adore une femme parfaite,
Et cette femme la voici.

(Il montre Juliette.)

LEDOUX.

Il se pourrait!... et toi, Juliette?

JULIETTE.

Et moi, monsieur, je l'aime aussi.

LEDOUX, à Édouard.

Tu lui voyais sans doute un peu d'aisance?

ÉDOUARD.

Je lui voyais un physique enchanteur.

LEDOUX, à Juliette.

Tu n'as donc pas consulté la prudence?

JULIETTE.

Je n'ai consulté que mon cœur.

ÉDOUARD.

Et si je cours après la fortune, (Montrant Juliette.) c'est pour la ramener à ses pieds.

LEDOUX.

Tu n'y ramèneras que la misère. Voyons, persistes-tu?

ÉDOUARD.

Oui, monsieur.

LEDOUX.

AIR de *l'Espionne.*

Morbleu! ce fol amour
Renverse dans ce jour
  e plan le plus habile.
(A Édouard et à Juliette.)
Vous vous aimez... fort bien;
Je ne prête plus rien :
Qu'on me laisse tranquille !

ÉDOUARD.

Selon vos vœux
Recevez mes adieux;
Pour prendre patience,
  A notre cœur
Il reste par bonheur
L'amour et l'espérance!

Ensemble.

LEDOUX.

Morbleu! ce fol amour, etc.

ÉDOUARD et JULIETTE.

Renoncer en ce jour
Au plus fidèle amour,
Cela n'est pas facile.
Puisqu'il est ce matin
Cruel, dur, inhumain,
Laissons-le donc tranquille.

(Édouard sort.)

SCÈNE X.

LEDOUX, JULIETTE, se tenant à l'écart.

LEDOUX.

En voilà un, par exemple, qui m'a bien trompé!... Moi qui lui croyais de l'esprit, du bon sens, du jugement. Fiez-vous donc à la jeunesse!

JULIETTE, s'avançant timidement.

Monsieur...

LEDOUX.

Ah!... tu es encore là?...

JULIETTE.

Monsieur...

LEDOUX.

Laisse-moi tranquille... Une belle spéculation que vous avez faite tous les deux en commandite!... Et moi qui en étais presque fâché pour lui... Je ne sais plus ce que j'ai, moi... je me dérange. Allons, allons, (il s'assied.) occupons-nous de nos affaires, ça vaudra mieux... Quelques effets protestés... c'est l'inconvénient de l'état... ça regarde mon huissier.

JULIETTE.

Monsieur...

LEDOUX.

Je t'ai déjà dit de me laisser tranquille... Tu vois que je travaille.

JULIETTE.

Je viens de réfléchir...

LEDOUX.

A quoi?

JULIETTE.

A la proposition que vous faites à Édouard.

LEDOUX.

Eh bien!... puisqu'il refuse...

JULIETTE.

C'est vrai!... Mais moi, monsieur, je l'accepte pour lui. Je ne veux pas l'empêcher de faire sa fortune, et dès demain je m'éloigne, je pars...

LEDOUX.

En vérité!...

JULIETTE.

Il m'oubliera peut-être... et alors... (Essuyant ses yeux avec son tablier.) il consentira à en épouser une autre.

LEDOUX.

A la bonne heure!... Au moins la petite comprend les affaires mieux que lui. C'est trois cent mille francs nets qu'il gagne... très-bien... Et toi, qu'est-ce que tu veux?

JULIETTE.

Moi?

LEDOUX.

Oui.

JULIETTE.

Rien.

LEDOUX.

Comment, rien de dividende!... pas autre chose? (Avec colère.) Ils ont tous une manière d'arranger les affaires... et si je ne m'en mêlais pas pour eux... (Se levant.) Viens ici... il va être avoué... il va être riche, toucher une belle dot... C'est bien... c'est convenable... Mais toi, à ton tour, il faut que cela t'assure un sort et un avenir...

JULIETTE.

Lequel?

LEDOUX.

Celui que tu voudras.

JULIETTE.

Je veux qu'il soit heureux; c'est tout ce que je demande.

LEDOUX.

Et toi?

JULIETTE.

J'en mourrai peut-être... Voilà tout...

LEDOUX.

C'est bien assez. Mais d'ici là, qu'est-ce qui te restera?

JULIETTE.

Le bon Dieu, qui ne m'abandonnera pas... et puis votre estime, à vous...

LEDOUX.

A moi...

JULIETTE.

Oui, vous ne me la refuserez pas... car vous êtes ému..

LEDOUX.

Ce n'est pas vrai.

JULIETTE.

Vous penserez quelquefois à cette petite Juliette... qui vous rendait service quand elle pouvait... C'est trop juste... il faut que celui qui a quelque chose aide celui qui n'a rien... et vous vous direz : C'était une brave fille.

LEDOUX, un peu ému.

Oui, une brave fille, qui n'avait pas le sens commun. Il n'y a que ce moyen d'expliquer la chose... car voilà la première... non, la seconde personne d'aujourd'hui qui refuse de l'argent, et qui n'y tient pas... Je ne m'y reconnais plus, et je me demande : Où en sommes-nous? Est-ce que le siècle se désorganise... est-ce que la machine se détraque?...

A commencer par moi, qui, en écoutant cette petite fille, me sens là... comme une espèce de... (On entend fredonner un air.) Ah! grâce au ciel, voilà M. Abel; nous revenons au réel, au positif.

SCÈNE XI.

LES MÊMES; ABEL, tenant à la main une cravache qu'il pose sur la table à droite.

ABEL.

Je viens pour notre affaire.

LEDOUX.

A la bonne heure!... Nous voilà rentrés dans notre siècle...

ABEL.

J'ai vu ma sœur... j'ai vu son tuteur. La charge d'avoué a fait le meilleur effet... et l'on demande maintenant à connaître le jeune homme... Une entrevue... C'est tout naturel.

LEDOUX.

C'est bien!... (A part.) Il va parler de ça devant cette petite... (Haut, à Juliette.) Laissez-nous, Juliette... laissez-nous un instant.

JULIETTE.

Oui, monsieur, c'est que...

ABEL, à part, la regardant.

Ah! mon Dieu!

LEDOUX.

Qu'est-ce donc?...

JULIETTE.

Je voulais encore vous dire quelque chose.

LEDOUX.

Tout à l'heure, quand monsieur n'y sera plus... Attends-moi là...

19.

JULIETTE.

Oui, monsieur, je vais continuer vos serviettes.

LEDOUX.

C'est bien!... Il ne faut pas que les chagrins nous fassent perdre notre temps, sans cela autant vaudrait du plaisir.

(Elle entre dans la chambre à droite.)

SCÈNE XII.

LEDOUX, ABEL.

LEDOUX, à Abel, qui, stupéfait, la regarde toujours sortir.

Eh! bien, qu'avez-vous donc?

ABEL.

Une aventure délicieuse... une rencontre incroyable... Je t'apporte mon billet de six mille francs, pour les mille écus que tu dois me donner... Cent pour cent d'intérêt, rien que ça... N'importe, de l'argent?...

LEDOUX, allant ouvrir son bureau.

De l'argent! vous savez bien que je n'en ai jamais chez moi.

ABEL.

C'est plus prudent.

LEDOUX.

Mais nous avons des mandats sur la banque.

ABEL.

Alors, écris vite... Je suis pressé!

LEDOUX, qui a été ouvrir son bureau, à gauche, et revient tenant un mandat sur la banque.

Et pourquoi donc?... d'où vous vient cette hâte soudaine?

ABEL, s'appuyant sur son épaule.

Tu ne sais pas... Je puis te raconter cela à toi, vieux roquentin. Parce qu'on dit que dans ton temps, dans ta jeunesse... si toutefois tu as été jeune...

LEDOUX.

Jamais!

ABEL.

Je m'en doutais... N'importe, tu as eu, dit-on, plus d'une occasion... attendu que la clef d'or...

LEDOUX.

Est celle de tous les cœurs.

ABEL.

Depuis la belle Danaé...

LEDOUX.

Et le vieux Jupiter...

ABEL.

Jusqu'à toi, qui lui ressembles!

LEDOUX.

C'est possible, par la barbe.

ABEL.

Non, par la pluie d'or, que je viens t'emprunter pour séduire... pour enlever...

LEDOUX.

En vérité!

ABEL.

Une petite ouvrière... gentille, ravissante et naïve...

LEDOUX.

Comme elles le sont toutes.

ABEL.

Celle-là fait exception, et tu serais de mon avis...

LEDOUX, souriant.

Si je la connaissais.

ABEL.

Non! si tu avais des yeux! Car elle demeure ici... dans ta maison!

LEDOUX.

Ah! bah!...

ABEL.

Sur ton palier... sous les toits ! asile de la vertu... si tu n'y demeurais pas...

LEDOUX.

Comment! ce serait...

ABEL.

La porte à côté.

LEDOUX.

Cette petite Juliette...

ABEL.

Elle-même! N'est-ce pas qu'elle en vaut la peine?...

LEDOUX.

Et c'est pour elle?... c'est pour ça que vous venez m'emprunter?...

ABEL.

Ces trois mille francs, que je te paie six mille.

LEDOUX.

Du tout! (Serrant le mandat dans sa poche et lui rendant son billet.) Je ne veux pas.

ABEL.

C'est toi qui recules devant cent pour cent de bénéfice, qui refuses mille écus de la main à la main !...

LEDOUX, vivement.

Mille écus... C'est vrai, (Se reprenant.) mais après tout, il ne manque pas de bonnes affaires... et je n'irai pas ainsi vendre l'honneur de cette jeune fille.

ABEL.

Toi!...

LEDOUX.

Oui, moi.

ABEL.

Je comprends! Tu veux plus.

LEDOUX.

Monsieur!

ABEL.

Tu veux quatre mille francs d'intérêt, je te connais... Allons, je te les signe.

LEDOUX.

Eh! non... Je ne veux pas de votre signature...

ABEL.

C'est un affront que tu me fais.

LEDOUX.

Comme vous voudrez.

ABEL.

Quand j'ai ta promesse!

LEDOUX.

Vous m'en avez tant donné...

ABEL.

Tu tiendras la tienne.

LEDOUX.

Ça ne me plaît plus...

ABEL.

Et pourquoi, vieux coffre-fort?

LEDOUX.

Je ne prête qu'aux gens honnêtes et polis.

ABEL.

Poli avec toi, veau d'or, que je vais briser et jeter par la fenêtre!

LEDOUX.

Un instant! je loge au sixième! et je ne permets pas de plaisanteries d'un genre aussi élevé, à un freluquet tel que vous!

ABEL, *furieux.*

Freluquet!...

(Il court à la table sur laquelle il a laissé sa cravache et revient le bras levé sur Ledoux qui, pendant ce temps, a ouvert son bureau et qui présente à Abel le canon d'un pistolet.)

LEDOUX, ironiquement.

Bas les armes! il serait trop aisé, pour s'acquitter, de nous jeter par la fenêtre! c'était l'usage autrefois, mais maintenant que nous sommes tous égaux, mon gentilhomme, quand on insulte ses créanciers...

ABEL.

Soit!... ils vous demandent raison...

LEDOUX.

Ils vous demandent de l'argent!... payez d'abord... Nous nous battrons après...

ABEL.

Morbleu!...

LEDOUX.

Je suis l'offensé, je tire le premier, et je vous préviens que je suis sûr de mon coup!

ABEL.

Monsieur!

SCÈNE XIII.

LES MÊMES; JULIETTE, accourant au bruit.

AIR nouveau de M. HORMILLE.

Ensemble.

LEDOUX, son pistolet à la main.

De la cruelle offense
Que l'on me fait chez moi
J'aurai bientôt vengeance,
Freluquet, tu le vois!

ABEL.

De la cruelle offense
Que tu me fais chez toi
J'aurai bientôt vengeance ;
Rapporte-t-en à moi ?

JULIETTE.

On parle de vengeance,
Ah ! mon Dieu !... mais pourquoi ?
Quelle est donc cette offense ?...
O ciel ! je meurs d'effroi !...

ABEL.

Oui, le traître a juré ma perte
Et veut m'assassiner.

LEDOUX.

    Non pas ;
Seulement vous casser un bras ;
Car je perdrais à ce trépas
Cinquante mille écus... et certe,
Mon cher, vous ne les valez pas.

Ensemble.

LEDOUX.

De la cruelle offense, etc.

ABEL.

De la cruelle offense, etc.

JULIETTE.

On parle de vengeance, etc.

(Abel sort.)

SCÈNE XIV.

JULIETTE, LEDOUX.

JULIETTE.

Monsieur, monsieur, n'êtes-vous pas blessé ?

LEDOUX.

Du tout... ce n'était rien... un peu de vivacité dans le

dialogue ; ça arrive tous les jours dans notre état. (Remettant le pistolet dans le bureau.) Et si l'on n'avait pas la parole en main... heureusement, je n'en suis pas à mon début.

JULIETTE.

Comment donc cela est-il arrivé?

LEDOUX.

Pour toi, mon enfant... car tu m'as fait manquer là une belle affaire. (A part en secouant la tête.) Il aurait été jusqu'à quatre mille francs!... (Vivement.) Je ne fais que des bêtises aujourd'hui... Ces jeunes gens-là me gâtent... ce que c'est que la société qu'on fréquente... Mais quand il est arrivé, tu avais à me parler... dis vite, car je suis pressé.

JULIETTE.

Eh! bien, monsieur, je vous ai dit que je voulais m'en aller...

LEDOUX.

Tu fais bien, parce que si ce mariage-là ne réussit pas, ce sera un autre...

JULIETTE.

Et pour aller dans mon pays, il faut un passeport.

LEDOUX.

C'est juste!

JULIETTE.

Et comme vous connaissez quelqu'un à la préfecture, si vous voulez me donner une lettre pour lui...

LEDOUX.

Volontiers... je vais le prier de rendre ce service à ma petite voisine Juliette... Ton nom de famille?...

JULIETTE.

Richebourg.

LEDOUX, étonné.

Richebourg!...

JULIETTE.

Ajoutez que le passeport est pour Nantes, c'est le pays de ma mère... je vais me retirer chez sa sœur qui existe encore...

LEDOUX.

Sa sœur Geneviève?...

JULIETTE.

Oui vraiment ! ma tante Geneviève.

LEDOUX.

C'est bien ça.

JULIETTE.

Vous connaissez ma tante Geneviève?

LEDOUX.

Pas personnellement, mais ta mère m'en a souvent parlé... car j'ai connu ta mère autrefois... il y a longtemps...

JULIETTE.

Vous l'avez connue?

LEDOUX.

Oui, une jeune ouvrière... comme toi !...

JULIETTE.

Et comme moi bien malheureuse... à ce que m'a dit ma tante Geneviève ; car, je n'ai jamais connu ma mère...

LEDOUX, avec un peu d'émotion.

Ah ! elle est morte?...

JULIETTE.

En me donnant le jour... morte de chagrin !

LEDOUX, sèchement.

On t'a trompée.

JULIETTE.

Non, monsieur.... un fiancé à elle, un jeune homme qu'elle aimait, qu'elle a cru mort... et alors, sans ressources et dans la misère...

LEDOUX.

Elle a écouté les séductions d'un homme riche...

JULIETTE, vivement.

Qui promettait de l'épouser! Mais plus tard, quand elle a su que celui qu'elle aimait vivait encore...

LEDOUX, avec intérêt.

Eh bien?...

JULIETTE.

Eh bien!... c'est ma tante Geneviève qui m'a raconté tout cela... elle s'est enfuie... et sans oser se plaindre, ni le revoir, ni lui demander pardon... elle est morte de regrets...

LEDOUX, brusquement et cherchant à s'étourdir.

Allons donc! tu crois à ces regrets-là!...

JULIETTE.

Si j'y crois!... il faut bien qu'ils soient vrais, quand on en meurt... Enfin ce n'est pas de cela qu'il s'agit... et pourvu que j'aie mon passeport...

LEDOUX.

Tu l'auras... mais on n'en délivre pas sans y mettre l'âge des personnes... et le tien?...

JULIETTE.

Vingt ans... au mois de juillet prochain.

LEDOUX, comptant sur ses doigts.

Ah! c'est en juillet!...

JULIETTE.

Vous pouvez compter... juillet 1820.

LEDOUX, avec émotion.

C'est en juillet que tu es née?...

JULIETTE.

Et c'est de là que vient mon nom... du mois de ma naissance... je ne connais pas d'autre parrain.

LEDOUX, la regardant avec émotion.

Comment!... ça ne serait pas impossible!... (Brusquement.) Allons donc!...

JULIETTE.

Qu'avez vous donc?...

LEDOUX, se reprenant.

Rien... rien... (A part.) Je peux encore être trompé... je l'ai toujours été... et cependant c'est singulier... jamais je n'ai éprouvé ce que j'éprouve... C'est comme quelque chose qui me prend sur les nerfs... qui me serre la tête... et pourtant... ça ne fait pas de peine... Au contraire... je ris... je pleure... et puis... il y a là... comme une voix qui me crie : Va donc!... va donc!... Ah! mon Dieu!... mon Dieu!... est-ce qu'il y aurait au monde autre chose que de l'argent?...

JULIETTE.

Vous pleurez!...

LEDOUX.

Non, non, jamais... (A part.) Eh! qui me dit, après tout... (Haut.) Approche ici... Tu n'as donc jamais connu ta mère?...

JULIETTE.

Non, monsieur.

LEDOUX.

Et ton père?...

JULIETTE, naïvement.

Pas davantage...

LEDOUX.

Alors tu as vécu seule?...

JULIETTE.

Du travail de mes mains.

LEDOUX.

Et sans fortune!...

JULIETTE.

Qu'importe quand on y est habituée!...

LEDOUX.

Et comme tu me disais tantôt... tu ne tiens pas à l'argent... tu n'aimes pas l'argent?...

JULIETTE.

Non, monsieur.

LEDOUX, à part.

Ce n'est pas ma fille... (Se reprenant.) Cependant, la manière dont elle a été élevée... l'éducation fait tout; et plus je la regarde, et plus il me semble... oui... oui... c'est comme un instinct qui depuis longtemps... qui tout à l'heure encore m'a engagé à prendre sa défense... à me brouiller pour elle avec un de mes meilleurs clients... et si ça continue... si je me mets à l'aimer, me voilà ruiné... Je voudrais l'établir, la marier... c'est trop cher, et je me connais... si elle me coûte quelque chose... je l'aimerai moins... et ça serait dommage...

JULIETTE.

Qu'avez-vous donc?...

LEDOUX, la regardant tendrement.

Oui... oui... ça serait dommage... car elle est si bonne, si gentille... (A Juliette.) Va-t'en... va-t'en... (On entend le duc; avec colère.) C'est le duc... je le déteste aujourd'hui plus qu'à l'ordinaire... ça me reprend. (A Juliette.) Descends chez la portière voir s'il n'y aurait pas quelques paquets... quelques lettres.

JULIETTE.

Oui, monsieur.

LEDOUX.

Ne prends que celles qui seront affranchies. (Juliette sort.) Dire que c'est à moi, cette belle fille-là! Quel parti prendre?... et comment faire, je vous le demande, pour être bon père au meilleur marché possible? (Voyant entrer le duc.) Ah! si je pouvais... je lui dois bien ça...

SCÈNE XV.

LEDOUX, LE DUC.

LE DUC.

Tout va bien, mon cher ami... l'annonce seule des capitaux a relevé notre entreprise.

LEDOUX, d'un air préoccupé.

J'en suis charmé... Avez-vous vu, dites-moi, cette jeune fille qui sortait d'ici?

LE DUC.

Certainement.

LEDOUX.

Elle est bien, n'est-ce pas, monsieur le duc?

LE DUC.

Très-bien; maintenant, on demande un premier paiement...

LEDOUX.

C'est facile... elle a un air distingué et comme il faut...

LE DUC.

Qui donc?...

LEDOUX.

Cette jeune fille.

LE DUC.

Oui, sans doute, très-distingué... mais vous comprenez...

LEDOUX.

Ça ne m'étonne pas... elle tient à ce qu'il y a de mieux... vous ne devinez pas?...

LE DUC.

Du tout... mais si nous n'avons pas ce matin une partie des capitaux... à l'échéance...

LEDOUX.

Justement!... c'est là ce que je veux vous dire... les échéances... les dates... il ne faut jamais oublier ça... vous ne vous rappelez pas qu'en 1820, ou plutôt à la fin de 1819... vous vous êtes arrêté quelques jours à Nantes?...

LE DUC.

C'est vrai... j'allais à ma terre de Gaillarbois.

LEDOUX.

Et en face de l'Hôtel des Princes, où vous demeuriez... il y avait une petite grisette... une ouvrière...

LE DUC, riant avec malice.

Comment sais-tu cela?

LEDOUX.

Joséphine... Richebourg!

LE DUC.

C'est ma foi vrai!... une jolie fille, qui était folle de moi.

LEDOUX, retenant sa colère.

Allons donc...

LE DUC, riant.

C'est-à-dire une aventure impayable... elle avait une inclination... un garçon de caisse... un imbécile...

LEDOUX, reprenant sa colère.

C'est cela même... qu'on avait dit mort...

LE DUC, riant.

Ce n'était pas vrai... mais je supprimai les lettres qui annonçaient sa résurrection... parce que déjà je m'étais mis en tête... tu comprends... de consoler la veuve... inconsolable... que j'emmenai dans ma terre de Gaillarbois... d'où elle s'échappa quelques semaines après... sans que j'aie su pourquoi, et sans que jamais depuis j'aie eu de ses nouvelles... Voilà, mon cher, toute l'histoire.

LEDOUX.

Pas du tout, monsieur le duc, il y a encore un chapitre!

LE DUC.

Et lequel?

LEDOUX.

C'est que Joséphine est morte en donnant le jour à une fille qui a aujourd'hui près de vingt ans...

LE DUC.

Ah! bah!...

LEDOUX.

Et comme votre voyage à Nantes date du même temps...

LE DUC, riant.

C'est juste, mon cher, c'est juste... et c'est très-curieux, très-original... mais silence, à cause de ma femme... de la duchesse...

LEDOUX.

Ah! monsieur le duc, vous connaissez ma discrétion...

LE DUC.

J'y compte!... (S'appuyant sur l'épaule de Ledoux.) Et dis-moi, Ledoux, la petite est-elle gentille?

LEDOUX, avec amertume.

Comment donc?... elle a de qui tenir!

LE DUC.

Tu crois!...

LEDOUX, de même.

Ça vous a frappé vous-même : une figure superbe, une tournure distinguée... vous me l'avez dit tout à l'heure en l'apercevant...

LE DUC.

Comment, ce serait cette jolie fille... en effet, il y a quelque chose...

LEDOUX, de même.

Beaucoup, morbleu, beaucoup! Elle va se marier... je sais cela... car elle demeure sur le même palier que moi, et je suis presque son tuteur; elle épouse un bon parti, un jeune avoué auquel je m'intéresse.

LE DUC.

J'en suis enchanté pour elle.

LEDOUX.

Je le crois bien... mais ça ne suffit pas, et vous qui avez des biens immenses, quoique grevés d'hypothèques, vous qui allez faire des bénéfices énormes dans votre chemin de fer... vous ne voudrez pas qu'une personne qui vous touche d'aussi près, se marie sans dot... vous ne le souffrirez pas...

LE DUC.

Si vraiment !...

LEDOUX.

Ce n'est pas possible... (S'échauffant.) On a des sentiments... on a des entrailles... on est père... ou on ne l'est pas.

LE DUC.

Certainement... mais tu sens bien que nous autres séducteurs... s'il fallait que nos triomphes d'autrefois nous coûtassent aussi cher...

LEDOUX, avec amertume et s'échauffant.

Eh! pourquoi pas?... N'avez-vous pas enlevé cette jeune fille, qui plus tard en est morte de remords et de regrets?... tout ça se paie!... et ce garçon de caisse, cet imbécile, comme vous l'appelez, qui l'aimait, qui sans vous aurait été un brave garçon, un bon mari, un bon père... est peut-être devenu, de rage et de désespoir, un homme dur, sec, égoïste, sans pitié, ne rêvant que la vengeance et l'exerçant sur tout le monde? d'un bon cœur, vous avez fait peut-être un cœur d'airain, une âme damnée?... Tout ça se paie, monsieur le duc, tout ça se paie un jour... la difficulté est de l'évaluer... car ça n'a pas de prix... mais pour un homme comme vous... ça vaut bien au moins une centaine de mille francs...

LE DUC.

Allons donc!...

LEDOUX, avec colère.

Ah! vous marchandez!... cent vingt-cinq... y compris le trousseau, et vous les donnerez pour la dot de cette jeune fille... de ma pupille!...

LE DUC.

Monsieur Ledoux...

LEDOUX, de même.

Ou je vais tout dire à la duchesse.

LE DUC.

Un moment...

LEDOUX.

Et mieux encore, je retire mes fonds et mes capitaux de votre entreprise... je vous ruine!...

LE DUC.

Vous n'y pensez pas... pour un motif pareil?

LEDOUX.

Je fais comme vous, je ne donne rien!...

LE DUC.

Mais écoutez-moi, écoutez-moi de grâce!... Je ne demanderais certainement pas mieux que de doter cette petite fille... la mienne...

LEDOUX, avec colère.

La vôtre!...

LE DUC.

De lui donner cent mille francs.

LEDOUX, avec colère.

Cent vingt-cinq, cent cinquante; car, dans ma colère, je ne sais pas où j'irais...

LE DUC, l'arrêtant.

Calmez-vous! calmez-vous! Nous disons vingt-cinq.

LEDOUX.

Cent vingt-cinq...

LE DUC.

Cent vingt-cinq, je voudrais les lui donner... ce ne serait rien pour moi dans tout autre moment... mais dans celui-ci, vous le savez...

LEDOUX.

Quand vous allez gagner à la vapeur... un ou deux millions, peut-être !

LE DUC.

Ce n'est pas cela que je veux dire... mais il y a des moments où l'on n'est pas en argent comptant.

LEDOUX.

N'est-ce que cela ?... j'en ai toujours. Je vous prête la somme par première hypothèque... à douze pour cent.

LE DUC.

A huit, ou je ne veux plus entendre parler de rien.

LEDOUX.

A huit, soit... mais alors c'est moi qui la dote.

LE DUC.

Et notre premier versement ?...

LEDOUX, tirant un papier de sa poche et le lui montrant.

Le voici en un mandat sur la banque. (Le duc veut le prendre.) Oh! non... en temps et lieu !... ma parole doit vous suffire...

LE DUC.

Tu es notre sauveur.

Ensemble.

AIR du *Maçon*.

Touchez là (*Bis*) : c'est dit, c'est entendu,
C'est conclu,
Convenu !
Que tout soit oublié
Et que tout soit payé ;
Nous serons de moitié.
Vive l'argent et l'amitié !

SCÈNE XVI.

Les mêmes; JULIETTE.

JULIETTE, essoufflée.

Ah! mon Dieu, monsieur Ledoux, si vous saviez...

LEDOUX, riant.

Qu'est-ce donc? (Au duc.) C'est elle... c'est la petite.

JULIETTE.

Monsieur Édouard...

LEDOUX.

Eh bien?

JULIETTE.

Il s'est pris de querelle en bas, au café, pour vous.

LEDOUX.

Pour moi... le brave jeune homme!

JULIETTE.

Quelqu'un qui disait : « Ce monsieur Ledoux est un Arabe... un cœur de bronze... » enfin des choses que je n'oserais pas dire...

LEDOUX.

Va toujours... en fait d'injures, maintenant on en voit tellement sur la place... qu'elles sont en baisse... on n'y croit plus.

JULIETTE.

« Oui, disait l'autre jeune homme, je le dirai devant tout le monde... —Pas devant moi, » a répondu Édouard, et ils sont sortis pour se battre... Eh quoi! ça ne vous fait rien?...

LEDOUX.

Ça me fait hausser les épaules... mais nous arrangerons cela.

JULIETTE.

En attendant, ils sont peut-être tués... l'un ou l'autre...

ou tous les deux... car c'est un combat à mort... a dit M. Abel...

LEDOUX, vivement.

Hein? M. Abel... que dis-tu? ce jeune homme... ce dandy... ces gants jaunes... qui tantôt était ici?...

JULIETTE.

Lui-même...

LEDOUX.

Ah! malheureux!... Qu'on les arrête... qu'on les sépare... l'imprudent me doit cinquante mille écus... il n'y pense pas... il l'a oublié... il est mineur... et si Édouard le tue...

JULIETTE.

Dame! il tâchera de se défendre.

LEDOUX.

Qu'il s'en garde bien... qu'il n'y touche pas... je suis ruiné, et si Édouard est vainqueur...

SCÈNE XVII.

Les mêmes; ÉDOUARD.

JULIETTE.

C'est lui... le voilà...

LEDOUX, à part.

Ma créance est à tous les diables... c'est la main d'un ami... au moment même où je faisais sa fortune... les hommes sont tous des ingrats... (A Édouard qui entre.) Il est mort, n'est-ce pas?

ÉDOUARD.

Non, monsieur.

LEDOUX.

Blessé seulement... vite un médecin!...

ÉDOUARD.

C'est inutile... il est très-bien portant!... grâce aux gardes du commerce.

LEDOUX.

Comment cela?

ÉDOUARD.

Ils l'ont arrêté pour une lettre de change de deux mille francs... juste au moment...

LEDOUX.

Où il allait se faire tuer... sans égard pour sa signature... Braves gardes du commerce!... J'ai toujours eu du respect pour ce corps aussi utile que respectable... Où est-il, cet imprudent?...

ÉDOUARD.

En bas, entre leurs mains... Il demande que vous l'en tiriez...

LEDOUX.

Demain... demain... nous avons le temps... et j'attendrais même sa majorité que ça serait peut-être encore plus sûr... Je verrai... En attendant, mes amis, occupons-nous de nos affaires... Je t'avais bien dit que tu serais avoué...

ÉDOUARD.

Moi!...

LEDOUX.

Voilà la femme qui t'apporte cent vingt-cinq mille francs.

ÉDOUARD.

Et comment cela?...

LEDOUX.

Ça ne vous regarde pas... On vous le dira... et pour payer le reste de ta charge, ça me regarde... je fournirai les sommes nécessaires, hypothéquées sur la dot de ta femme... Et de temps en temps... j'irai vous voir... à cinq heures.. vous demander à dîner... et puis un jour... puisqu'après tout, on ne peut emporter sa fortune avec soi, et qu'il faut malheureusement la laisser à quelqu'un... c'est ta femme qui sera mon héritière...

LE DUC.

En vérité!...

LEDOUX.

Vous voyez, monsieur le duc, ce que je fais pour vous...

LE DUC, lui serrant la main.

Ledoux, je vous en remercie.

JULIETTE, à Ledoux.

Et que puis-je faire, monsieur, que puis-je faire pour vous?

LEDOUX.

M'embrasser...

JULIETTE, l'embrassant.

Ah! de grand cœur.

LEDOUX.

C'est dit... c'est dit... tu auras tout après moi... Et même je ne dis pas... il est possible... que plus tôt... Allons... allons, du calme... du sang-froid... J'allais perdre la tête...

LE CHŒUR.

AIR : Au profit des amours.

Profitons des beaux jours;
Les honneurs, la richesse
Valent-ils la tendresse
Et les jeunes amours?

TABLE

	Pages.
L'étudiant et la Grande dame.	1
Le Bout de l'an ou les Deux cérémonies.	85
Clermont ou Une femme d'artiste.	135
Cicily ou le Lion amoureux.	214
Le Veau d'or.	293

www.ingramcontent.com/pod-product-compliance
Lightning Source LLC
Chambersburg PA
CBHW050733170426
43202CB00013B/2274